普通高等院校"十三五"规划教材

21世纪会计技能教学系列教材

U0780702

会计基础实务操作教程

（第四版）

胡群英　费金华　陈国平　张燕／著

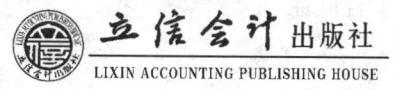

立信会计出版社

LIXIN ACCOUNTING PUBLISHING HOUSE

图书在版编目(CIP)数据

会计基础实务操作教程 / 胡群英等著. —4 版. —
上海：立信会计出版社，2023.7
普通高等院校"十三五"规划教材　21 世纪会计技能
教学系列教材
ISBN 978 - 7 - 5429 - 7410 - 5

Ⅰ. ①会… Ⅱ. ①胡… Ⅲ. ①会计实务–高等学校–
教材 Ⅳ. ①F233

中国国家版本馆 CIP 数据核字(2023)第 143834 号

策划编辑　　陈　旻
责任编辑　　陈　旻
美术编辑　　吴博闻

会计基础实务操作教程(第四版)
KUAIJI JICHU SHIWU CAOZUO JIAOCHENG

出版发行	立信会计出版社		
地　　址	上海市中山西路 2230 号	邮政编码	200235
电　　话	(021)64411389	传　真	(021)64411325
网　　址	www.lixinaph.com	电子邮箱	lixinaph2019@126.com
网上书店	http://lixin.jd.com		http://lxkjcbs.tmall.com
经　　销	各地新华书店		

印　　刷	常熟市人民印刷有限公司		
开　　本	787 毫米×1092 毫米	1/16	
印　　张	25.25	插　页	3
字　　数	490 千字		
版　　次	2023 年 7 月第 4 版		
印　　次	2023 年 7 月第 1 次		
书　　号	ISBN 978 - 7 - 5429 - 7410 - 5/F		
定　　价	52.00 元		

如有印订差错，请与本社联系调换

第四版前言

近年来,由于随着电子发票的推广使用,新企业会计准则及其应用指南以及财政部会计司的工作指导陆续发布,我们决定再次对本教材进行修订。本次主要修订内容如下:

(1) 按照最新企业会计准则及其应用指南和工作指导,修改、调整和增加了相关业务的会计处理。

(2) 将部分业务中涉及的增值税普通发票修改为电子普通发票。

尽管我们一直在努力完善本教材,但其难免存在不足,我们热忱欢迎广大读者提出批评和建议。

作 者

2023 年 7 月

目　　录

第一章 原始凭证的填制与审核

一、原始凭证的填制要求

原始凭证反映的情况和数据是会计人员进行会计核算的最原始资料,同时也是具有法律效力的证明文件。为了保证会计核算资料的真实、正确和及时,原始凭证的填制必须符合一定的规范。因此,原始凭证应按要求填制:

(1)记录要真实。原始凭证所填列的经济业务内容和数字,必须真实可靠,符合实际情况,会计人员不得歪曲经济业务真相,弄虚作假。对实物的数量和金额的计算,要准确无误,不得以匡算和估算填入。

(2)内容要完整。原始凭证所要求填列的项目必须逐项填列齐全,不得遗漏和省略。

(3)手续要完备。企业自制的原始凭证必须有经办人和单位领导人或者其他指定的人员签名或盖章;对外开出的原始凭证必须加盖本企业公章;从外部取得的原始凭证必须盖有填制单位的公章;从个人取得的原始凭证必须有填制人员的签名或盖章。

(4)书写要清楚、规范。原始凭证要按规定填写,文字要简要,字迹要清楚,易于辨认,不得使用未经国务院公布的简化汉字。如有差错,应按规定的办法更正,不得随意涂改、刮擦和挖补。同时应遵守以下技术要求:

小写金额用阿拉伯数字逐个书写,不得写连笔字。在金额前要填写人民币符号"¥",人民币符号"¥"与阿拉伯数字之间不得留有空白。金额数字一律填写到角、分;无角、分的,写"00"或符号"—";有角无分的,分位写"0",不得用符号"—"。

汉字大写金额用汉字壹、贰、叁、肆、伍、陆、柒、捌、玖、拾、佰、仟、万、亿、元、角、分、零、整等,一律用正楷或行书字书写。大写金额前未印有"人民币"字样的,应加写"人民币"3个字,"人民币"字样和大写金额之间不得留有空白。大写金额到元或角为止的,后面要写"整"或"正"字;有分的,不写"整"或"正"字。

凡规定填写大写金额的各种凭证,如银行结算凭证、发票等,必须在填写小写金额的同时也填写大写金额。大写金额之前没有印制货币名称的,应当增加填写货币名称,货币名称与货币金额数字之间不得留有空白。阿拉伯金额数字之间有"0"时,汉字大写金额要写"零"字;阿拉伯数字金额中间连续有几个"0"时,汉字大写金额中可以只写1个"零"字;阿拉伯金额数字元位是"0",或者数字之间连续有几个"0"、元位也是"0",但角位不是"0"时,汉字大写金额可以只写1个"零"字,也可以不写"零"字。

(5)编号要连续。如果原始凭证已预先印定编号,在写坏作废时,应加盖"作废"戳记,妥善保管,不得撕毁。

(6)不得涂改、刮擦、挖补。原始凭证若有错误,应当由出具单位重开或更正,更正处应当加盖出具单位印章。原始凭证金额若有错误,应当由出具单位重开,不得在原始凭证上更正。

(7)填制要及时。各种原始凭证一定要及时填写,并按规定的程序及时送交会计机构、会计人员进行审核。

二、常用原始凭证的填制

(一)支票

1. 使用要点

(1)适用范围:通常适用于单位和个人在同一票据交换区域的各种款项结算,转账支票在同一票据交换区域内可以背书转让。

(2)提示付款期:支票的持票人自出票日起 10 日内提示付款,超过提示付款期限提示付款的,持票人开户银行不予受理,付款人不予付款。

(3)支票的种类:共有 4 种支票,包括现金支票、转账支票、普通支票及划线支票,常用的为现金支票和转账支票。

(4)支票登记簿:使用各种支票时均应设置支票登记簿,格式如表 1-1 所示。

表 1-1   支票登记簿

支　票　号	日　　　期	签　　名

注:作废支票也要在登记簿中登记,并在签名栏内注明作废。

2. 现金及转账支票票样

(1)现金支票如图 1-1 和图 1-2 所示。

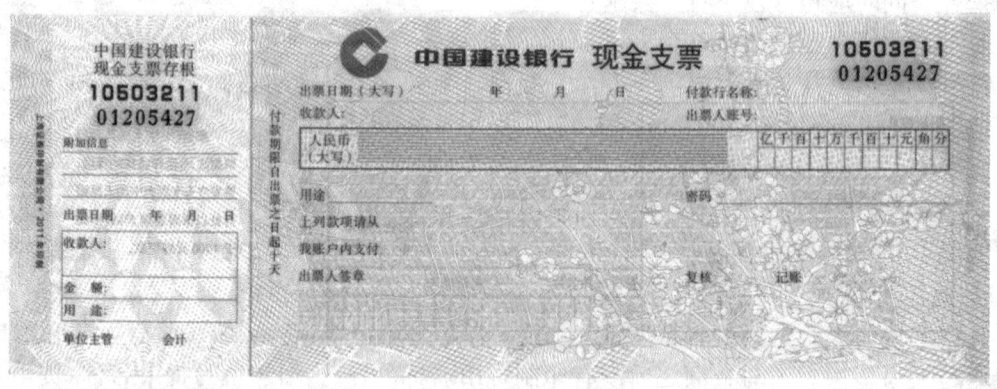

图 1-1　现金支票正面

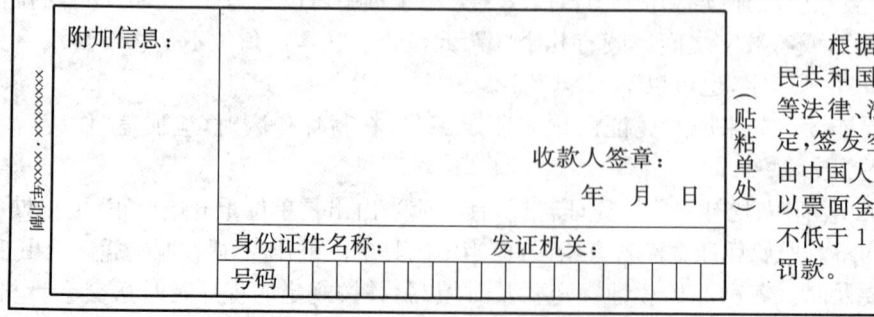

图 1-2　现金支票背面

（2）转账支票如图1-3和图1-4所示。

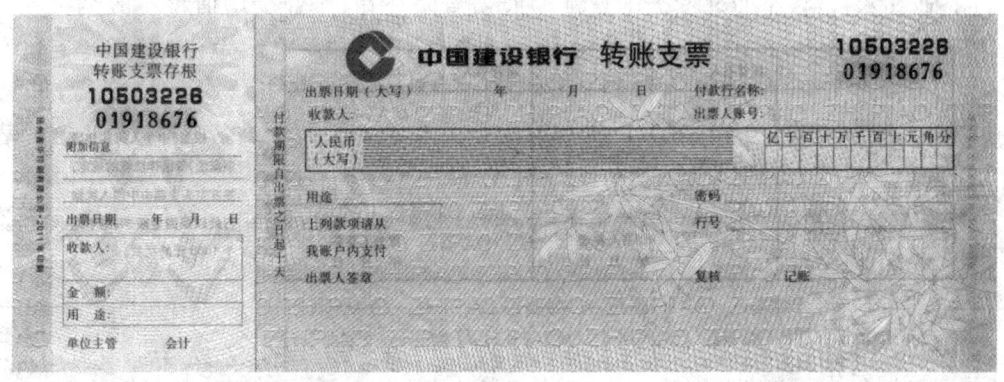

图1-3 转账支票正面

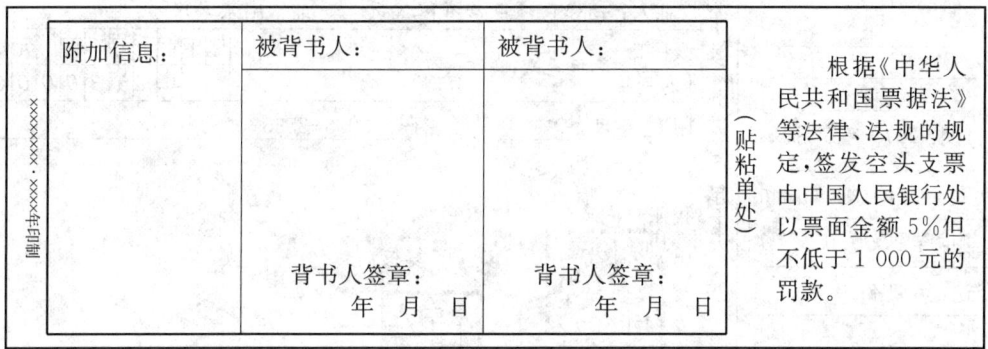

图1-4 转账支票背面

3. 签发支票

（1）签发要求：

① 应使用碳素墨水或墨汁填写支票。

② 禁止签发空头支票，不得签发与其预留银行签章不符的支票；使用支付密码的，出票人不得签发支付密码错误的支票。

③ "出票日期"应为大写，小写无效。规则为：月份为1，2和10的前加"零"，分别写为零壹月、零贰月、零壹拾月，日为1～9，10，20，30的前加"零"，如1日为零壹日，20日为零贰拾日，30日为零叁拾日，日为11～19的前加"壹"，如11日写成壹拾壹日，以此类推。

④ 大写金额与"人民币"字样之间不得留有空白，小写金额前应加"￥"符号。

⑤ "收款人""出票日期"和金额不得更改，更改则无效，发生错误时只能作废重开，作废支票的存根和正本部分应一并保存。

⑥ "付款行名称"应填写本支票对应的开户银行名称，"出票人账号"应填写本支票对应的开户银行账号。

⑦ "用途"根据实际用途填写。

⑧ 小写金额下的方框为密码区，应根据支付密码器生成的密码填写。

⑨ 出票人签章一般应使用2枚预留银行的签章，通常一枚是单位的财务专用章，另一枚是单位法定代表人的个人名章。

(2) 签发实例:

① 企业基本资料:企业名称为南京江城股份有限公司,企业为增值税一般纳税人。企业税号为 320100000765331,地址为南京市中山路 873 号,联系电话为 23645433,支付密码为 3213-3565-0989-6573,开户银行为中国建设银行股份有限公司鼓楼支行,账号为 32490987222,银行预留印鉴为企业财务专用章及法定代表人的个人名章,企业法定代表人为张国金。

② 签发现金支票。假定企业于 2019 年 6 月 8 日提取现金 3 000 元备用,则企业应签发现金支票,如图 1-5 和图 1-6 所示。

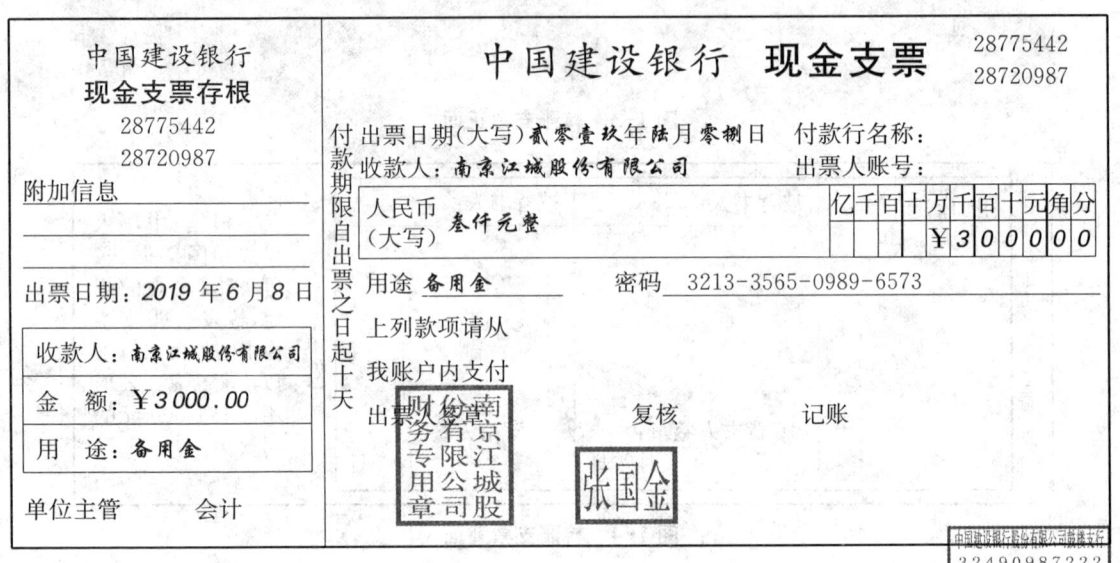

图 1-5　现金支票正面

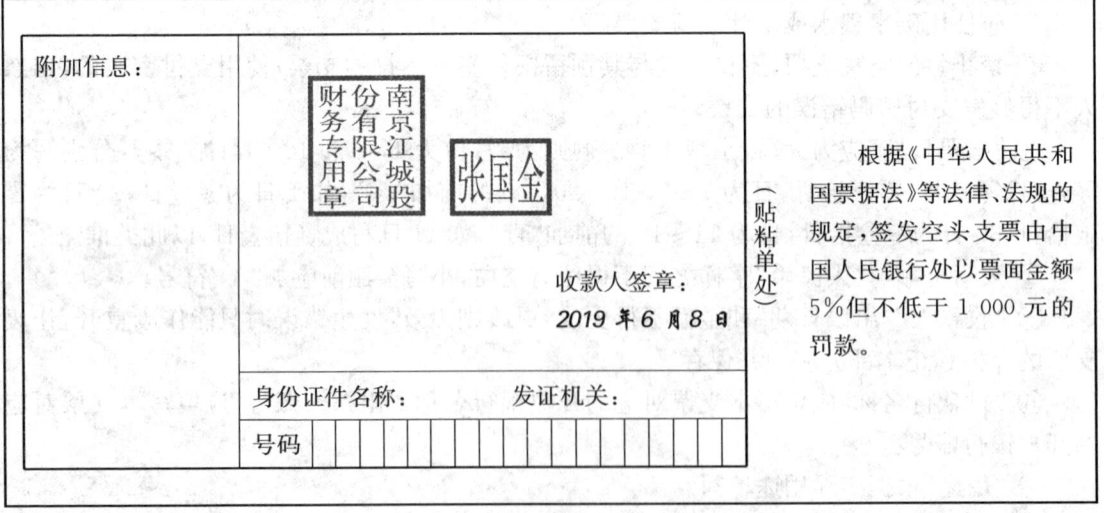

图 1-6　现金支票背面

注:如果收款人是本单位,则支票背面收款人签章处一定要加盖银行预留印鉴;如果收款人是其他单位或个人则不用加盖。

③ 签发转账支票。假定企业于 2019 年 6 月 12 日从南京红程股份有限公司购入材料一批，取得的增值税专用发票上注明的金额为 300 000 元，税额为 39 000 元，企业以转账支票方式支付货款，则应签发转账支票，如图 1-7 和图 1-8 所示（支付密码：6219-4765-0219-6879）。

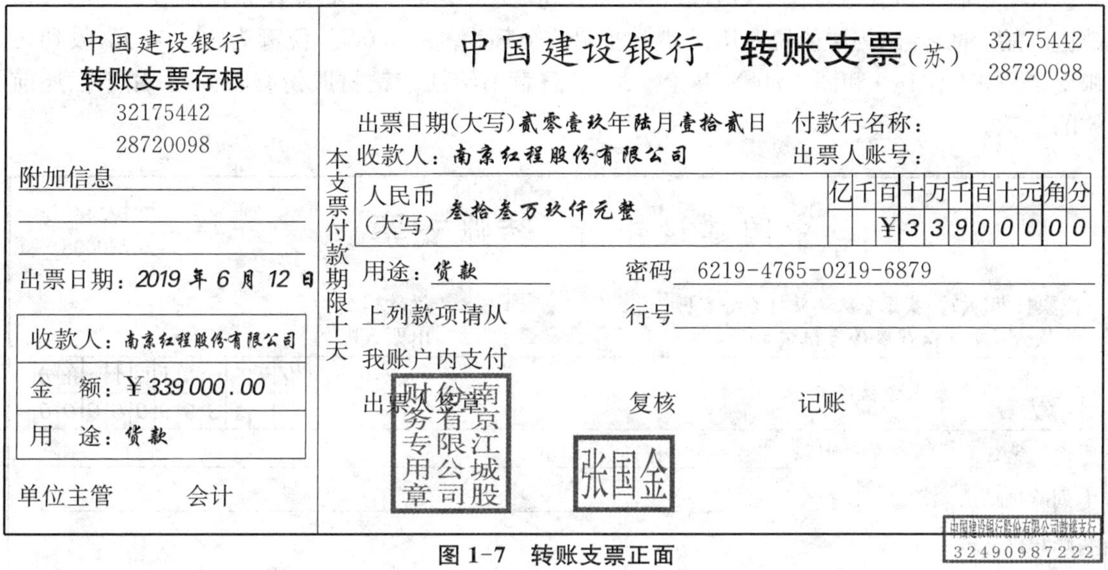

中国建设银行
转账支票存根
32175442
28720098
附加信息
出票日期：2019 年 6 月 12 日
收款人：南京红程股份有限公司
金　额：¥339 000.00
用　途：货款
单位主管　　会计

中国建设银行　转账支票（苏）　32175442 28720098
出票日期（大写）贰零壹玖年陆月壹拾贰日　付款行名称：
收款人：南京红程股份有限公司　出票人账号：
本支票付款期限十天

人民币（大写）	亿	千	百	十	万	千	百	十	元	角	分
叁拾叁万玖仟元整			¥	3	3	9	0	0	0	0	0

用途：货款　密码　6219-4765-0219-6879
上列款项请从　行号
我账户内支付
出票人签章　复核　记账
南京江城股份有限公司财务专用章
张国金
中国建设银行股份有限公司鼓楼支行
32490987222

图 1-7　转账支票正面

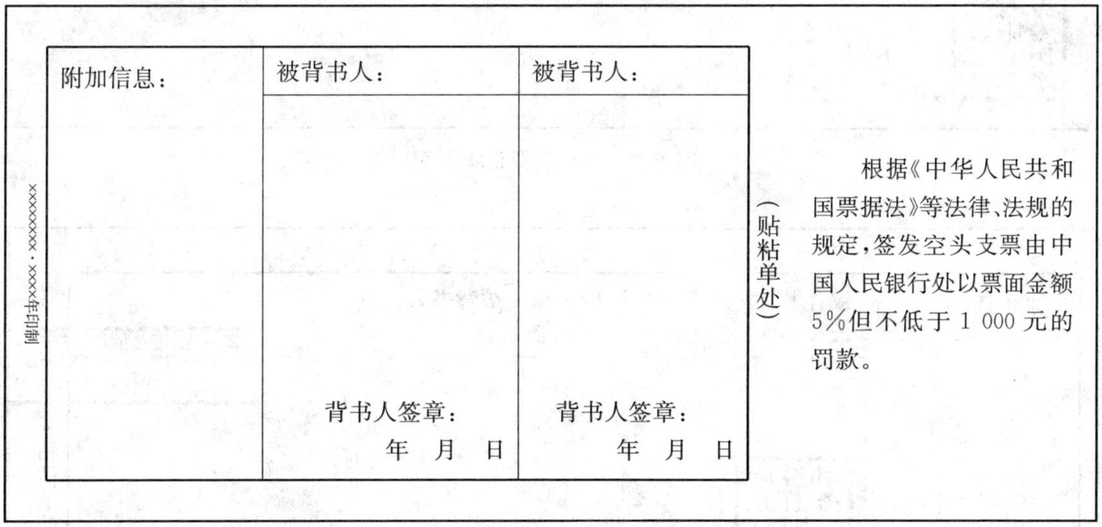

附加信息：	被背书人：	被背书人：
	背书人签章： 年　月　日	背书人签章： 年　月　日

×××××××·××××年印制

（贴粘单处）

根据《中华人民共和国票据法》等法律、法规的规定，签发空头支票由中国人民银行处以票面金额 5%但不低于 1 000 元的罚款。

图 1-8　转账支票背面

注：只有单位在不同商业银行之间划转款项且采用顺解程序（在收款人对应的开户银行进账）时，支票背面的背书人签章处才需要加盖本单位银行预留印鉴。

4. 收到支票

（1）收到现金支票。企业收到现金支票后应直接在背面收款人签章处加盖本单位的银行预留印鉴，并持票到出票人开户银行提取现金。

（2）收到转账支票。

① 企业收到转账支票后，如由本单位进账，则需要填制进账单，具体流程见“（二）进账单”。

② 企业收到转账支票后,如背书转让给其他单位,则应在转账支票背面背书人签章处加盖本公司银行预留印鉴,在被背书人处填写接受本转账支票的单位或个人名称,并提交给被背书人。

(3) 填制实例。假定南京红程股份有限公司 2019 年 6 月 12 日向南京江城股份有限公司销售产品一批,开出的增值税专用发票上注明的金额为 300 000 元,税额为 39 000 元,收到转账支票一张(图 1-9 和图 1-10),并于 6 月 12 日背书给江宁钢材股份有限公司,用于偿还前欠的货款。

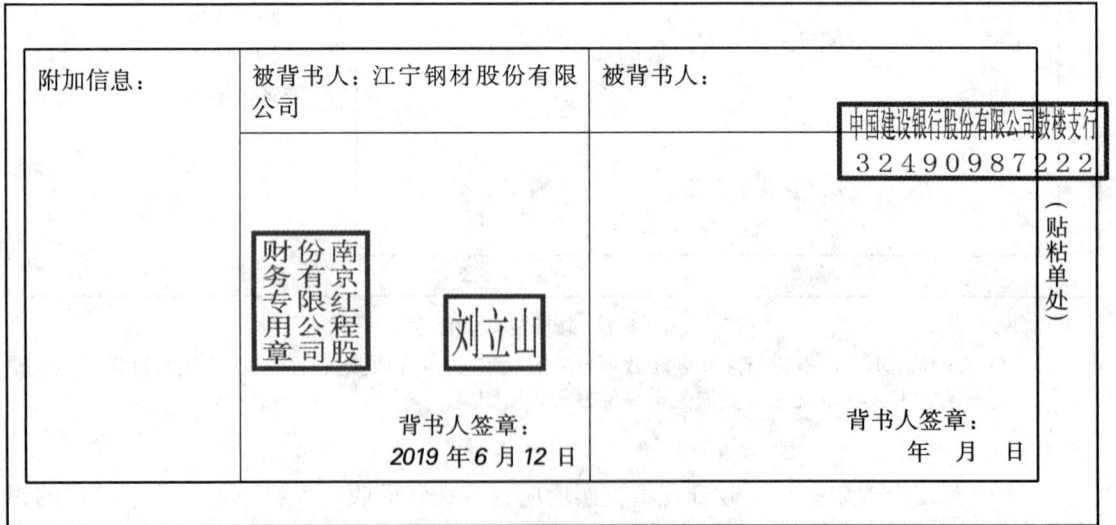

图 1-9　转账支票正本正面

图 1-10　转账支票正本背面

注: 如果因多次背书转让需要使用粘贴单的,则在贴粘单处的连接处加盖骑缝章,并确保骑缝章清晰可见,否则该粘单上记录的背书无效。

（二）进账单

1. 使用要点

（1）适用范围：单位收到支票、银行本票、银行汇票等票据后，办理进账手续时使用。

（2）联次：进账单一式三联，第一联为开户银行交给持（出）票人的回单，第二联由收款人开户行作为贷方凭证，第三联为收款人开户银行交给收款人的收账通知。

2. 进账单通用样式

进账单的样式如图 1-11～图 1-13 所示。

进 账 单（回 单）1
年 月 日

出票人	全　　称		收款人	全　　称												此联是开户银行交给持（出）票人的回单
	账　　号			账　　号												
	开户银行			开户银行												
金额	人民币（大写）				亿	千	百	十	万	千	百	十	元	角	分	
票据种类		票据张数														
票据号码																
复核　　　　　记账				开户银行签章												

图 1-11　进账单(回单)1

进 账 单（贷方凭证）2
年 月 日

出票人	全　　称		收款人	全　　称												收款人开户行作贷方凭证
	账　　号			账　　号												
	开户银行			开户银行												
金额	人民币（大写）				亿	千	百	十	万	千	百	十	元	角	分	
票据种类		票据张数														
票据号码																
复核　　　　　记账				开户银行签章												

图 1-12　进账单(贷方凭证)2

进　账　单（收款通知）3

年　月　日

出票人	全　称		收款人	全　称	
	账　号			账　号	
	开户银行			开户银行	
金额	人民币（大写）			亿 千 百 十 万 千 百 十 元 角 分	
票据种类		票据张数			
票据号码					
复核　　记账			开户银行签章		

收款人开户银行交给收款人的收账通知

图 1-13　进账单（收款通知）3

3. 填制进账单

（1）填制说明：

① 日期按填制进账单当日的日期填写。

②“出票人”信息应根据收到的票据上注明的出票人或申请人信息填写。

③“收款人”信息应根据收到的票据或本单位实际情况填写。

④“金额”应根据收到的票据上注明的金额填写。

⑤“票据种类”应根据实际收到的票据类别（如支票、银行汇票、银行本票等）填写。

⑥“票据张数”和“票据号码”应根据收到的票据上注明的实际张数及号码填写。

（2）填制实例。以南京红程股份有限公司为例，假定企业 2019 年 6 月 12 日向南京江城股份有限公司销售产品，收到转账支票一张（图 1-14 和图 1-15），并采用顺解程序在其开户银行中国银行股份有限公司南京分行办理了进账手续，收款账号为 21399870113。

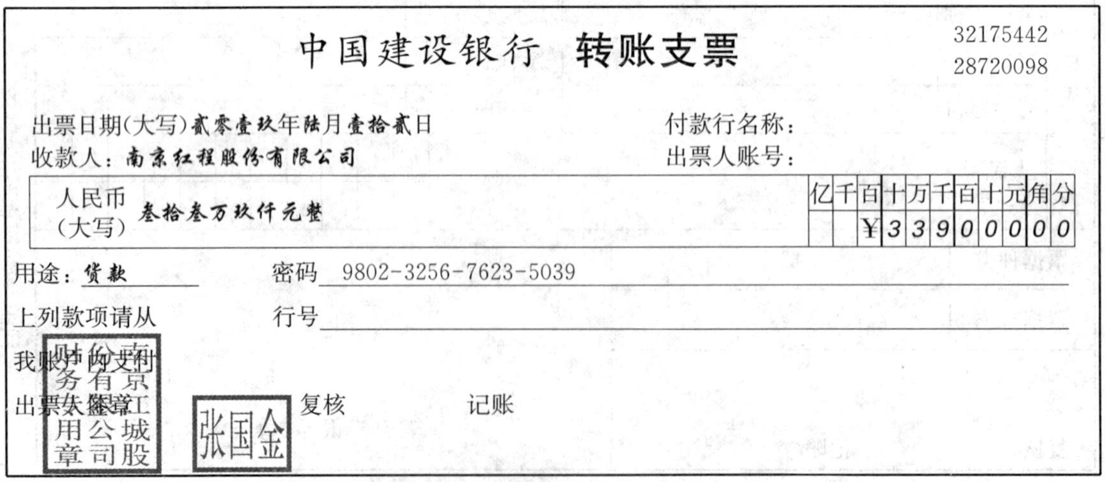

中国建设银行　转账支票　　32175442 28720098

出票日期（大写）贰零壹玖年陆月壹拾贰日　　付款行名称：

收款人：南京红程股份有限公司　　出票人账号：

人民币（大写）	亿	千	百	十	万	千	百	十	元	角	分
叁拾叁万玖仟元整			¥	3	3	9	0	0	0	0	0

用途：货款　　密码 9802-3256-7623-5039

上列款项请从　　行号

我账户内支付

出票人签章　　复核　　记账

南京江城股份有限公司财务专用章　张国金

图 1-14　转账支票正本正面

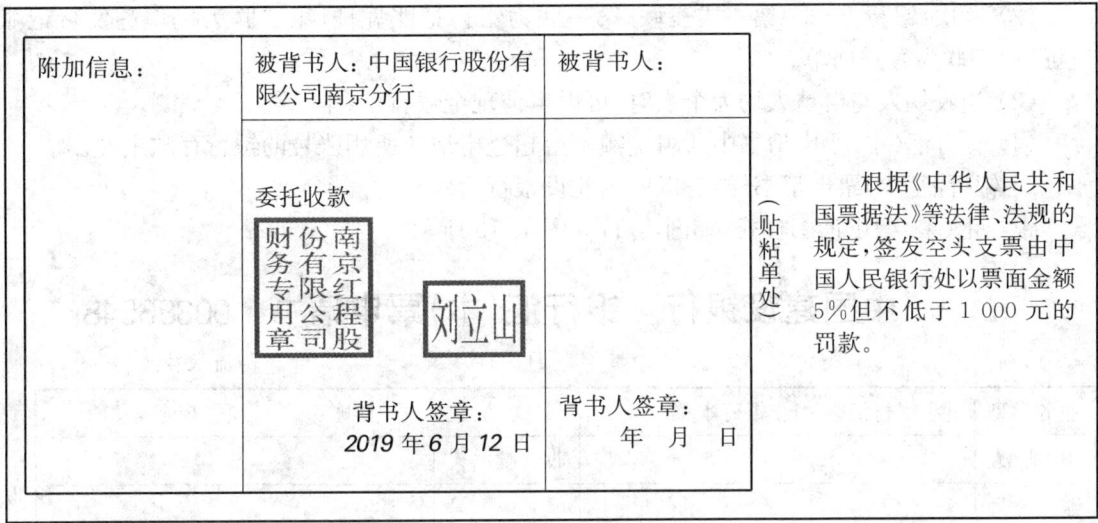

图 1-15　转账支票背面

注：如果上述转账支票采用倒解程序办理进账手续，即在付款人开户行办理进账手续时，转账支票背面不需写明"委托收款"字样，也不需要加盖银行预留印鉴，被背书人处也不用填写。

① 收到转账支票后，应在其背面背书人签章处写明"委托收款"字样并加盖本公司银行预留印鉴，在被背书人处填写进账银行的名称。

② 根据上述转账支票在 6 月 12 日办理进账手续时，应填制进账单如图 1-16 所示。

进 账 单 （回　单）1

2019 年 6 月 12 日

出票人	全　　　称	南京江城股份有限公司	收款人	全　　　称	南京红程股份有限公司										
	账　　　号	32490987222		账　　　号	21399870113										
	开户银行	建行鼓楼支行		开户银行	中国银行股份有限公司南京分行										
金额	人民币（大写）	叁拾叁万玖仟元整			亿	千	百	十	万	千	百	十	元	角	分
							￥	3	3	9	0	0	0	0	0
票据种类	支票	票据张数	1 张												
票据号码	转 3217544228720098														
复核		记账		开户银行签章											

此联是开户银行交给持（出）票人的回单

图 1-16　进账单（回单）1

注：①所有联次填写内容一致，用复写纸套写。②开户银行签章处由办理进账手续的银行加盖印章。

（三）银行汇（本）票申请书

1. 使用要点

(1) 适用范围：企业向银行申请签发银行汇（本）票时使用。

（2）联次：银行汇（本）票一式三联，第一联为银行记账凭证，第二联为代理签发行记账凭证，第三联为客户回单。

（3）当收款人与申请人均为个人时，可以申请现金银行汇（本）票。

（4）银行汇（本）票申请书中所填金额不得超过申请人所用账号的银行存款余额。

2. 银行汇（本）票申请书样式（以中国建设银行为例）

银行汇（本）票申请书样式，如图1-17～图1-19所示。

中国建设银行　银行汇（本）票申请书　00386548

币别：　　　　　　　　　　　年　月　日　　　　　　流水号：

业务类型	□ 银行汇票　□ 银行本票						付款方式	□ 转账					□ 现金			
申请人							收款人									
账号							账号									
用途							代理付款行									
金额	（大写）						亿	千	百	十	万	千	百	十	元	角	分
客户签章																

（右侧竖排：第一联　银行记账凭证）

图 1-17　银行汇（本）票申请书

中国建设银行　银行汇（本）票申请书　00386548

币别：　　　　　　　　　　　年　月　日　　　　　　流水号：

业务类型	□ 银行汇票　□ 银行本票						付款方式	□ 转账					□ 现金			
申请人							收款人									
账号							账号									
用途							代理付款行									
金额	（大写）						亿	千	百	十	万	千	百	十	元	角	分
客户签章																

（右侧竖排：第二联　代理签发行记账凭证）

图 1-18　银行汇（本）票申请书

中国建设银行   银行汇(本)票申请书   00386548

币别: 年 月 日   流水号:

业务类型	□ 银行汇票　□ 银行本票	付款方式	□ 转账　　　　□ 现金
申请人		收款人	
账　号		账　号	
用　途		代理付款行	

金额	(大写)		亿	千	百	十	万	千	百	十	元	角	分

客户签章

图 1-19　银行汇(本)票申请书

3. 填制银行汇票申请书

(1) 填制说明:

① "币别"按申请结算币种填写。

② 日期按填制该申请书的日期填写。

③ "业务类型"应根据申请的结算方式并在相应的方框内打"√"。

④ 填写"付款方式"时,除了申请人和收款人同为个人时而在现金前的方框内打"√",其余的均在转账前的方框内打"√"。

⑤ "申请人"及"账号"应填写申请人名称及银行账号。

⑥ "收款人"及"账号"应填写收款人名称及银行账号。

⑦ "用途"应根据实际用途填写。

⑧ "金额"应根据申请支付金额填写。

⑨ "客户签章"处应加盖申请人银行预留印鉴。

⑩ 支付密码:在小写金额的右下方一行处写上支付密码。

(2) 填制实例。企业基本资料:企业名称为南京东方股份有限公司,公司法定代表人为涂海蔚,开户银行为中国建设银行股份有限公司鼓楼支行,账号:32490980982,银行预留印鉴为企业财务专用章及法定代表人的个人名章(支付密码:3209023154087675)。

假定企业于 2019 年 6 月 12 日从河南吉达股份有限公司购入材料一批,取得的增值税专用发票上注明的金额为 400 000 元,税额为 52 000 元,企业采用银行汇票结算方式支付货款。河南吉达股份有限公司开户银行为中国建设银行河南分行,账号为 21097656511。企业于 6 月 12 日向开户银行申请银行汇票时,填制银行汇(本)票申请书,如图 1-20 所示。

中国建设银行　银行汇(本)票申请书　00386548

币别:人民币　　　　　　　2019 年 6 月 12 日　　　　　　流水号:098776622

业务类型	☑ 银行汇票　□ 银行本票	付款方式	☑ 转账　　□ 现金	第一联 银行记账凭证
申请人	南京东方股份有限公司	收款人	河南吉达股份有限公司	
账　号	32490980982	账　号	21097656511	
用　途	货款	代理付款行		

金额	人民币(大写)　肆拾伍万贰仟元整	亿	千	百	十	万	千	百	十	元	角	分
				￥	4	5	2	0	0	0	0	0

支付密码 3209023154087675

（南京东方股份有限公司财务专用章）　（涂海蔚）

客户签章

图 1-20　银行汇(本)票申请书

注:所有联次填写内容一致。

(四)银行汇票

1. 使用要点

(1)适用范围:同城异地的各种款项结算通常均可采用,非现金银行汇票可以背书转让。

(2)联次:全国银行汇票共四联,第一联由出票行结清汇票时作汇出汇款借方凭证,第二联由代理付款行付款后作联行往账借方凭证附件,第三联由代理付款行兑付后随报单寄出票行,第四联由出票行作多余款贷方凭证,出票行结清多余款后交申请人。华东三省一市银行汇票共 2 联,第一联由出票行结清汇票时作汇出汇款借方凭证,第二联由代理付款行付款后作借方凭证附件。

(3)银行汇票在申请人向银行提交银行汇(本)票申请书后,由银行受理开具。

(4)银行汇票是一种见票即付的票据。

2. 银行汇票票样

(1)全国银行汇票(以中国建设银行银行汇票为例),如图 1-21～图 1-24 所示。

| 提示付款期限自出票之日起壹个月 | 中国建设银行 银行汇票(卡片) | 1 | 01097666 33298762 |

中国建设银行

银 行 汇 票(卡片)　　1　　01097666　33298762

提示付款期限自出票之日起壹个月

出票日期（大写）

代理付款行：　　　行号

收款人：

出票金额　人民币（大写）

实际结算金额　人民币（大写）

亿	千	百	十	万	千	百	十	元	角	分

申请人：＿＿＿＿＿＿＿＿　账号：＿＿＿＿＿＿＿＿＿

出票行：＿＿＿＿＿行号：＿＿＿＿＿

复核　　　记账

复核　　　经办

此联出票行结清汇票时作汇出汇款借方凭证

图 1-21　银行汇票(卡片)

中国建设银行

银 行 汇 票　　2　　01097666　33298762

提示付款期限自出票之日起壹个月

出票日期（大写）

代理付款行：　　　行号

收款人：

出票金额　人民币（大写）

实际结算金额　人民币（大写）

亿	千	百	十	万	千	百	十	元	角	分

申请人：＿＿＿＿＿＿＿＿　账号：＿＿＿＿＿＿＿＿＿

出票行：＿＿＿＿＿行号：＿＿＿＿＿

备注：＿＿＿＿＿

密押

多余金额

亿	千	百	十	万	千	百	十	元	角	分

见票付款

复核　　　记账

出票行签章

此联代理付款行付款后作联行往账借方凭证附件

图 1-22　银行汇票第二联(正面)

被背书人：	被背书人：	
		（贴粘单处）
背书人签章： 　年　月　日	背书人签章： 　年　月　日	

持票人向银行　　　　　　身份证件名称
提示付款签章　　　　　　号　　码
　　　　　　　　　　　　发证机关

图 1-23　银行汇票第二联(背面)

提示付款期限自出 票之日起壹个月	**中国建设银行** **银 行 汇 票**	(解讫 通知)	**3**	01097666 33298762

出票日期
（大写）　　　　　　　　　　　　代理付款行：　　　行号

收款人：

出票金额 人民币（大写）

实际结算金额 人民币（大写）

亿	千	百	十	万	千	百	十	元	角	分

申请人：　　　　　　　　　　　　账号：

出票行：　　　　行号：
备注：

密押

多余金额

亿	千	百	十	万	千	百	十	元	角	分

代理付款行签章

复核　　记账

复核　　经办

此联代理付款行兑付后随报单寄出票行，由出票行作多余款贷方凭证

图 1-24　银行汇票(解讫通知)3

图 1-25 银行汇票(多余款收账通知)4

(2) 华东三省一市银行汇票,如图 1-26～图 1-28 所示。

图 1-26 华东三省一市银行汇票(卡片)

提示付款期限自出票之日起壹个月	华东三省一市 银 行 汇 票	2	01038437 67267831

出票日期
（大写）　　　　年　　月　　日

收款人：

出票金额　人民币
　　　　　（大写）

实际结算金额　人民币 　　　　　　　（大写）	亿	千	百	十	万	千	百	十	元	角	分

申请人：＿＿＿＿＿＿＿＿＿＿＿　　账号：＿＿＿＿＿＿＿＿＿＿＿

出票行：＿＿＿＿＿＿　行号：＿＿＿＿＿＿＿

密押											
	多金余额										
	亿	千	百	十	万	千	百	十	元	角	分

复核　　　经办　　　　　　　　　　　　　　复核　　　记账

此联代理付款行付款后作借方凭证附件

图 1-27　华东三省一市银行汇票第二联正面

被背书人：	被背书人：
背书人签章： 年　月　日	背书人签章： 年　月　日

（贴粘单处）

持票人向银行　　　　　身份证件名称
提示付款签章　　　　　号　　　码
　　　　　　　　　　　发 证 机 关

图 1-28　华东三省一市银行汇票第二联背面

3. 取得银行汇票（以全国银行汇票为例）

（1）付款人向银行申请取得。取得银行汇票后，付款人应将第二和第三联交给收款人。

以南京东方股份有限公司为例,2019 年 6 月 12 日取得的银行汇票,如图 1-29～图 1-31 所示。

中国建设银行
银 行 汇 票

2

01097666
33298762

提示付款期限自出票之日起壹个月

出票日期(大写) 贰零壹玖年陆月壹拾贰日

代理付款行: 　行号

收款人:	河南吉达股份有限公司

出票金额 人民币(大写) 肆拾伍万贰仟元整　　　　　　¥452 000.00

实际结算金额 人民币(大写)		亿	千	百	十	万	千	百	十	元	角	分

申请人: 南京东方股份有限公司　　　　　　账号: 32490980982

出票行: 建行鼓楼支行　行号: 320100111
备注: _____

见票付款

周庆红

出票行签章

多余金额

亿	千	百	十	万	千	百	十	元	角	分

复核　记账

此联代理付款行付款后作联行往账借方凭证附件

图 1-29 银行汇票第二联正面

被背书人:	被背书人:
背书人签章:　　年 月 日	背书人签章:　　年 月 日

(贴粘单处)

持票人向银行
提示付款签章

身份证件名称
号　　码
发 证 机 关

图 1-30 银行汇票第二联背面

提示付款期限自出票之日起壹个月	中国建设银行 银 行 汇 票	(解讫 通知)	3	01097666 33298762	此联代理付款行兑付后随报单寄出票行,由出票行作多余款贷方凭证

出票日期
(大写)　　贰零壹玖年陆月壹拾贰日　　　　　　代理付款行:　　　　行号:

收款人:河南吉达股份有限公司

出票金额
人民币
(大写)　　肆拾伍万贰仟元整　　　　　¥452 000.00

实际结算金额　人民币
(大写)

亿	千	百	十	万	千	百	十	元	角	分

申请人:南京东方股份有限公司　　　　　账号:32490980982

出票行:建行鼓楼支行　　行号:320100111
备注:_____

密押

多余金额

亿	千	百	十	万	千	百	十	元	角	分

代理付款行签章　　　　　　　　　　　　　　　　　复核　　　记账

复核　　经办

图 1-31　银行汇票(解讫通知)3

(2) 作为收款人从他人处取得。

① 填制说明。

A. 对收到的银行汇票进行审查,审查的主要内容为收款人是否为本单位、银行汇票是否过期、背书是否连续等。

B. 将审核无误的银行汇票第二及第三联上的实际结算金额与多余金额填写完整。"实际结算金额"的填写应遵循实际结算金额与出票金额孰低原则,如果实际结算金额小于出票金额,则按实际结算金额填写,"多余金额"按差额填写;如果实际结算金额大于出票金额,则按出票金额填写。

C. 如果是本单位办理进账手续,则应在银行汇票背面的持票人向银行提示付款签章处加盖银行预留印鉴,同时填制进账单后到本单位开户银行办理进账手续;如果是背书转让给其他单位,则应在银行汇票背面的背书人签章处加盖银行预留印鉴,在被背书人处填写接受该银行汇票人的名称,并将银行汇票第二及第三联交给被背书人。

② 填制实例。

A. 本单位办理进账手续。以南京江城股份有限公司为例,企业于 2019 年 6 月 14 日收到常州红河股份有限公司 2019 年 6 月 12 日申请的用于归还前欠货款的银行汇票 470 000 元后,填写完整的银行汇票,如图 1-32~图 1-34 所示。

中国建设银行
银 行 汇 票

2

01043019
87386620

提示付款期限自出票之日起壹个月

出票日期（大写）　贰零壹玖年陆月壹拾贰日

代理付款行：　　行号

收款人：南京江城股份有限公司

出票金额 人民币（大写）　肆拾柒万元整　　　　¥470 000.00

实际结算金额 人民币（大写）肆拾柒万元整	亿	千	百	十	万	千	百	十	元	角	分
			¥	4	7	0	0	0	0	0	0

申请人：常州红河股份有限公司　　　　账号：23876753123
出票行：建行新北区支行　行号：3204001043

备注：_____

见票付款

出票行签章　　黄力海

密押	
多余金额	

亿	千	百	十	万	千	百	十	元	角	分
										0

复核　记账

此联代理付款行付款后作联行往账借方凭证附件

图 1-32　银行汇票第二联正面

被背书人：	被背书人：
背书人签章：　年 月 日	背书人签章：　年 月 日

持票人向银行提示付款签章　南京江城股份有限公司财务专用章　张国金

身份证件名称
号　　码
发 证 机 关

（贴粘单处）

图 1-33　银行汇票第二联背面

中国建设银行　银行汇票 (解讫通知) 3

提示付款期限自出票之日起壹个月

01043019
87386620

出票日期(大写) 贰零壹玖年陆月壹拾贰日

代理付款行：　　行号

收款人：南京江城股份有限公司

出票金额 人民币(大写) 肆拾柒万元整　　　　¥470 000.00

实际结算金额 人民币(大写) 肆拾柒万元整	亿	千	百	十	万	千	百	十	元	角	分
				¥	4	7	0	0	0	0	0	0

申请人：常州红河股份有限公司　　　　账号：23876753123

出票行：建行新北区支行　行号：3204001043
备注：_____

密押

多余金额

亿	千	百	十	万	千	百	十	元	角	分
								0		

复核　记账

代理付款行签章

复核　经办

此联代理付款行兑付后随报单寄出票行，由出票行作多余款贷方凭证

图 1-34　银行汇票(解讫通知)3

企业填制的进账单，如图 1-35 所示。

中国建设银行　进账单 (回单) 1

2019 年 6 月 14 日

出票人	全称	常州红河股份有限公司	收款人	全称	南京江城股份有限公司
	账号	23876753123		账号	32490987222
	开户银行	建行新北区支行		开户银行	建行鼓楼支行

金额	人民币(大写) 肆拾柒万元整	亿	千	百	十	万	千	百	十	元	角	分
					¥	4	7	0	0	0	0	0	0

票据种类	银行汇票	票据张数	2 张
票据号码	01014301987386620		

复核　记账　　　　　开户银行签章：

此联是开户银行交给持(出)票人的回单

注：所有联次填写内容一致。

图 1-35　进账单(回单)1

B. 背书转让给其他单位。以南京江城股份有限公司为例,企业将收到的常州红河股份有限公司的银行汇票(图1-36~图1-38)背书转让给无锡锡城股份有限公司。

付款期限 壹个月	中国建设银行 银 行 汇 票	2	01043019 87386620

出票日期(大写) 贰零壹玖年陆月壹拾贰日　　　　　代理付款行:　　行号

收款人:南京江城股份有限公司

出票金额 人民币(大写) 肆拾柒万元整　　　　　¥470 000.00

实际结算金额 人民币(大写) 肆拾柒万元整

亿	千	百	十	万	千	百	十	元	角	分
		¥	4	7	0	0	0	0	0	0

申请人:常州红河股份有限公司　　　　账号:23876753123
出票行:建行新北区支行　行号:3204001043

备注:_____

见票付款

出票行签章　黄力海

密押

多余金额

亿	千	百	十	万	千	百	十	元	角	分
								0		

复核　记账

此联代理付款行付款后作联行往账借方凭证附件

图1-36　银行汇票第二联正面

被背书人:无锡锡城股份有限公司　　　被背书人:

南京江城股份有限公司财务专用章　张国金

背书人签章:
2019 年 6 月 14 日

背书人签章:
年 月 日

(贴粘单处)

持票人向银行
提示付款签章

身份证件名称
号　码
发 证 机 关

图1-37　银行汇票第二联背面

图 1-38　银行汇票(解讫通知)3

(五)银行承兑汇票与银行托收凭证

1. 银行承兑汇票使用要点

(1)适用范围:在银行开户具有真实的交易关系或债权债务关系的同城或异地单位均可使用。

(2)期限规定:银行承兑汇票的付款期限,最长不得超过 6 个月;银行承兑汇票的提示付款期限,自汇票到期日起 10 日。

(3)联次:银行承兑汇票共 3 联,第一联由承兑行留存备查到期支付票款时作借方凭证附件,第二联由收款人开户行随托收凭证寄付款方作借方凭证附件,第三联由出票人存查。

2. 银行承兑汇票票样

银行承兑汇票字样,如图 1-39~图 1-42 所示。

图 1-39　银行承兑汇票(卡片)1

银行承兑汇票　　2
03488100
06752333

出票日期
（大写）　　年　月　日

出票人全称		收	全　称	
出票人账号		款	账　号	
付款行全称		人	开户行	

| 出票金额 | 人民币（大写） | 亿 | 千 | 百 | 十 | 万 | 千 | 百 | 十 | 元 | 角 | 分 |

| 汇票到期日（大写） | | 付款行 | 行号 | |
| 承兑协议编号 | | | 地址 | |

本汇票请你行承兑，到期无条件付款。

　　　　出票人签章
　　　　　年　月　日

本汇票已经承兑，到期日由本行付款。

承兑行签章
承兑日期　年　月　日

备注：　　　　　　　复核　　记账

寄付款方作借方凭证附件　此联收款人开户行随托收凭证

图 1-40　银行承兑汇票第二联正面

| 被背书人： | 被背书人： | 被背书人： |
| 背书人签章：年　月　日 | 背书人签章：年　月　日 | 背书人签章：年　月　日 |

（贴粘单处）

图 1-41　银行承兑汇票第二联背面

银行承兑汇票（存根）　　3
03488100
06752333

出票日期
（大写）　　年　月　日

出票人全称		收	全　称	
出票人账号		款	账　号	
付款行全称		人	开户行	

| 出票金额 | 人民币（大写） | 亿 | 千 | 百 | 十 | 万 | 千 | 百 | 十 | 元 | 角 | 分 |

| 汇票到期日（大写） | | 付款行 | 行号 | |
| 承兑协议编号 | | | 地址 | |

备注：　　　　　　复核　　记账

此联是出票人存查

图 1-42　银行承兑汇票（存根）3

3. 签发银行承兑汇票

(1) 签发流程:

① 出票人与承兑银行签订承兑协议。

② 出票人支付保证金(全额保证金或差额保证金)。

③ 出票人填制银行承兑汇票并提交承兑银行。

④ 承兑银行承兑并将银行承兑汇票返还给出票人。

(2) 签发要求:

① 银行承兑汇票到期日为企业约定的付款期满的当日。

② 其他要求同支票的签发要求。

(3) 填制实例。以南京江城股份有限公司为例,假定企业于 2019 年 6 月 15 日从镇江海堂股份有限公司购入甲材料一批,取得的增值税专用发票上注明的金额为 80 000 元,税额为 10 400 元。企业签发 3 个月期限银行承兑汇票支付货款。镇江海堂股份有限公司的开户银行为中国建设银行股份有限公司镇江分行,账号为 23652222133。企业应填制银行承兑汇票,如图 1-43 所示。

银行承兑汇票(卡片) 1

03488100
87643311

出票日期(大写) 贰零壹玖年陆月壹拾伍日

出票人全称	南京江城股份有限公司	收款人	全 称	镇江海堂股份有限公司
出票人账号	32490987222		账 号	23652222133
付款行全称	中国建设银行股份有限公司鼓楼支行		开户行	中国建设银行股份有限公司镇江分行
出票金额	人民币(大写) 玖万零肆佰元整			
汇票到期日(大写)	贰零壹玖年玖月壹拾伍日	付款行	行号	092772
承兑协议编号	NJ009111		地址	南京市鼓楼

亿	千	百	十	万	千	百	十	元	角	分
			¥	9	0	4	0	0	0	0

本汇票请你行承兑,此项汇票款我单位按承兑协议于到期日前足额交存你行,到期请予以支付。

南京江城股份有限公司财务专用章　张国金

出票人签章

2019 年 6 月 15 日

备注:

复核　　记账

此联承兑行留存备查到期支付票款时作借方凭证附件

图 1-43　银行承兑汇票(卡片)1

注:① 第一、第二联填写内容一致,第三联除了不用加盖银行预留印鉴,其他的与第一和第二联一致,用复写纸套写。

② 银行承兑汇票第二联承兑行签章处由承兑银行加盖印鉴。

4. 收到银行承兑汇票

(1) 收到银行承兑汇票后,其第二联的原件应单独存放,并以其复印件作为借记“应收票据”科目的记账依据。

(2) 如持有至到期,则在银行承兑汇票到期之日起 10 日内,收款人应在银行承兑汇票第二联背面的背书人签章处写明“委托收款”字样,并加盖银行预留印鉴,在被背书人处写明收款人开户银行名称后,填制托收凭证,办理进账手续。

① 托收凭证的使用要点。

A. 适用范围:采用委托收款或托收承付结算方式时使用。

B. 联次:托收凭证共5联,第一联为收款开户银行给收款人的受理回单,第二联由收款人开户银行作贷方凭证,第三联由付款人开户银行作借方凭证,第四联由付款人开户行凭以汇款或收款人开户银行作收账通知,第五联由付款人开户银行给付款人按期付款通知。

② 托收凭证格式,如图1-44~图1-48所示。

图 1-44 托收凭证(受理回单)1

图 1-45 托收凭证(贷方凭证)2

托收凭证 （借方凭证） 3

委托日期　　年　月　日　　　付款期限　　年　月　日

业务类型	委托收款（□ 邮划　□ 电划）　托收承付（□ 邮划　□ 电划）						
付款人	全称			收款人	全称		
	账号				账号		
	地址	市 县	开户行		地址	市 县	开户行
金额	人民币（大写）			亿 千 百 十 万 千 百 十 元 角 分			
款项内容		托收凭据名　称		附寄单子张数			
商品发运情况		合同名称号码					
备注： 收款人开户银行收到日期 年　月　日		收款人开户银行签章 年　月　日		复核　　记账			

此联付款人开户银行作借方凭证

图 1-46　托收凭证（借方凭证）3

托收凭证 （收款依据或收账通知） 4

委托日期　　年　月　日　　　付款期限　　年　月　日

业务类型	委托收款（□ 邮划　□ 电划）　委托承付（□ 邮划　□ 电划）						
付款人	全称			收款人	全称		
	账号				账号		
	地址	市 县	开户行		地址	市 县	开户行
金额	人民币（大写）			亿 千 百 十 万 千 百 十 元 角 分			
款项内容		托收凭据名　称		附寄单子张数			
商品发运情况		合同名称号码					
备注： 复核　　记账		上列款项已划回收入你方账户内。 收款人开户银行签章 年　月　日					

此联付款人开户行凭以汇款或收款人开户银行作收账通知

图 1-47　托收凭证（收款依据或收账通知）4

托收凭证 （付款通知） 5

委托日期 　年　月　日　　　　付款期限　年　月　日

业务类型		委托收款(□ 邮划　□ 电划)　　托收承付(□ 邮划　□ 电划)														
付款人	全称			收款人	全称											
	账号				账号											
	地址	市　县	开户行		地址	市　县	开户行									
金额	人民币（大写）					亿	千	百	十	万	千	百	十	元	角	分
款项内容			托收凭据名称			附寄单子张数										
商品发运情况				合同名称号码												
备注：				付款人注意： 1. 根据支付结算办法，上列委托收款（托收承付）款项在付款期限内未提出拒付，即视为同意付款，以此代付款通知。 2. 如需提出全部或部分拒付，应在规定期限内，将拒付理由书并附债务证明退交开户银行。												
付款人开户银行收到日期 　　　年　月　日 复核　　　记账		付款人开户银行签章 　　　　年　月　日														

此联付款人开户银行给付款人按期付款通知

图 1-48　托收凭证(付款通知)5

③ 托收凭证填制说明。

A. "委托日期"按填制本单据的日期填写。

B. "业务类型"应根据申请的收款方式并在相应的方框内打"✓"。

C. "付款人"信息、"收款人"信息及"金额"部分根据银行承兑汇票的信息填写。

D. "托收凭据名称"为"银行承兑汇票"或托收款项所用的发票等。

E. 第二联"收款人签章"处应加盖收款人银行预留印鉴。

（3）如银行承兑汇票中途背书转让，则背书转让时，收款人应在银行承兑汇票背面的背书人签章处加盖本单位银行预留印鉴，同时，在被背书人处填写接受该票据单位的名称。

（4）填制实例。以镇江海堂股份有限公司为例，假定企业于 2019 年 6 月 15 日向南京江城股份有限公司销售甲产品收到 2019 年 9 月 15 日到期的银行承兑汇票一张（图 1-49 和图 1-50）。企业于 9 月 16 日办理了进账手续，填写的托收凭证，如图 1-51 所示。

银行承兑汇票　2

出票日期
（大写）　贰零壹玖年陆月壹拾伍日

出票人全称	南京江城股份有限公司	收款人	全　称	镇江海堂股份有限公司
出票人账号	32490987222		账　号	23652222133
付款行全称	中国建设银行股份有限公司鼓楼支行		开户行	中国建设银行股份有限公司镇江分行

出票金额	人民币（大写）玖万零肆佰元整	亿	千	百	十	万	千	百	十	元	角	分
					￥	9	0	4	0	0	0	0

汇票到期日（大写）	贰零壹玖年玖月壹拾伍日	付款行	行号	092772
承兑协议编号	NJ009111		地址	南京市鼓楼

本汇票请你行承兑，到期无条件付款。 财务专用章 南京江城股份有限公司 张国金 出票人签章 2019 年 6 月 15 日	本汇票已经承兑，到期日由本行付款。 承兑行签章 承兑日期 2019 年 6 月 15 日 备注：	复核　　　记账

图 1-49　银行承兑汇票第二联正面

被背书人：中国建设银行股份有限公司镇江分行 委托收款 财务专用章 镇江海堂股份有限公司 李立红 背书人签章： 2019 年 9 月 16 日	被背书人： 背书人签章： 　年　月　日	被背书人： 背书人签章： 　年　月　日

（贴粘单处）

图 1-50　银行承兑汇票第二联背面

托收凭证（受理回单）

委托日期　2019 年 9 月 16 日

业务类型	委托收款（□ 邮划　☑ 电划）　委托承付（□ 邮划　□ 电划）				
付款人	全称	中国建设银行股份有限公司鼓楼支行	收款人	全称	镇江海棠股份有限公司
	账号			账号	23652222133
	地址	开户行		地址	江苏省 镇江市县　开户行 建行镇江分行
金额	人民币（大写）玖万零肆佰元整			亿 千 百 十 万 千 百 十 元 角 分	¥ 9 0 4 0 0 0 0
款项内容	银行承兑汇票到期	托收凭据名称	银行承兑汇票	附寄单子张数	一张
商品发运情况			合同名称号码		
备注： 复核　记账	款项收妥日期 年　月　日		收款人开户银行签章 2019 年 9 月 16 日		

此联作收款开户银行给收款人的受理回单

图 1-51　托收凭证（受理回单）

注：所有联次填写内容一致，用复写纸套写，第二联需要加盖预留银行印鉴。

（六）电汇

1. 使用要点

（1）适用范围：各种异地款项的结算均可采用。

（2）联次：电汇凭证一式两联，第一联为银行记账凭证，第二联为客户回单。

2. 电汇凭证格式

电汇凭证格式，如图 1-52 和图 1-53 所示。

中国建设银行　电汇凭证

01657648

币别：　　　　　年　月　日　　　　　流水号：

汇款方式	□ 普通　□ 加急			
汇款人	全　称		收款人	全　称	
	账　号			账　号	
	汇出地点	省　市/县		汇入地点	省　市/县
汇出行名称			汇入行名称		
金额	（大写）			亿 千 百 十 万 千 百 十 元 角 分	
			支付密码		
			附加信息及用途： 此汇款支付给收款人。 客户签章		

会计主管　　授权　　复核　　录入

第一联　银行记账凭证

图 1-52　电汇凭证第一联

中国建设银行　电汇凭证

01657648

币别：				年　月　日						流水号：					

汇款方式	□ 普通　　　□ 加急

汇款人	全　　称		收款人	全　　称	
	账　　号			账　　号	
	汇出地点	省　　市/县		汇入地点	省　　市/县
汇出行名称			汇入行名称		

金额	人民币（大写）				亿	千	百	十	万	千	百	十	元	角	分

	支付密码
	附加信息及用途：
	客户签章

第二联　客户回单

会计主管　　　　授权　　　　复核　　　　录入

图 1-53　电汇凭证第二联

3. 填制实例

以南京江城股份有限公司为例，假定企业于 2019 年 6 月 15 日采用电汇方式预付货款 70 000 元给苏州杨浦股份有限公司，苏州杨浦股份有限公司开户银行为中国农业银行股份有限公司苏州分行，账号为 43645422221。企业填制电汇凭证，如图 1-54 所示。

中国建设银行　电汇凭证

01657648

币别：人民币				2019 年 6 月 15 日						流水号：					

汇款方式	☑ 普通　　　□ 加急

汇款人	全　　称	南京江城股份有限公司	收款人	全　　称	苏州杨浦股份有限公司
	账　　号	32490987222		账　　号	43645422221
	汇出地点	江苏 省 南京 市/县		汇入地点	江苏 省 苏州 市/县
汇出行名称	建行鼓楼支行		汇入行名称	农行苏州分行	

金额	人民币（大写）柒万元整				亿	千	百	十	万	千	百	十	元	角	分
								¥	7	0	0	0	0	0	0

	支付密码
	附加信息及用途：预付款
	此汇款支付给收款人。　　　客户签章

第一联　银行记账凭证

会计主管　　　　授权　　　　复核　　　　录入

图 1-54　电汇凭证

注：所有联次填写内容一致，用复写纸套写。

（七）现金解款单

1. 使用要点

（1）适用范围：企业将收到的现金交存银行时使用。

（2）联次：现金解款单一式两联，第一联为银行记账凭证，第二联为客户回单。

2. 现金解款单格式（以中国建设银行格式为例）

现金解款单格式，如图 1-55 和图 1-56 所示。

中国建设银行　现金解款单

币别：　　　　　　　　　　　年　月　日　　　　　　　　　流水号：

单位填写	收款单位		交款人										
	账号		款项来源										
				亿	千	百	十	万	千	百	十	元	角	分
	金额（大写）													
银行确认栏														

复核　　　　　　　　　　录入　　　　　　　　　　出纳

第一联　银行记账凭证联

图 1-55　现金解款单第一联

中国建设银行　现金解款单

币别：　　　　　　　　　　　年　月　日　　　　　　　　　流水号：

单位填写	收款单位		交款人										
	账号		款项来源										
				亿	千	百	十	万	千	百	十	元	角	分
	金额（大写）													
银行确认栏														

复核　　　　　　　　　　录入　　　　　　　　　　出纳

第二联　客户回单

图 1-56　现金解款单第二联

3. 填制现金解款单

（1）填制说明：

① 日期按将现金交存银行当天日期填写。

②"币别"按企业实际解款的币种填写。

③"收款单位"和"交款人"均填写本单位。

④"账号"按企业根据需要选择的账号填写。

⑤"款项来源"按取得现金的实际来源填写。

⑥金额按实际解款的金额填写。

(2)填制实例。以南京江城股份有限公司为例,假定企业于2019年6月23日将材料销售给个人收到的现金人民币3 000元存入银行。出纳李林填制现金解款单,如图1-57所示。

中国建设银行　现金解款单

币别:人民币　　　　　　　2019 年 6 月 23 日　　　　　　　流水号:

单位填写	收款单位	南京江城股份有限公司	交 款 人						南京江城股份有限公司				
	账　号	32490987222	款项来源						材料销售				
	金额(大写)叁仟元整		亿	千	百	十	万	千	百	十	元	角	分
								￥	3	0	0	0	0	0
银行确认栏													

复核　　　　　　　　　录入　　　　　　　　　出纳

图 1-57　现金解款单第一联

（第一联 银行记账凭证联）

注:所有联次填写内容一致。

(八)收料单

1. 使用要点

(1) 适用范围:企业原材料(含周转材料)入库时使用。

(2) 联次:收料单一式三联,第一联为存根联,第二联为记账联,第三联为交货人留存。

2. 收料单格式

收料单格式,如表1-2~表1-4所示。

表 1-2

收　料　单

供应单位:　　　　　　　　　年 月 日　　　　　　　　编号:23001

材料编号	名　称	单位	规格	数　量		实 际 成 本			
				应收	实收	单价	发票价格	运杂费	合　计
备　注:									

（第一联 存根联）

收料人:　　　　　　　　　　　　　交料人:

表1-3

收 料 单

供应单位：　　　　　　　　　　　年 月 日　　　　　　　　　　编号：*23001*

材料编号	名　称	单　位	规　格	数　量		实　际　成　本			
				应　收	实　收	单　价	发票价格	运杂费	合　计

备　注：

收料人：　　　　　　　　　　　　　　交料人：

第二联　记账联

表1-4

收 料 单

供应单位：　　　　　　　　　　　年 月 日　　　　　　　　　　编号：*23001*

材料编号	名　称	单　位	规　格	数　量		实　际　成　本			
				应　收	实　收	单　价	发票价格	运杂费	合　计

备　注：

收料人：　　　　　　　　　　　　　　交料人：

第三联　交料人留存

3. 填制收料单

（1）填制说明：

① 收料单应由仓库管理人员填写。

② "材料编号"应根据企业材料目录中的编号填写。

③ "供应单位""名称""单位""规格"及"应收数量"应根据取得的发票填写并与合同核对。

④ "实收数量"应根据验收合格入库数量填写，并由收料人及交料人双方签字。

⑤ 仓库管理人员在填写收料单时不需要填写实际成本栏，可以由财务人员在进行账务处理时填写。

⑥ 收料单是预先编号的自制原始凭证，如果填写错误，不能将其撕毁，应注明"作废"字样，连同其他联次一起保存。

本说明也适用于其他有预先编号的自制原始凭证。

（2）填制实例。以南京江城股份有限公司为例，假定企业于2019年6月8日从苏州东方明珠有限公司购入甲材料一批，取得的增值税专用发票注明的数量为3 000件，金额为90 000元，增值税额为11 700元。企业仓库管理人员王小贤将周姚海交来的3 000件甲材料验收入库时填制的收料单，如表1-5（材料编号：100101）所示。

表 1-5

收 料 单

供应单位：苏州东方明珠有限公司　　2019 年 6 月 8 日　　　　　　　　　　　编号：23001

材料编号	名 称	单 位	规 格	数 量		实 际 成 本			
				应 收	实 收	单 价	发票价格	运杂费	合 计
100101	甲	件		3 000	3 000				
备　注：									

第一联　存根联

收料人：王小贤　　　　　　　　　　　交料人：周姚海

注：（1）所有联次填写内容一致，用复写纸套写。

　　（2）如果填写错误不能撕毁，应写上"作废"字样，连同存根联一并保存（此要求适用于所有预先编号的自制原始凭证）。

（九）领料单

1. 使用要点

（1）适用范围：企业领用原材料、周转材料时使用。

（2）联次：领料单一般一式三联，第一联为存根联，第二联为领料人留存联，第三联为记账联。

2. 领料单格式

领料单格式，如表 1-6～表 1-8 所示。

表 1-6

领 料 单

领用部门：

用途：　　　　　　　　　　　　年　月　日　　　　　　　　　　　编号：46001

材料编号	名称	规格	计量单位	请领数量	实发数量	备注

第一联　存根联

领料人：　　　　　　　　　　　　　　发料人：

表 1-7

领 料 单

领用部门：

用途：　　　　　　　　　　　　年　月　日　　　　　　　　　　　编号：46001

材料编号	名称	规格	计量单位	请领数量	实发数量	备注

第二联　领料人留存联

领料人：　　　　　　　　　　　　　　发料人：

领　料　单

表 1-8

领用部门：

用途：　　　　　　　　　　　　　　　　年　月　日　　　　　　　　编号：46001

材料编号	名称	规格	计量单位	请领数量	实发数量	备注

第三联　记账联

领料人：　　　　　　　　　　　　　　　发料人：

3. 填制领料单

（1）填写说明：

① 领料单一般应由领料人填写。

② "领用部门"应根据实际领料的部门填写。

③ "用途"应根据实际用途填写。

④ "实发数量"根据仓库实际发放的数量填写，并由领料人及发料人双方签字。

（2）填制实例。以南京江城股份有限公司为例，假定企业一车间职工张红于 2019 年 6 月 15 日从仓库领用甲材料 2 000 件用于生产 A 产品，仓库管理人员周单填制的领料单，如表 1-9（材料编号：101001）所示。

领　料　单

表 1-9

领用部门：一车间

用途：生产 A 产品　　　　　　　　　2019 年 6 月 15 日　　　　　　　编号：46001

材料编号	名称	规格	计量单位	请领数量	实发数量	备注
101001	甲材料		件	2 000	2 000	

第一联　存根联

领料人：张　红　　　　　　　　　　　发料人：周　单

注：所有联次填写内容一致，用复写纸套写。

（十）发料汇总表

（1）适用范围：发出材料成本采用月末汇总核算时使用。

（2）发料汇总表格式。

发料汇总表格式，如表 1-10 所示。

发 料 汇 总 表

表 1-10

年　月　日

材料名称　用途	数量	金额	数量	金额	数量	金额	合计

(续表)

用　途 ＼ 材料名称	数量	金额	数量	金额	数量	金额	合　计
合　　计							

编制人　　　　　　　　　　　　　　　　　　　　审核人

（3）发料汇总表的填制：

① 仓库人员根据领料单存根联的用途、名称分别汇总填制"用途""名称"和"数量"栏。

②"金额"及其"合计"栏由会计人员填写。

③"编制人"处由填制本表的仓库人员及会计人员签章，"审核人"处由仓库及财务部门负责审核的人员签章。

（十一）借款单

1. 使用要点

（1）适用范围：单位职工向企业借款时使用。

（2）联次：借款单一般一式三联，第一联为付款联（付款人记账），第二联为结算联（结算后记账），第三联为回执联（结算后交借款人留存）。

2. 借款单格式

借款单格式，如图 1-58～图 1-60 所示。

<h1 align="center">借　款　单</h1>

年　月　日　　　　　　　No 32010011

借款人：		所属部门：	
借款用途：			
借款数额：人民币（大写）　　　　————			
部门负责人审批：		借款人（签章）：	
财务部门审核：			
单位负责人批示：		签字：	
核销记录：			

第一联　付款联（付款人记账）

图 1-58　借款单第一联

借 款 单

年 月 日　　　　No 32010011

借款人：		所属部门：	
借款用途：			
借款数额：人民币（大写）		——————	
部门负责人审批：		借款人（签章）：	
财务部门审核：			
单位负责人批示：		签字：	
核销记录：			

图 1-59　借款单第二联

借 款 单

年 月 日　　　　No 32010011

借款人：		所属部门：	
借款用途：			
借款数额：人民币（大写）		——————	
部门负责人审批：		借款人（签章）：	
财务部门审核：			
单位负责人批示：		签字：	
核销记录：			

图 1-60　借款单第三联

3. 填制借款单

（1）填制说明：

① "借款人"应根据借款人的姓名填写。

② "所属部门"应根据借款人所在部门填写。

③ "借款用途"应根据实际借款用途填写。

④ "借款金额"应根据实际借款金额分别填写大写与小写金额。

⑤ "部门负责人审批"应由借款人所在部门的负责人填写。

⑥ "借款人（签章）"应由借款人签字。

⑦ "财务部门审核"应由财务部门负责人审核后签字。

⑧ "单位负责人批示及签字"应由单位负责人签署是否同意的意见后签字。

⑨ "核销记录"应由财务人员在结清借款时根据实际情况填写。

（2）填制实例。以南京江城股份有限公司为例,假定企业一车间职工张林、金海心、李涛、周旺才 4 人因提供售后服务出差,于 2019 年 6 月 15 日由张林向财务部门借款 6 000 元。一车间负责人为黄立高,单位财务负责人为蒋一明,单位负责人为张国军。填制完成的借款单,如图 1-61 所示。

借 款 单

2019 年 6 月 15 日　　　　　　　　　　No 32010011

借款人:张林		所属部门:一车间	
借款用途:提供售后服务			
借款数额:人民币(大写) 陆仟元整			￥6 000.00
部门负责人审批:黄立高 2019.6.15		借款人(签章):张林 2019.6.15	
财务部门审核:蒋一明 2019.6.15			
单位负责人批示:同意		签字:张国军 2019.6.15	
核销记录:			

第一联　付款联

图 1-61　借款单第一联

注:所有联次填写内容一致,用复写纸套写。

(十二)差旅费报销单

1. 适用范围

单位职工出差回来报销差旅费时使用。

2. 差旅费报销单格式

差旅费报销单格式,如表 1-11 所示。

表 1-11

差 旅 费 报 销 单

年　月　日　　　　　　　　　　附件:　张

姓名		工作部门			出差事由			

日 期		地 点		车 船 费			深夜补贴	途中补贴	住勤费			旅馆费		金额合计
起	讫	起	讫	车次或船名	时间	金额			地区	天数	补贴			
报销金额(大写)														

补付金额:	退回金额:

领导批准　　　会计主管　　　部门负责人　　　审核　　　报销人

3. 填制差旅费的报销单

（1）填制说明：

① "姓名"应填列全部的出差人员姓名。

② "工作部门"应根据出差人员所属部门填写。

③ "出差事由"应根据实际事由填写。

④ "日期"的起讫应填写出差之日和回到单位所在地之日。

⑤ "车船费金额"应根据实际发生数（粘贴在背面的车船费发票合计金额）与单位规定的出差车船费标准孰低原则填写。

⑥ "旅馆费"应根据实际发生数与单位规定的出差住宿费标准孰低原则填写。

⑦ "途中补贴""深夜补贴""住勤费"等根据单位的内部规章制度规定的标准填写。

⑧ "金额合计"应根据各项报销金额的合计数填写。

⑨ 只有在预借了差旅费的出差人员报销时，才会出现需要补付现金或退回现金的情况，"补付金额""退回金额"应按照实际补付或退回的金额填写。

⑩ 差旅费报销单应由报销人签字后，交其所在部门负责人签字，并经会计人员审核签字、会计主管签字后，由单位领导批准。

⑪ "附件张数"应根据后附车船费票据、住宿票据等张数填写。

（2）填制实例。以南京江城股份有限公司为例，假定企业一车间职工张林、金海心、李涛、周旺才 4 人 2019 年 6 月 15 日出差到浙江义乌提供售后服务，20 日返回，共发生往返火车费用 1 200 元、住宿费用 3 000 元（住宿费发票显示住宿日期为 15 日到 19 日共 5 天）。企业规定的有关差旅费报销标准为：途中补贴每人每天为 50 元，浙江地区住勤费补贴每人每天 80 元，住宿费每人每天 100 元。21 日，张林办理报销手续时，企业填制完成的差旅费报销单，如表 1-12 所示。

表 1-12

差 旅 费 报 销 单

2019 年 6 月 21 日   附件：9 张

姓名	张林、金海心、李涛、周旺才				工作部门		一车间		出差事由		上门维修产品
日期		地点		车 船 费			深夜补贴	途中补贴	住勤费			旅馆费	公交费	金额合计
起	讫	起	讫	车次或船名	时间	金额			地区	天数	补贴			
15	20	南京	义乌	火车		1 200		400	浙江	6	1 920	2 000		5 520.00
报销金额（大写）	伍仟伍佰贰拾元整										￥5 520.00
补付金额：				退回金额：￥480.00							

领导批准 张国军　　会计主管 蒋一明　　部门负责人 黄立高　　审核 杨小林　　报销人 张 林

（十三）收款收据

1. 使用要点

（1）适用范围：单位收取其他单位或个人的款项时使用。

（2）联次：收款收据一般一式三联，第一联为存根联，第二联为记账联，第三联为付款方记账。

2. 收款收据格式

收款收据格式，如图1-62～图1-64所示。

收 款 收 据　　No 0002045

日期：　年　月　日

		第一联 存根联
交款单位＿＿＿＿＿＿	收款方式＿＿＿＿＿	
人民币（大写）＿＿＿＿	￥	
收款事由＿＿＿＿＿＿		

单位盖章　财会主管　记账　出纳　审核　经办

图1-62　收款收据第一联

收 款 收 据　　No 0002045

日期：　年　月　日

		第二联 记账联
交款单位＿＿＿＿＿＿	收款方式＿＿＿＿＿	
人民币（大写）＿＿＿＿	￥	
收款事由＿＿＿＿＿＿		

单位盖章　财会主管　记账　出纳　审核　经办

图1-63　收款收据第二联

收 款 收 据　　No 0002045

日期：　年　月　日

		第三联 付款方记账
交款单位＿＿＿＿＿＿	收款方式＿＿＿＿＿	
人民币（大写）＿＿＿＿	￥	
收款事由＿＿＿＿＿＿		

单位盖章　财会主管　记账　出纳　审核　经办

图1-64　收款收据第三联

3. 填制收款收据

（1）填制说明：

① "日期"应根据收款日期填写。

② "交款单位"应根据交来款项单位或个人的全称填写。

③ "金额"应根据实际收到金额填写。

④ "收款事由"应根据实际收款事由填写。

⑤ 相关人员签章处出纳必须签章。

⑥ 如收款方式为现金，在第二联上加盖"现金收讫"章；如收款方式为转账，在第二联上加盖"银行收讫"章。

⑦ 在第三联上加盖本单位财务专用章或公章。

（2）填制实例。以南京江城股份有限公司为例，假定企业财务部门于2019年6月21日收到张林交来的出差多余款项480元。出纳李林填制的收据，如图1-65所示。

收 款 收 据 No 0002045

日期：2019 年 6 月 21 日

交款单位 张林	收款方式 现金	第一联 存根联
人民币（大写）肆佰捌拾元整	￥480.00	
收款事由 出差回来交回多余的款项		

单位盖章　财会主管　记账　出纳 李林　审核　经办

图 1-65　收款收据（第一联）

注：① 所有联次填写内容一致，用复写纸套写。
　　② 第二联应加盖现金收讫章。
　　③ 第三联单位盖章处必须加盖收款单位的公章。

（十四）增值税专用发票

1. 使用要点

（1）适用范围：增值税一般纳税人销售货物和提供加工、修理修配劳务时使用。

（2）联次：增值税专用发票的基本联次为三联，第一联不作报销、扣税凭证，为销售方记账凭证。第二联抵扣联为购买方扣税凭证。该抵扣联不能作为记账凭证的附件，应单独存放，专门用于在规定期限内到税务机关办理认证，并在认证通过的次月申报期内，向主管税务机关申报抵扣进项税额。第三联发票联为购买方记账凭证。

2. 增值税专用发票票样（以江苏省为例）

增值税专用发票票样，如表1-13～表1-15所示。

表 1-13

江苏增值税专用发票 NO.09776762　3200098220
09776762

此联不作报销、扣税凭证使用

开票日期：　年 月 日

购买方	名　　　称： 纳税人识别号： 地址、电话： 开户行及账号：					密码区		
货物或应税劳务、服务名称	规格型号	单位	数量	单 价	金 额	税率	税 额
合　　计							
价税合计(大写)				(小写)			
销售方	名　　　称： 纳税人识别号： 地址、电话： 开户行及账号：					备注		

收款人：　　　　复核：　　　　开票人：　　　　销售方：（章）

第一联　记账联　销售方记账凭证

表 1-14

江苏增值税专用发票 NO.09776762　3200098220
09776762

抵 扣 联

开票日期：　年 月 日

购买方	名　　　称： 纳税人识别号： 地址、电话： 开户行及账号：					密码区		
货物或应税劳务、服务名称	规格型号	单位	数量	单 价	金 额	税率	税 额
合　　计							
价税合计(大写)				(小写)			
销售方	名　　　称： 纳税人识别号： 地址、电话： 开户行及账号：					备注		

收款人：　　　　复核：　　　　开票人：　　　　销售方：（章）

第二联　抵扣联　购买方扣税凭证

表 1-15

3200098220　　　　　**江苏增值税专用发票**　　NO.09776762　3200098220
09776762

发　票　联

开票日期：　年　月　日

购买方	名　　　称： 纳税人识别号： 地　址、电　话： 开户行及账号：					密码区			
货物或应税劳务、服务名称	规格型号	单位	数量	单价	金　额		税率	税　额	
合　　计								
价税合计(大写)			(小写)					
销售方	名　　　称： 纳税人识别号： 地　址、电　话： 开户行及账号：					备注			

第三联　发票联　购买方记账凭证

收款人：　　　　复核：　　　　开票人：　　　　销售方：(章)

3. 填制增值税专用发票

(1) 填制说明：

① 增值税专用发票一律通过计算机填开，手写发票一律无效。

② "销售方"的资料由计算机自动生成。

③ "购买方"的资料应根据购货方提供的资料填开，如发生差错，应作废后重新填开。

④ "密码区"由开票系统自动生成，不需要输入。

⑤ 发票上的内容必须清晰可见，不得压线，也不得填开到表格外面。

⑥ 在发票的第二、第三联上加盖收款单位发票专用章。

(2) 填制实例。以南京江城股份有限公司为例，假定企业于 2019 年 6 月 28 日向南京机械股份有限公司以每件 200 元的价格销售产品甲 1 000 件。购货方南京机械股份有限公司提供的有关资料如下：税号为 320100000325422，地址为南京江宁路 435 号，电话为 23982221，开户银行为中国银行江宁支行，账号为 23009771131。开票人匡小琴填开的增值税专用发票，如表 1-16 所示。

表 1-16

 3200098220

江苏增值税专用发票　　NO.09776762

3200098220
09776762

此联不作报销、扣税凭证使用

开票日期:2019 年 06 月 28 日

购买方	名　　称:南京机械股份有限公司 纳税人识别号:320100000325422 地址、电话:南京江宁路 435 号　23982221 开户行及账号:中国银行江宁支行　23009771131	密码区	241766<98/198533204+< 63<+64<->876*98< /8765/>+216>2>7/3- +47561<>+782-/5432< 4*-62>>>-8	加密版本: 01 3200098220 09776762

货物或应税劳务、服务名称	规格型号	单位	数量	单 价	金　额	税率	税　额
甲		件	1 000	200	200 000.00	13%	26 000.00
合　　计					￥200 000.00		￥26 000.00

价税合计(大写)	贰拾贰万陆仟元整	(小写)￥226 000.00

销售方	名　　称:南京江城股份有限公司 纳税人识别号:320100000765331 地址、电话:南京中山路 873 号　23645433 开户行及账号:建行鼓楼支行　32490987222	备注	

收款人:　　　　复核:　　　　开票人:匡小蓉　　　　销售方:(章)

第一联　记账联　销售方记账凭证

注:① 所有联次填开内容一致。
　　② 第二、第三联上销售方应加盖发票专用章。

(十五)增值税普通发票

1. 使用要点

(1)适用范围:主要为增值税小规模纳税人使用,当增值税一般纳税人承担增值税纳税义务但不能使用增值税专用发票时也应使用。

(2)联次:增值税普通发票基本联次为两联,第一联记账联为销售方记账凭证,第二联发票联为购买方记账凭证。

2. 增值税普通发票票样(以江苏省为例)

增值税普通发票票样,如表1-17和表1-18所示。

表 1-17

江苏增值税普通发票　　NO.23762212　3200087001
23762212

记 账 联

开票日期:　年 月 日

购买方	名　　　称:					密码区			
	纳税人识别号:								
	地　址、电　话:								
	开户行及账号:								
货物或应税劳务、服务名称	规格型号	单位	数量	单价	金　额		税率	税　额	
合　计									
价税合计(大写)				(小写)					
销售方	名　　　称:					备注			
	纳税人识别号:								
	地　址、电　话:								
	开户行及账号:								

收款人:　　　　复核:　　　　开票人:　　　　销售方:(章)

第一联　记账联　销售方记账凭证

表 1-18

江苏增值税普通发票　　NO.23762212　3200087001
23762212

发 票 联

开票日期:　年 月 日

购买方	名　　　称:					密码区			
	纳税人识别号:								
	地　址、电　话:								
	开户行及账号:								
货物或应税劳务、服务名称	规格型号	单位	数量	单价	金　额		税率	税　额	
合　计									
价税合计(大写)				(小写)					
销售方	名　　　称:					备注			
	纳税人识别号:								
	地　址、电　话:								
	开户行及账号:								

收款人:　　　　复核:　　　　开票人:　　　　销售方:(章)

第二联　发票联　购买方记账凭证

3．填制增值税普通发票

（1）填制说明同增值税专用发票。

（2）填制实例。企业基本资料：公司名称为南京东章股份有限公司，为小规模纳税人，税号为 320100000986985，地址为江宁人民路 32 号，电话为 85499890，开户银行为建行江宁支行，账号为 32977665333。假定企业于 2019 年 6 月 28 日向常州九重天有限公司以每件 3 000 元的价格销售产品乙 30 件。购货方常州九重天有限公司提供的有关资料如下：税号为 32040000021348763，地址为常州新北区衡山路 234 号，电话为 54987633，开户银行为工行常州新北区支行，账号为 87533983323。开票人王升填开的普通发票，如表 1-19 所示。

表 1-19

3200087001

江苏增值税普通发票　　NO.23762212

3200087001
23762212

记　账　联

开票日期：2019 年 06 月 28 日

购买方	名　　称：常州九重天有限公司 纳税人识别号：32040000021348763 地址、电话：新北区衡山路 234 号　54987633 开户行及账号：工行新北区支行　87533983323	密码区	231145＜98/198533204＋＜ 63＜＋64＜－＞876＊98＜ /8765/＞＋816＞2＞7/3－ ＋47561＜＞＋782－/5432＜ 4＊－62＞＞＞2＋	加密版本：01 3200087001 23762212

货物或应税劳务、服务名称	规格型号	单位	数量	单价	金　额	税率	税　额
乙		件	30	3 000	90 000.00	3%	2 700.00
合　　计					￥90 000.00		￥2 700.00

价税合计（大写）	玖万贰仟柒佰元整	（小写）￥92 700.00

销售方	名　　称：南京东章股份有限公司 纳税人识别号：320100000986985 地址、电话：江宁人民路 32 号　85499890 开户行及账号：建行江宁支行　32977665333	备注

收款人：　　　　复核：　　　　开票人：王升　　　销售方：（章）

第一联　记账联　销售方记账凭证

注：① 所有联次填开内容一致。
　　② 第二联上销售方应加盖发票专用章。

三、原始凭证的审核

为了如实反映经济业务的发生和完成情况，充分发挥会计的监督职能，保证会计信息的真实性、可靠性和正确性，会计机构、会计人员必须对原始凭证进行严格审核。具体包括以下几个方面。

（一）审核原始凭证的真实性

原始凭证作为会计信息的基本信息源,其真实性对会计信息的质量具有至关重要的影响。其真实性的审核包括凭证日期是否真实、业务内容是否真实、数据是否真实等内容的审查。外来原始凭证必须有填制单位公章和填制人的签章;自制原始凭证必须有经办部门和经办人的签名或盖章。此外,对通用原始凭证,还应审核凭证本身的真实性,以防假冒。

（二）审核原始凭证的合法性

审核原始凭证所记录的经济业务是否有违反国家法律、法规的情况,是否履行了规定的凭证传递和审核程序,背后是否有贪污腐化等行为。

（三）审核原始凭证的合理性

审核原始凭证所记录的经济业务是否符合企业生产经营活动的需要,是否符合有关的计划和预算等。

（四）审核原始凭证的完整性

审核原始凭证各项基本要素是否齐全,是否有漏项情况,日期是否完整,数字是否清晰,文字是否工整,有关人员签章是否齐全,凭证联次是否正确等。

（五）审核原始凭证的正确性

审核原始凭证各项金额的计算及填写是否正确,包括:阿拉伯数字分位填写,不得连写;小写金额前要标明"￥"字样,中间不能留有空位;大写金额前要加"人民币"字样,大写金额与小写金额要相符;凭证中有书写错误的,应采用正确的方法更正,不能采用涂改、刮擦、挖补等不正确方法。

（六）审核原始凭证的及时性

原始凭证的及时性是保证会计信息及时性的基础。为此,会计人员应在经济业务发生或完成时及时填制有关原始凭证,及时进行凭证的传递。审核时,应注意审查凭证的填制日期,尤其是支票等时效性较强的原始凭证,更应仔细验证其签发日期。

经审核的原始凭证应根据不同情况处理:

（1）对于完全符合要求的原始凭证,应及时据以编制记账凭证。

（2）对于真实、合法、合理,但内容不够完整、填写有错误的原始凭证,应退回给有关经办人员,由其负责将有关凭证补充完整、更正错误或重开后,再办理正式会计手续。

（3）对于不真实、不合法的原始凭证,会计机构和会计人员有权不予接受,并向单位负责人报告。

第二章 记账凭证的编制与审核

一、记账凭证的编制要求

（1）记账凭证各项内容必须完整。

（2）记账凭证应连续编号。凭证应由主管该项业务的会计人员，按业务发生顺序，并按不同种类的记账凭证连续编号。如果一笔经济业务需要填制两张以上记账凭证的，可以采用分数编号法编号，如 $3\frac{1}{3}$，$3\frac{2}{3}$，$3\frac{3}{3}$。

（3）记账凭证的书写应清楚、规范。相关要求同原始凭证。

（4）记账凭证可以根据每一张原始凭证填制，或根据若干张同类原始凭证汇总编制，也可以根据原始凭证汇总表填制；但不得将不同内容和类别的原始凭证汇总填制在一张记账凭证上。

（5）除了结账和更正错误的记账凭证可以不附原始凭证，其他记账凭证必须附有原始凭证。所附原始凭证必须完整，并在记账凭证上注明原始凭证的张数，以便核对摘要及所编会计分录的正确性。如一张原始凭证需要填制两张及以上记账凭证的，应在未附原始凭证的记账凭证上注明其原始凭证已附在某张记账凭证后，以便查阅。

（6）填制记账凭证时若发生错误，应当重新填制。已登记入账的记账凭证在当年内发现填写错误时，可以用红字填写与原内容相同的记账凭证，在摘要栏注明"注销某月某日某号凭证"字样，同时再用蓝字重新填制正确的记账凭证，注明"订正某月某日某号凭证"字样。如果会计科目没有错误，只是金额错误，也可根据正确数字与错误数字之间的差额另外编制调整的记账凭证，调增金额用蓝字，调减金额用红字。发现以前年度记账凭证有错误的，应当用蓝字填制更正的记账凭证。

（7）记账凭证的内容填制完整后，如有空行，应当自金额栏最后一笔金额数字下的空行处至合计数上的空行处划线注销。

二、记账凭证的编制方法

记账凭证按照格式的不同，可分为通用记账凭证和专用记账凭证。专用记账凭证一般包括收款凭证、付款凭证和转账凭证，适用于规模较大、收付款业务较多的单位；通用记账凭证适用于经济业务较少的单位。

（一）专用记账凭证的编制

1. 收款凭证的编制方法

收款凭证左上角的"借方科目"按收款的性质填写"库存现金"或"银行存款"；日期填写的是编制本凭证的日期；右上角填写编制收款凭证的顺序号；"摘要"栏填写对所记录的经济业务的简要说明；"贷方科目"栏填写与收入库存现金或银行存款相对应的会计科目；"记账"栏是指该凭证已登记账簿的标记，防止经济业务事项重记或漏记；"金额"栏是指该项经济业务事项的发生额；该凭证右上方的"附件　　张"是指本记账凭证所附原始凭证的张数；最下边分别由有关人员签章,以明确经济责任。

2. 付款凭证的编制方法

付款凭证的编制方法与收款凭证基本相同,只是左上角的"借方科目"变为"贷方科目",凭证中间的"贷方科目"变为"借方科目"。

对于涉及库存现金和银行存款之间的经济业务,一般只编制付款凭证,不编收款凭证。

3. 转账凭证的编制方法

转账凭证将经济业务事项所涉及的全部会计科目按照先借后贷的顺序记入"会计科目"栏中的"一级科目"和"二级及明细科目",并按应借、应贷方向分别记入"借方金额"或"贷方金额"栏;日期一般为编制本凭证的日期。需要说明的是,实际工作中与月末相关的结转业务通常在下月初完成,但凭证日期仍为本月末;其他项目的填列与收、付款凭证相同。

另外,在同一项经济业务中,如果既有库存现金或银行存款的收付业务,又有转账业务时,应相应地填制收款、付款凭证和转账凭证。

(二) 通用记账凭证的编制

通用记账凭证的格式及编制方法与转账凭证基本相同,所不同的是通用记账凭证不分收款、付款和转账业务,而将所有经济业务统一编号。

三、记账凭证的编制实例

在实务工作中,记账凭证一般是根据原始凭证的具体内容进行编制的,因此,对原始凭证的解读是编制记账凭证的关键。

下面以常州东升有限公司 2019 年 6 月发生的经济业务为例,详细说明原始凭证的解读及记账凭证的编制方法。

(一) 公司基本情况

名称:常州东升有限公司　　　　　　　性质:有限责任公司

地址:常州新北区河海西路 90 号　　　　电话:0519 - 85333930

注册资本:人民币 50 万元　　　　　　　注册登记号:320400009895110

税务登记号:91320400763987654R　　　法定代表人 (董事长):李金峰

主管会计工作负责人(总经理):周海波　　会计机构负责人(财务部经理):丁小林

开户银行:　　　　　　　　　　　　　　　　　　　　账号:

中国建设银行新北区支行(人民币户——基本户)　　　2105678081

　　　　　　　　　(人民币户——保证金专户)　　　2755653458

中国银行新北区支行　　(人民币户——结算户)　　　2504538733

常州东升有限公司为上市公司常州东林股份有限公司的控股子公司,于 2005 年 12 月 18 日成立。

公司财务部有 4 人,财务部经理丁小林负责审核及会计报表的编制工作;出纳金文新负责货币资金的收付以及现金日记账和银行存款日记账的登记;会计刘洪凯负责各类记账凭证的编制,会计赵小蕾负责总账、明细账登记及期末结转业务原始凭证的编制。

公司产品、主要原材料:车间领用甲材料、乙材料生产 A、B 两种产品。

(二) 主要会计政策说明

(1) 公司执行《企业会计准则》体系,采用科目汇总表核算形式。

(2) 存货按实际成本核算,材料的共同运费按所购材料的重量分配,单位成本按月末一次加权平均法计算,其中:原材料、库存商品出库单位成本均保留2位小数,如有尾差计入结存存货成本,如无结存存货,则结平存货成本。

(3) 产品成本计算采用品种法,设置直接材料、直接人工和制造费用3个成本项目;工资分配采用工时比例法;制造费用按生产工时比例在各产品之间分配。

(4) 企业适用的增值税税率为13%,均已认证;城市维护建设税税率为7%,教育费附加征收率为3%,地方教育附加征收率为2%,企业所得税税率为25%,月度按照实际利润额计算预缴企业所得税。截至2018年12月31日,以前各年度应纳税所得额均大于0,本年度1~5月各月会计利润总额均大于0,不存在不征税收入、免税收入,减免所得税额,银行每月20日无息及多缴所得税情况。

(5) 企业每月月末按照实际天数计算计提取得贷款的利息支出,银行每月20日发放贷款的利息。

(6) 应收款项(应收账款及其他应收款)的坏账准备按年计提,应收款项(应收账款及其他应收款)按照相当于整个存续期内预计信用损失的金额计量其损失准备,即预期信用损失准备为企业应收款项未来现金流量与预期收取的合同现金流量之间差额现值。本公司基于历史信用损失经验,考虑前瞻性信息,以及对未来经济状况的预测,在资产负债表日根据应收款项的逾期天数与预期信用损失率为5%。用损失的金额计量其损失准备。应收款项逾期天数均在1年以内,未逾期的以及逾期的以应收款项预期信用损失率均为5%。计提坏账准备。应收账款按逾期天数在1年以内,未逾期天数计算确认。

(7) 递延所得税按年确认。

(8) 假设月社会保险费、住房公积金缴费基数与月工资应发数一致。

(9) 假设所有销售不考虑退货条件。

(三) 期初资料

会计科目发生额及余额表如表2-1所示。

表2-1

会计科目发生额及余额表

编号	科目名称	1月1日余额		1~5月发生额		5月31日余额	
		借贷	金额	借方金额	贷方金额	借贷	金额
1001	库存现金	借	4 217.04	8 996.12	9 652.11	借	3 561.05
1002	银行存款	借	351 480.05	2 396 045.38	1 620 958.42	借	1 126 567.01
1002.001	银行存款——建行(2105678081)	借	298 138.40	2 396 045.38	1 620 958.42	借	1 073 225.36

（续表）

编号	科目名称	1月1日余额 借贷	1月1日余额 金额	1～5月发生额 借方金额	1～5月发生额 贷方金额	5月31日余额 借贷	5月31日余额 金额
1002.002	银行存款——中行(250453 8733)	借	53 341.65			借	53 341.65
1012	其他货币资金			235 200.00		借	235 200.00
1012.001	其他货币资金——银行承兑保证金	平		235 200.00		借	235 200.00
1012.001.01	其他货币资金——银行承兑保证金（建行）	平		235 200.00		借	235 200.00
1012.001.01.01	其他货币资金——银行承兑保证金(建行)(275665458)	平		235 200.00		借	235 200.00
1121	应收票据	借	10 000.00	330 000.00	180 000.00	借	160 000.00
1121.001	应收票据——徐州安阳有限公司	借	10 000.00	330 000.00	180 000.00	借	160 000.00
1122	应收账款	借	726 000.00	547 500.00	20 000.00	借	1 253 500.00
1122.002	应收账款——常州黄河有限公司	借	60 000.00			借	60 000.00
1122.003	应收账款——常州长宏有限公司	借	4 000.00			借	4 000.00
1122.004	应收账款——北京九华有限公司	借	400 000.00	522 500.00		借	922 500.00
1122.005	应收账款——山东鲁宜有限公司	借	262 000.00	25 000.00	20 000.00	借	267 000.00
1123	预付账款	借	101 397.11		31 824.08	借	69 573.03
1123.002	预付账款——汽车保险费	借	2 100.00		1 500.00	借	600.00
1123.003	预付账款——供电公司	借	99 297.11		30 324.08	借	68 973.03
1231	坏账准备	贷	36 300.00			贷	36 300.00
1231.001	坏账准备——应收账款坏账准备	贷	36 300.00			贷	36 300.00
1403	原材料	借	147 712.80	269 484.20	386 148.00	借	31 049.00
1403.001	原材料——甲(2 000千克)	借	59 355.00	170 275.00	210 320.00	借	19 310.00
1403.002	原材料——乙(1 500千克)	借	88 357.80	99 209.20	175 828.00	借	11 739.00
1405	库存商品	借	255 750.00	1 035 250.00	811 000.00	借	480 000.00
1405.001	库存商品——A(2 500件)	借	203 500.00	754 000.00	635 000.00	借	322 500.00

(续表)

编号	科目名称	1月1日余额		1~5月发生额		5月31日余额	
		借贷	金额	借方金额	贷方金额	借贷	金额
1405.002	库存商品——B(3 500件)	借	52 250.00	281 250.00	176 000.00	借	157 500.00
1601	固定资产	借	2 115 083.00			借	2 115 083.00
1601.001	固定资产——车间	借	1 655 083.00			借	1 655 083.00
1601.001.01	固定资产——车间(厂房)	借	1 000 000.00			借	1 000 000.00
1601.001.02	固定资产——车间(设备 X)	借	200 000.00			借	200 000.00
1601.001.03	固定资产——车间(设备 Y)	借	150 000.00			借	150 000.00
1601.001.04	固定资产——车间(设备 Z)	借	250 083.00			借	250 083.00
1601.001.05	固定资产——车间(电脑 E)	借	15 000.00			借	15 000.00
1601.001.06	固定资产——车间(空调 F)	借	40 000.00			借	40 000.00
1601.002	固定资产——管理部门	借	460 000.00			借	460 000.00
1601.002.01	固定资产——管理部门(行政楼)	借	300 000.00			借	300 000.00
1601.002.02	固定资产——管理部门(电脑 E)	借	15 000.00			借	15 000.00
1601.002.03	固定资产——管理部门(空调 G)	借	25 000.00			借	25 000.00
1601.002.04	固定资产——管理部门(轿车 H)	借	120 000.00			借	120 000.00
1602	累计折旧	贷	524 498.25		29 556.54	贷	554 054.79
1811	递延所得税资产	借	9 075.00			借	9 075.00
2201	应付票据	平			235 200.00	贷	235 200.00
2201.011	应付票据——南通达城有限公司	平			235 200.00	贷	235 200.00
2202	应付账款	贷	582 098.71	599 495.83	872 292.93	贷	854 895.81
2202.001	应付账款——常州红山有限公司	贷	29 400.00	15 000.00	35 600.00	贷	50 000.00
2202.002	应付账款——常州宏远有限公司	贷	476 527.24	- 396 540.22	68 754.92	贷	148 741.94
2202.003	应付账款——苏州泰隆有限公司	贷	76 171.47	187 955.61	767 938.01	贷	656 153.87

（续表）

编号	科目名称	1月1日余额		1~5月发生额		5月31日余额	
		借贷	金额	借方金额	贷方金额	借贷	金额
2203	合同负债	平			508 500.00	贷	508 500.00
2203.001	合同负债——苏州运城有限公司	平			508 500.00	贷	508 500.00
2211	应付职工薪酬	贷	268 650.00	1 351 125.00	1 351 125.00	贷	268 650.00
2211.001	应付职工薪酬——工资	贷	199 000.00	995 000.00	995 000.00	贷	199 000.00
2211.002	应付职工薪酬——社会保险费	贷	16 915.00	84 575.00	84 575.00	贷	16 915.00
2211.002.01	应付职工薪酬——社会保险费（医疗保险）	贷	14 925.00	74 625.00	74 625.00	贷	14 925.00
2211.002.02	应付职工薪酬——社会保险费（生育保险）	贷	1 592.00	7 960.00	7 960.00	贷	1 592.00
2211.002.03	应付职工薪酬——社会保险费（工伤保险）	贷	398.00	1 990.00	1 990.00	贷	398.00
2211.003	应付职工薪酬——设定提存计划	贷	32 835.00	164 175.00	164 175.00	贷	32 835.00
2211.003.01	应付职工薪酬——设定提存计划（养老保险）	贷	31 840.00	159 200.00	159 200.00	贷	31 840.00
2211.003.02	应付职工薪酬——设定提存计划（失业保险）	贷	995.00	4 975.00	4 975.00	贷	995.00
2211.004	应付职工薪酬——住房公积金	贷	19 900.00	99 500.00	99 500.00	贷	19 900.00
2211.005	应付职工薪酬——福利费	平		7 875.00	7 875.00	平	
2221	应交税费	贷	456 185.07	1 351 996.57	1 187 738.95	贷	291 927.45
2221.001	应交税费——应交增值税	平		323 000.00	323 000.00	平	
2221.001.01	应交税费——应交增值税（进项税额）	平		45 812.31		借	45 812.31
2221.001.02	应交税费——应交增值税（转出未交增值税）	平		277 187.69		借	277 187.69
2221.001.03	应交税费——应交增值税（销项税额）	平			323 000.00	贷	323 000.00
2221.005	应交税费——应交企业所得税	贷	260 178.34	356 902.52	228 288.74	贷	131 564.56
2221.006	应交税费——应交城市维护建设税	贷	12 212.92	21 630.88	19 403.14	贷	9 985.18
2221.007	应交税费——应交个人所得税	贷	600.00	3 000.00	3 000.00	贷	600.00
2221.008	应交税费——未交增值税	贷	174 470.29	309 012.54	277 187.69	贷	142 645.44

（续表）

编号	科目名称	1月1日余额		1~5月发生额		5月31日余额	
		借贷	金额	借方金额	贷方金额	借贷	金额
2221.009	应交税费——教育费附加	贷	5 234.11	9 270.38	8 315.63	贷	4 279.36
2221.010	应交税费——应交地方教育费附加	贷	3 489.41	6 180.25	5 543.75	贷	2 852.91
2241	其他应付款	平		163 180.00	163 180.00	平	
2241.001	其他应付款——社会保险费	平		15 920.00	15 920.00	平	
2241.001.01	其他应付款——社会保险费（医疗保险）	平		15 920.00	15 920.00	平	
2241.002	其他应付款——设定提存计划	平		67 660.00	67 660.00	平	
2241.002.01	其他应付款——设定提存计划（养老保险）	平		63 680.00	63 680.00	平	
2241.002.02	其他应付款——设定提存计划（失业保险）	平		3 980.00	3 980.00	平	
2241.003	其他应付款——住房公积金	平		79 600.00	79 600.00	平	
4001	实收资本	贷	500 000.00			贷	500 000.00
4001.001	实收资本——常州东林股份有限公司	贷	350 000.00			贷	350 000.00
4001.002	实收资本——常州东方投资有限公司	贷	150 000.00			贷	150 000.00
4101	盈余公积	贷	304 003.64		19 844.70	贷	323 848.34
4101.001	盈余公积——法定盈余公积	贷	304 003.64		19 844.70	贷	323 848.34
4103	本年利润	平		1 216 133.79	1 901 000.00	贷	684 866.21
4104	利润分配	贷	1 283 300.99			贷	1 283 300.99
4104.001	利润分配——未分配利润	贷	1 283 300.99			贷	1 283 300.99
5001	生产成本	借	234 321.66	858 863.84	1 035 250.00	借	57 935.50
5001.001	生产成本——A	借	177 187.10	586 884.71	754 000.00	借	10 071.81
5001.001.01	生产成本——A(直接材料)	借	136 799.61	214 784.48	347 471.98	借	4 112.11
5001.001.02	生产成本——A(直接人工)	借	24 185.28	267 750.00	290 418.43	借	1 516.85

（续表）

编号	科目名称	1月1日余额		1～5月发生额		5月31日余额	
		借贷	金额	借方金额	贷方金额	借贷	金额
5001.001.03	生产成本——A(制造费用)	借	16 202.21	104 350.23	116 109.59	借	4 442.85
5001.002	生产成本——B	借	57 134.56	271 979.13	281 250.00	借	47 863.69
5001.002.01	生产成本——B(直接材料)	借	35 991.44	147 945.72	156 538.21	借	27 398.95
5001.002.02	生产成本——B(直接人工)	借	12 408.11	89 250.00	85 021.54	借	16 636.57
5001.002.03	生产成本——B(制造费用)	借	8 735.01	34 783.41	39 690.25	借	3 828.17
5101	制造费用	平		139 133.64	139 133.64	平	
5101.001	制造费用——办公费	平		1 398.32	1 398.32	平	
5101.002	制造费用——水费	平		2 730.00	2 730.00	平	
5101.003	制造费用——电费	平		19 306.00	19 306.00	平	
5101.004	制造费用——折旧费	平		20 320.52	20 320.52	平	
5101.005	制造费用——工资	平		50 000.00	50 000.00	平	
5101.006	制造费用——材料	平		23 417.80	23 417.80	平	
5101.007	制造费用——五险一金	平		21 400.00	21 400.00	平	
5101.008	制造费用——差旅费	平		561.00	561.00	平	
6001	主营业务收入	平		1 900 000.00	1 900 000.00	平	
6001.001	主营业务收入——A	平		1 500 000.00	1 500 000.00	平	
6001.002	主营业务收入——B	平		400 000.00	400 000.00	平	
6301	营业外收入	平		1 000.00	1 000.00	平	
6301.001	营业外收入——违约金收入	平		1 000.00	1 000.00	平	
6401	主营业务成本	平		652 600.00	652 600.00	平	
6401.001	主营业务成本——A	平		635 000.00	635 000.00	平	
6401.002	主营业务成本——B	平		17 600.00	17 600.00	平	

（续表）

编号	科目名称	1月1日余额 借贷	1月1日余额 金额	1~5月发生额 借方金额	1~5月发生额 贷方金额	5月31日余额 借贷	5月31日余额 金额
6403	税金及附加	平		31 917.00	31 917.00	平	
6403.001	税金及附加——城市维护建设税	平		18 618.25	18 618.25	平	
6403.002	税金及附加——教育费附加	平		7 979.25	7 979.25	平	
6403.003	税金及附加——地方教育费附加	平		5 319.50	5 319.50	平	
6601	销售费用	平		12 300.00	12 300.00	平	
6601.001	销售费用——运费	平		2 300.00	2 300.00	平	
6601.002	销售费用——广告费	平		10 000.00	10 000.00	平	
6602	管理费用	平		130 052.00	130 052.00	平	
6602.001	管理费用——办公费	平		3 876.92	3 876.92	平	
6602.002	管理费用——差旅费	平		2 820.00	2 820.00	平	
6602.003	管理费用——维修费	平		8 500.00	8 500.00	平	
6602.004	管理费用——水电费	平		15 431.06	15 431.06	平	
6602.005	管理费用——业务招待费	平		2 198.00	2 198.00	平	
6602.006	管理费用——保险费	平		600.00	600.00	平	
6602.007	管理费用——折旧费	平		9 236.02	9 236.02	平	
6602.008	管理费用——工资	平		50 000.00	50 000.00	平	
6602.009	管理费用——五险一金	平		34 240.00	34 240.00	平	
6602.010	管理费用——福利费	平		3 150.00	3 150.00	平	
6603	财务费用	平		75.95	75.95	平	
6603.001	财务费用——工本及手续费	平		75.95	75.95	平	
6711	营业外支出	平		2 500.00	2 500.00	平	
6711.001	营业外支出——违约金支出	平		2 500.00	2 500.00	平	

（四）经济业务解读及记账凭证编制

【业务1】（共2张原始凭证，于6月1日取得）

1-1

 3200098220

江苏增值税专用发票　NO.05231876

3200098220
05231876

此联不作报销、扣税凭证使用

开票日期：2019 年 06 月 01 日

购买方	名　　　称：常州宏源有限公司 纳税人识别号：91320400763198432S 地址、电话：长江路 12 号　87666767 开户行及账号：中行常州新北区支行　98877675234	密码区	341766<98/198533204+<63<+54 <->876*98</8765/>+416>2 >7/3+-47561<>+782-/5411 <4*-62>>>-6	加密版本：01 3200098220 05231876

货物或应税劳务、服务名称	规格型号	单位	数量	单价	金　额	税率	税　额
＊商用设备＊A		件	1 000	300.00	300 000.00	13%	39 000.00
合　　计					￥300 000.00		￥39 000.00

价税合计（大写）	叁拾叁万玖仟元整	（小写）￥339 000.00

销售方	名　　　称：常州东升有限公司 纳税人识别号：91320400763987654R 地址、电话：河海西路 90 号　85333930 开户行及账号：建行常州新北区支行　2105678081	备注

收款人：　　　　复核：　　　　开票人：林玉　　　　销售方：（章）

第一联　记账联　销售方记账凭证

1-2

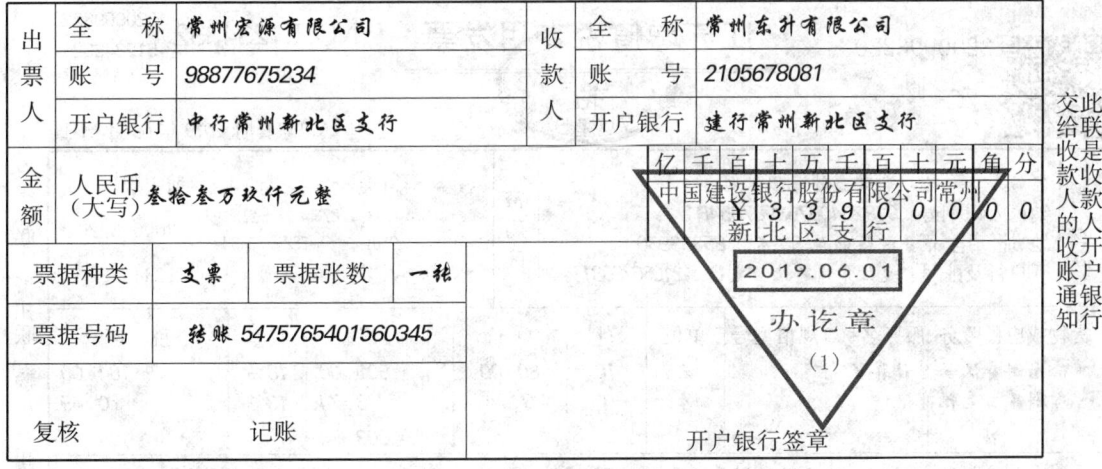

中国建设银行　进账单（收款通知）3

2019 年 6 月 1 日

出票人	全　称	常州宏源有限公司	收款人	全　称	常州东升有限公司
	账　号	98877675234		账　号	2105678081
	开户银行	中行常州新北区支行		开户银行	建行常州新北区支行

金额	人民币 （大写）叁拾叁万玖仟元整	亿 千 百 十 万 千 百 十 元 角 分

中国建设银行股份有限公司常州
新北区支行
¥ 3 3 9 0 0 0 0 0
2019.06.01
办讫章
（1）

票据种类	支票	票据张数	一张
票据号码	转账 5475765401560345		

复核　　　记账

开户银行签章

此联是收款人开户银行交给收款人的收账通知

上述原始凭证中：

1-1是江苏增值税专用发票的第一联记账联，此联应作为销售方的记账依据。该原始凭证注明，"销售方"是本公司，"购买方"是常州宏源有限公司，"货物或应税劳务、服务名称"栏是产品A，这表明本公司销售了产品A给常州宏源有限公司。而销售产品A是本公司的主营业务，因此，在进行会计核算时，"金额"应记入"主营业务收入——商品销售收入——A"科目的贷方，"税额"应记入"应交税费——应交增值税（销项税额）"科目的贷方。

1-2 是中国建设银行进账单的第三联收款通知联，此联应作为收款人收到款项的记账依据。该原始凭证注明，"收款人"是本公司，"账号"为 2105678081，"出票人"是常州宏源有限公司，这表明本公司收到了常州宏源有限公司的货款。进行会计核算时，应记入"银行存款——建行（2105678081）"科目的借方。

因此，该笔业务应填制如下记账凭证：

记 账 凭 证

日期：*2019 年 6 月 1 日*　　　　　　　　　　　　　　　　　　　　第 1 号

摘　要	总账科目	明细科目	借方金额 千百十万千百十元角分	贷方金额 千百十万千百十元角分	记账 √
销售产品A，	银行存款	建行（2105678081）	3 3 9 0 0 0 0 0		
款收	主营业务收入	商品销售收入——A		3 0 0 0 0 0 0 0	
	应交税费	应交增值税（销项税额）		3 9 0 0 0 0 0	
附件 2 张	合　　　计		¥ 3 3 9 0 0 0 0 0	¥ 3 3 9 0 0 0 0 0	

核准：　　　　复核：　　　　记账：　　　　出纳：　　　　制单：*刘洪凯*

【业务 2】 （共 3 张原始凭证，于 6 月 1 日取得）

2-1

江苏增值税专用发票　　NO.51234332　　3200098220 51234332

开票日期：*2019 年 06 月 01 日*

购买方	名　　称：常州东升有限公司 纳税人识别号：91320400763987654R 地址、电话：河海西路 90 号　85333930 开户行及账号：建行常州新北区支行　2105678081	密码区	750066<98/198533204+<63<+64 <->876*98</8765/>+216>2 >612-+47561<>+782-/5432< 4*-62>>>01	加密版本：01 3200098220 51234332

货物或应税劳务、服务名称	规格型号	单位	数量	单价	金 额	税率	税 额
*绘图测量仪器 *计算器		只	10	80.00	800.00	13%	104.00
*印刷品 *笔记本		本	1	3.74	3.74	13%	0.49
合　　计					¥803.74		¥104.49

价税合计（大写）　玖佰零捌元贰角叁分　　　　　　　　　（小写）¥908.23

销售方	名　　称：常州文化用品有限公司 纳税人识别号：91320400123343675 地址、电话：城中路 79 号　87888826 开户行及账号：建行常州城中分理处　230765472	备注	常州文化用品有限公司 913204001233435675 发票专用章

收款人：　　　　复核：　　　　开票人：*方亚琴*　　　　销售方：（章）

第二联 抵扣联 购买方扣税凭证

2-2

 3200098220

江苏增值税专用发票　　NO.51234332

3200098220
51234332

发　票　联

开票日期：*2019 年 06 月 01 日*

购买方	名　　称：常州东升有限公司 纳税人识别号：91320400763987654R 地址、电话：河海西路 90 号　85333930 开户行及账号：建行常州新北区支行　2105678081	密码区	750066＜98/198533204＋＜63＜＋64 ＜-＞876＊98＜/8765/＞＋216＞2 ＞612－＋47561＜＞＋782-/5432＜ 4＊-62＞＞＞01	加密版本：01 3200098220 51234332

货物或应税劳务、服务名称	规格型号	单位	数量	单价	金　额	税率	税　额
＊绘图测量仪器＊计算器		只	10	80.00	800.00	13%	104.00
＊印刷品＊笔记本		本	1	3.74	3.74	13%	0.49
合　　计					￥803.74		￥104.49

价税合计（大写）	玖佰零捌元贰角叁分	（小写）￥908.23

销售方	名　　称：常州文化用品有限公司 纳税人识别号：913204001233435675 地址、电话：城中路 79 号　87888826 开户行及账号：建行常州城中分理处　230765472001233435675	备注	现金付讫

收款人：　　　　复核：　　　　开票人：方亚琴　　　　销售方：（章）

2-3

办公用品领用单

2019 年 6 月 1 日

领用部门	物品名称	数　量	领用人
办公室	计算器	3 个	周仕会
车　间	计算器	7 个	丁小林
车　间	笔记本	1 本	黄金海
合　计			

发放人：周立　　　　　　　　　　审批人：李映红

上述原始凭证中：

2-1 是江苏增值税专用发票的第二联抵扣联，此联应作为购买方抵扣进项税额的依据。该抵扣联不能作为记账凭证的附件，应单独装订保管，以备税务机关查验。

2-2 是江苏增值税专用发票的第三联发票联，此联应作为购货方的记账依据。该原始凭证注明，"购买方"是本公司，"销售方"是常州文化用品有限公司，"货物或应税劳务、服务名称"栏是计算器和笔记本，这表明本公司向常州文化用品有限公司购买了计算器和笔记本。进行会计核算时，"金额"应根据具体的领用部门确定应记入的会计科目，"税额"应记入"应交税费——应交增值税（进项税额）"科目的借方。同时，在该原始凭证上盖有"现金付讫"章，这表明采购款项已全部用现金支付，进行会计核算时，应记入"库存现金"科目的贷方。

2-3 是办公用品领用单，此单应作为领用办公用品时的记账依据。该原始凭证注明，办

右侧竖排：第三联　发票联　购买方记账凭证

公室领用 3 个计算器,进行会计核算时,对应的金额应记入"管理费用——办公费"科目的借方;车间领用 7 个计算器和 1 本笔记本,进行会计核算时,对应的金额应记入"制造费用——办公费"科目的借方。

因此,该笔业务应填制如下记账凭证:

记 账 凭 证

日期:2019 年 6 月 1 日　　　　　　　　　　　　　　　　第 2 号

摘　　要	总账科目	明细科目	借方金额 千百十万千百十元角分	贷方金额 千百十万千百十元角分	记账√
以现金购买办	管理费用	办公费	2 4 0 0 0		
公用品	制造费用	办公费	5 6 3 7 4		
	应交税费	应交增值税(进项税额)	1 0 4 4 9		
	库存现金			9 0 8 2 3	
附件 2 张	合　　　计		￥9 0 8 2 3	￥9 0 8 2 3	

核 准:　　　　复 核:　　　　记 账:　　　　出 纳:　　　　制单:刘洪凯

【业务3】　(共 1 张原始凭证,于 6 月 1 日取得)

3-1

(流动资金贷款)　　　# 借 款 收 据 (入账通知)

单位编号:201000023　　　借款日期:2019 年 6 月 1 日　　　合同编号:24577664　　伍

收款单位	名　　称	常州东升有限公司	借款单位	名　　称	常州东升有限公司
	结算户账号	2504538733		贷款户账号	234500000-90
	开户银行	中国银行常州分行新北区支行		开户银行	中国银行常州分行新北区支行

借款金额	人民币壹拾捌万元整	千百十万千百十元角分 ￥1 8 0 0 0 0 0 0

借款原因及用途	流动资金不足借款	批准借款利率	年息5.1%

借　款　期　限				你单位上列借款,已转入你单位结算户内。借款到期时由我行按期自你单位结算户转还。
期次	计划还款日期	√	计划还款金额	此致
1	2019 年 9 月 1 日		180 000 元	借款单位
2				
3				(银行盖章)(1)
备注:				

此联由银行退借款单位作入账通知

上述原始凭证中：

3-1是借款收据的入账通知，此联应作为借款单位借入款项的记账依据。该原始凭证注明，"收款单位"和"借款单位"都是本公司，"收款单位结算户账号"为2504538733，"借款单位贷款户账号"为234500000-90，这表明本公司借入的款项已在账号为2504538733的借款结算户进账，进行会计核算时，应记入"银行存款——中行（2504538733）"科目的借方；同时，该原始凭证又注明"借款原因及用途"为流动资金不足借款，"借款日期"为2019年6月1日，"计划还款日期"为2019年9月1日，这表明本公司向中国银行借入了期限为3个月、年利率为5.1‰的短期借款。进行会计核算时，应记入"短期借款——中国银行"科目的贷方。

因此，该笔业务应填制如下记账凭证：

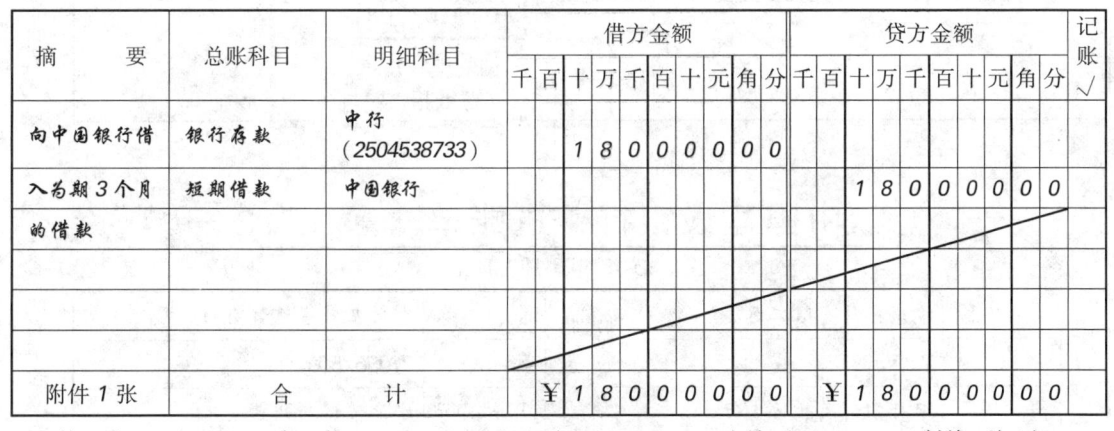

记 账 凭 证

日期：*2019* 年 *6* 月 *1* 日　　　　　　　　　　　　　　　　　　第 *3* 号

摘　　　要	总账科目	明细科目	借方金额 千百十万千百十元角分	贷方金额 千百十万千百十元角分	记账 √
向中国银行借入为期3个月的借款	银行存款	中行（2504538733）	1 8 0 0 0 0 0 0		
	短期借款	中国银行		1 8 0 0 0 0 0 0	
附件 *1* 张	合　　　计		¥ 1 8 0 0 0 0 0 0	¥ 1 8 0 0 0 0 0 0	

核　准：　　　复　核：　　　记　账：　　　出　纳：　　　制单：*刘洪凯*

【业务4】（共3张原始凭证，于6月1日取得）

4-1

中国银行
转账支票存根
54757873
01560911

附加信息 _____

_____

出票日期 *2019* 年 *6* 月 *1* 日

收款人：*常州东升有限公司*	
金　　额：*¥180 000.00*	
用　　途：*划款*	
备　　注：*（2504538733）*	

单位主管　　　　　　　会计

4-2

中国建设银行　进账单（回单）1

2019 年 6 月 1 日

出票人	全　称	常州东升有限公司		收款人	全　称	常州东升有限公司										
	账　号	2504538733			账　号	2105678081										
	开户银行	中行常州新北区支行			开户银行	建行常州新北区支行										
金额	人民币（大写）	壹拾捌万元整				亿	千	百	十	万	千	百	十	元	角	分
								￥	1	8	0	0	0	0	0	0
票据种类		支票	票据张数		一张		中国建设银行股份有限公司常州									
票据号码		转账 5475787301560911					新北区支行									
							2019.06.01									
复核　　　　记账							票据受理专用章									
							（收妥抵用）开户银行签章									

此联是开户银行交给持（出）票人的回单

4-3

中国建设银行　进账单（收款通知）3

2019 年 6 月 1 日

出票人	全　称	常州东升有限公司		收款人	全　称	常州东升有限公司										
	账　号	2504538733			账　号	2105678081										
	开户银行	中行常州新北区支行			开户银行	建行常州新北区支行										
金额	人民币（大写）	壹拾捌万元整				亿	千	百	十	万	千	百	十	元	角	分
								￥	1	8	0	0	0	0	0	0
票据种类		支票	票据张数		一张		中国建设银行股份有限公司常州									
票据号码		转账 5475787301560911					新北区支行									
							2019.06.01									
复核　　　　记账							票据受理专用章									
							（收妥抵用）开户银行签章									

此联是收款人开户银行交给收款人的收账通知

上述原始凭证中：

4-1 是中国银行转账支票存根，应作为付款方支付款项的记账依据。该原始凭证注明，"收款人"是本公司，"用途"是划款，账号为 2504538733，这表明本公司已将款项从账号为 2504538733 的借款结算户划出。

4-2 是中国建设银行进账单的第一联回单联，此联也应作为付款方支付款项的记账依据。该原始凭证注明，"出票人"和"收款人"均是本公司，但出票人的账号为 2504538733，收款人的账号为 2105678081，这表明本公司已将款项从账号为 2504538733 的借款结算户上划出。根据 4-1 和 4-2，进行会计核算时，应记入"银行存款——中行（2504538733）"科目的贷方。

4-3 是中国建设银行进账单的第三联收账通知联，此联应作为收款人收到款项的记账依据。该原始凭证注明,"出票人"和"收款人"均是本公司,但出票人的账号为 2504538733,收款人的账号为 2105678081,这表明本公司账号为 2105678081 的基本户已收到了从账号为 2504538733 的借款结算户划入的款项。进行会计核算时,应记入"银行存款——建行(2105678081)"科目的借方。

因此,该笔业务应填制如下记账凭证:

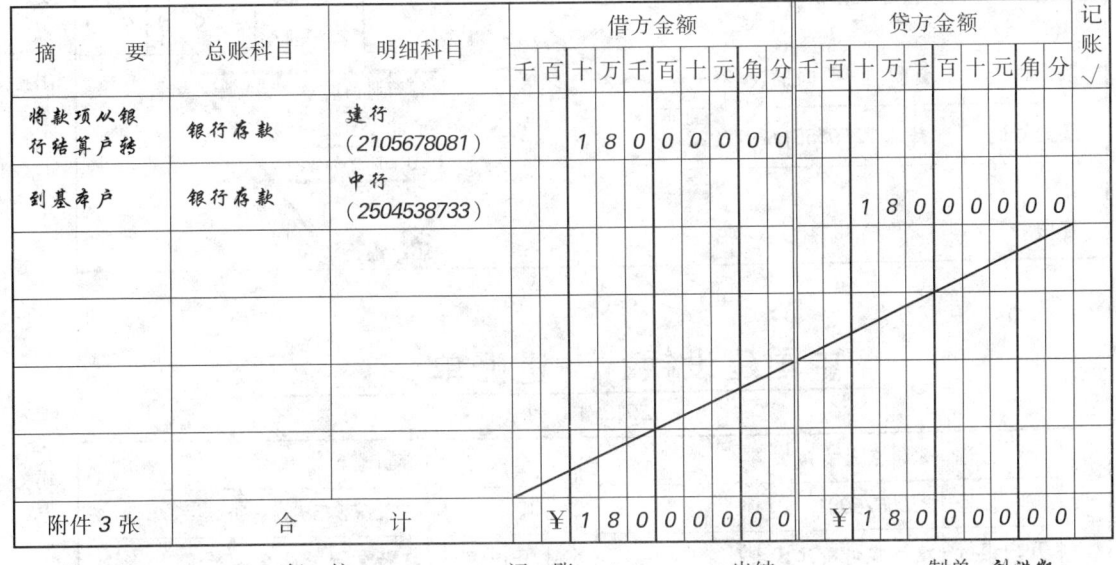

摘　要	总账科目	明细科目	借方金额	贷方金额	记账√
			千百十万千百十元角分	千百十万千百十元角分	
将款项从银行结算户转	银行存款	建行(2105678081)	1 8 0 0 0 0 0 0		
到基本户	银行存款	中行(2504538733)		1 8 0 0 0 0 0 0	
附件 3 张	合　　计		¥ 1 8 0 0 0 0 0 0	¥ 1 8 0 0 0 0 0 0	

记 账 凭 证

日期:2019 年 6 月 1 日　　　　　第 4 号

核准:　　　复核:　　　记账:　　　出纳:　　　制单:刘洪凯

【业务5】 (共 3 张原始凭证,于 6 月 2 日取得)

5-1

中国建设银行

转账支票存根

72096551

12972222

附加信息

出票日期 2019 年 6 月 2 日

收款人:	常州东升有限公司
金　额:	¥56 990.99
用　途:	银行承兑保证金
备　注:	(2105678081)

单位主管　　　　　　会计

5-2

中国建设银行　进账单（回单）1

2019 年 6 月 2 日

出票人	全　　称	常州东升有限公司	收款人	全　　称	常州东升有限公司
	账　　号	2105678081		账　　号	2755653458
	开户银行	建行常州新北区支行		开户银行	建行常州新北区支行

金额	人民币（大写）	伍万陆仟玖佰玖拾元玖角玖分	亿	千	百	十	万	千	百	十	元	角	分
							¥	5	6	9	9	0	9	9

票据种类	支票	票据张数	一张
票据号码	转账 7209655112972222		

复核　　　　记账

中国建设银行股份有限公司常州新北区支行
2019.06.02
办讫章
开户银行签章

此联是开户银行交给持（出）票人的回单

5-3

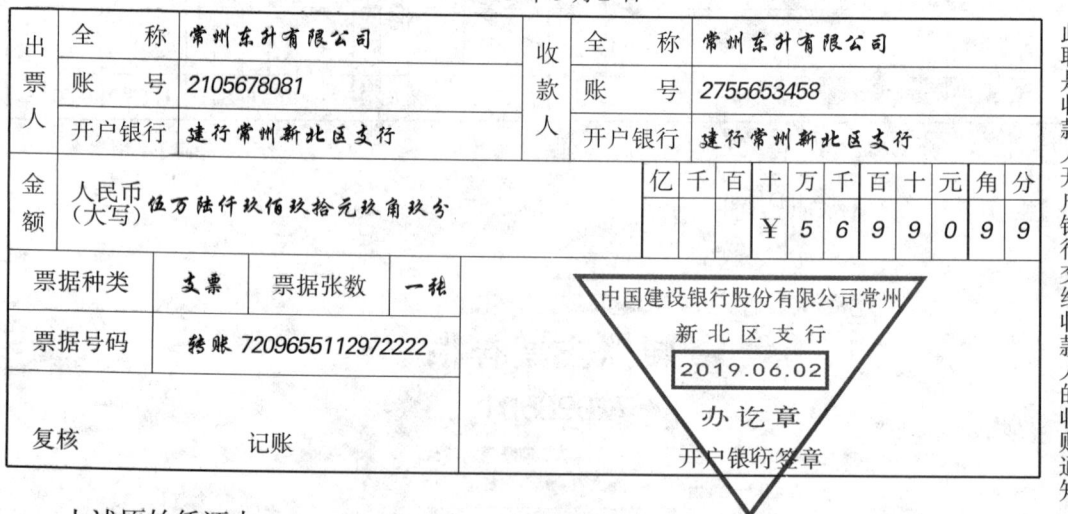

中国建设银行　进账单（收款通知）3

2019 年 6 月 2 日

出票人	全　　称	常州东升有限公司	收款人	全　　称	常州东升有限公司
	账　　号	2105678081		账　　号	2755653458
	开户银行	建行常州新北区支行		开户银行	建行常州新北区支行

金额	人民币（大写）	伍万陆仟玖佰玖拾元玖角玖分	亿	千	百	十	万	千	百	十	元	角	分
							¥	5	6	9	9	0	9	9

票据种类	支票	票据张数	一张
票据号码	转账 7209655112972222		

复核　　　　记账

中国建设银行股份有限公司常州新北区支行
2019.06.02
办讫章
开户银行签章

此联是收款人开户银行交给收款人的收账通知

上述原始凭证中：

5-1 是中国建设银行转账支票存根，应作为付款方支付款项的记账依据。该原始凭证注明，"收款人"是本公司，"用途"是银行承兑保证金，账号为 2105678081，这表明本公司已将款项从账号为 2105678081 的基本户划出。

5-2 是中国建设银行进账单的第一联回单联，此联也应作为付款方支付款项的记账依据。该原始凭证注明，"出票人"和"收款人"均是本公司，但出票人的账号为 2105678081，收款人的账号为 2755653458，这表明本公司已将款项从账号为 2105678081 的基本户上划出。根据 5-1 和 5-2，进行会计核算时，应记入"银行存款——建行（2105678081）"科目的贷方。

5-3 是进账单的第三联收账通知联，此联应作为收款人收到款项的记账依据。该原始凭证注明,"出票人"和"收款人"均是本公司,但出票人的账号为 2105678081,收款人的账号为 2755653458,这表明本公司账号为 2755653458 的银行承兑保证金户上已收到从账号为 2105678081 的基本户上划转的款项。进行会计核算时,应记入"其他货币资金——银行承兑保证金(建行)(2755653458)"科目的借方。

因此,该笔业务应填制如下记账凭证:

记 账 凭 证

2019 年 6 月 2 日　　　　　　　　　　　　　　　　　第 5 号

摘　　要	总账科目	明细科目	借方金额										贷方金额										记账√
			千	百	十	万	千	百	十	元	角	分	千	百	十	万	千	百	十	元	角	分	
支付银行承兑	其他货币资金	银行承兑保证金(建行)(2755653458)				5	6	9	9	0	9	9											
汇票保证金	银行存款	建行(2105678081)														5	6	9	9	0	9	9	
附件 3 张	合　　计		¥			5	6	9	9	0	9	9	¥			5	6	9	9	0	9	9	

核准:　　　　　复核:　　　　　记账:　　　　　出纳:　　　　　制单:刘洪凯

【业务 6】 (共 5 张原始凭证,于 6 月 2 日取得)

6-1

江苏增值税专用发票　　NO.21309722

3200021981

抵 扣 联

开票日期:2019 年 06 月 02 日

购买方	名　　称:常州东升有限公司 纳税人识别号:91320400763987654R 地址、电话:河海西路90号　85333930 开户行及账号:建行常州新北区支行　2105678081	密码区	750066<98/198533204+<63<+64　加密版本:01 <->876*98</8765/>+216>2　3200021981 >612-+47561<>+782-/5432　21309722 <4*-62>>>01	第二联　抵扣联　购买方扣税凭证

货物或应税劳务、服务名称	规格型号	单位	数量	单价	金　额	税率	税　额
*金属制品*甲		千克	5 000	10.00	50 000.00	13%	6 500.00
合　　计					¥50 000.00		¥6 500.00

价税合计(大写)	伍万陆仟伍佰元整	(小写)¥56 500.00

销售方	名　　称:南通达城有限公司 纳税人识别号:913206007639S36365 地址、电话:河滨路76号　85776632 开户行及账号:建行南通城区支行　4105678954	备注	南通达城有限公司 913206007639S36365 发票专用章 (1)

收款人:　　　　　复核:　　　　　开票人:王从　　　　　销售方:(章)

6-2

3200021981

江苏增值税专用发票　　NO.21309722

3200021981
21309722

发票联

江苏
家税务总局监制

开票日期:2019 年 06 月 02 日

购买方	名　　称:常州东升有限公司 纳税人识别号:91320400763987654R 地址、电话:河海西路 90 号　85333930 开户行及账号:建行常州新北区支行　2105678081	密码区	750066＜98/198533204＋＜63＜ ＋64＜－＞876＊98＜/8765/＞ ＋216＞2＞612－＋47561＜＞ ＋782－/5432＜4＊－62＞＞＞01	加密版本:01 3200021981 21309722

货物或应税劳务、服务名称	规格型号	单位	数量	单价	金　额	税率	税　额
＊金属制品＊甲		千克	5 000	10.00	50 000.00	13%	6 500.00
合　计					￥50 000.00		￥6 500.00

价税合计(大写)	伍万陆仟伍佰元整	(小写)￥56 500.00

销售方	名　　称:南通达城有限公司 纳税人识别号:913206007639S36365 地址、电话:河滨路 76 号　85776632 开户行及账号:建行南通城区支行　4105678954	备注	南通达城有限公司 913206007639S36365 发票专用章

收款人:　　　　复核:　　　　开票人:王 从　　　　销售方:(章)

第三联　发票联　购买方记账凭证

6-3

3200871651

江苏增值税专用发票　　NO.21309735

3200871651
21309735

抵扣联

江苏
家税务总局监制

开票日期:2019 年 06 月 02 日

购买方	名　　称:常州东升有限公司 纳税人识别号:91320400763987654R 地址、电话:河海西路 90 号　85333930 开户行及账号:建行常州新北区支行　2105678081	密码区	750066＜98/198533204＋＜63＜ ＋64＜－＞800＊98＜/8765/＞ ＋216＞2＞612－＋47561＜＞ ＋782－/5432＜4＊－62＞＞＞01	加密版本:01 3200871651 21309735

货物或应税劳务、服务名称	规格型号	单位	数量	单价	金　额	税率	税　额
＊运输服务＊运输费		次	1	450.45	450.45	9%	40.54
合　计					￥450.45		￥40.54

价税合计(大写)	肆佰玖拾元玖角玖分	(小写)￥490.99

销售方	名　　称:南通海通物流有限公司 纳税人识别号:91320600730987061T 地址、电话:河滨路 79 号　85776155 开户行及账号:建行南通城区支行　41056712754	备注	车种车号:苏 D23908　起运地:南通 河滨路　到达地:常州新北区河海路 货物名称:甲 91320600730987061T 发票专用章

收款人:　　　　复核:　　　　开票人:刘 成　　　　销售方:(章)

第二联　抵扣联　购买方扣税凭证

6-4

 3200871651

江苏增值税专用发票   NO.21309735
3200871651
21309735

发 票 联

开票日期:2019 年 06 月 02 日

购买方	名　　称：常州东升有限公司 纳税人识别号：91320400763987654R 地址、电话：河海西路90号　85333930 开户行及账号：建行常州新北区支行　2105678081	密码区	750066＜98/198533204＋＜63＜ ＋64＜—＞800＊98＜/8765/＞ ＋216＞2＞612—＋47561＜＞ ＋782—/5432＜4＊—62＞＞＞01	加密版本:01 3200871651 21309735

货物或应税劳务、服务名称	规格型号	单位	数量	单价	金　额	税率	税　额
＊运输服务＊运输费		次	1	450.45	450.45	9%	40.54
合　　计					￥450.45		￥40.54

价税合计（大写）	肆佰玖拾元玖角玖分		（小写）￥490.99

销售方	名　　称：南通海通物流有限公司 纳税人识别号：91320600730987061T 地址、电话：河滨路79号　85776155 开户行及账号：建行南通城区支行　41056712754	备注	车种车号:苏(D)23908 起运地:南通 河滨路 到达地:常州新北区河海路 货物名称:91320600730987061T

收款人：　　　　复核：　　　　开票人:刘成　　　　销售方:（章）

第三联 发票联 购买方记账凭证

6-5

银行承兑汇票   3   89826252
12976331

出票日期（大写） 贰零壹玖年陆月零贰日

出票人全称	常州东升有限公司	收款人	全　称	南通达城有限公司
出票人账号	2105678081		账　号	4105678954
付款行全称	建行常州新北区支行		开户行	建行城区支行

出票金额	人民币（大写）伍万陆仟玖佰玖拾元玖角玖分	亿	千	百	十	万	千	百	十	元	角	分
				￥	5	6	9	9	0	9	9

汇票到期日（大写）	贰零壹玖年壹拾贰月零贰日	付款行	行号	常州建行 9866511
承兑协议编号	2019 常字第 G091 号		地址	常州新北区黄山路 987 号

备注：　　　　　　复核　　　　记账

此联出票人存查

上述原始凭证中：

6-1 是江苏增值税专用发票的第二联抵扣联，此联应作为购买方抵扣进项税额的依据。该抵扣联不能作为记账凭证的附件，应单独装订保管，以备税务机关查验。

6-2 是江苏增值税专用发票的第三联发票联，此联应作为购货方的记账依据。该原始凭证注明，"购买方"是本公司，"销售方"是南通达城有限公司，"货物或应税劳务、服务名称"栏是甲，这表明本公司从南通达城有限公司购买了原材料甲。同时，本业务的原始凭证中还没有收料单，这表明该原材料尚未验收入库。因此，进行会计核算时，"金额"应记入"在途物资——甲"科目的借方，"税额"应记入"应交税费——应交增值税（进项税额）"科目的借方。

6-3 是江苏增值税专用发票的第二联抵扣联，此联应作为购买方抵扣进项税额的依据。该抵扣联不能作为记账凭证的附件，应单独存放，以备税务机关查验。

6-4 是江苏增值税专用发票的第三联发票联，此联应作为购买方的记账依据。该原始凭证注明，"购买方"是本公司，"销售方"是南通海通物流有限公司，"货物或应税劳务、服务名称"栏是运输费，"备注"栏是运输货物甲，这表明本公司发生了采购原材料甲的运费。进行会计核算时，"金额"应记入"在途物资——甲"科目的借方，"税额"应记入"应交税费——应交增值税（进项税额）"科目的借方。

6-5 是银行承兑汇票的第三联，此联应作为出票人的记账依据。该原始凭证注明，"出票日期"是贰零壹玖年陆月零贰日，"汇票到期日"是贰零壹玖年壹拾贰月零贰日，"出票人"是本公司，"收款人"是南通达城有限公司，这表明本公司在 2019 年 6 月 2 日向南通达城有限公司开出了一张期限为 6 个月、金额为 56 990.99 元的银行承兑汇票。进行会计核算时，应记入"应付票据——南通达城有限公司"科目的贷方。

因此，该笔业务应填制如下记账凭证：

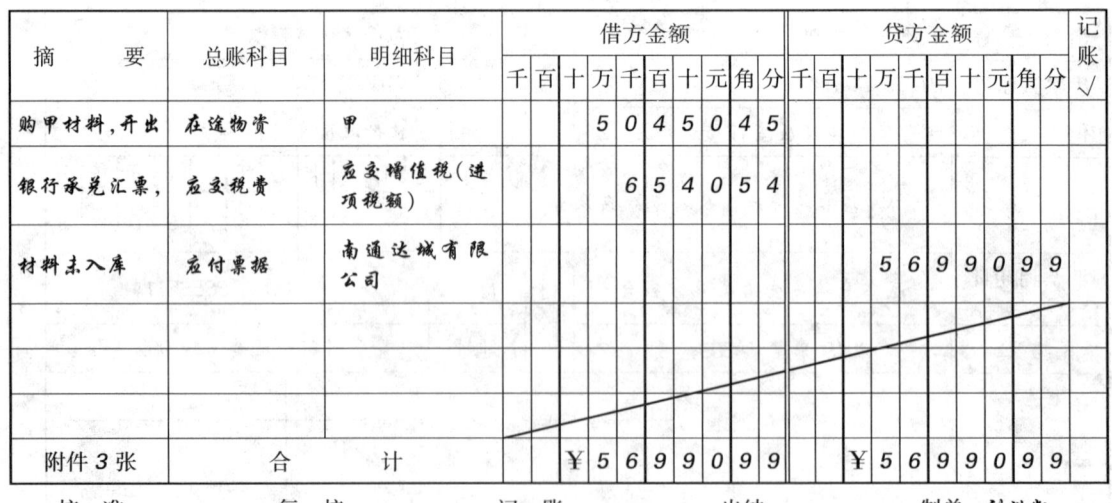

记 账 凭 证

日期：*2019* 年 *6* 月 *2* 日　　　　　　　　　　　　　　第 *6* 号

摘　要	总账科目	明细科目	借方金额 千 百 十 万 千 百 十 元 角 分	贷方金额 千 百 十 万 千 百 十 元 角 分	记账 √
购甲材料，开出	在途物资	甲	5 0 4 5 0 4 5		
银行承兑汇票，	应交税费	应交增值税（进项税额）	6 5 4 0 5 4		
材料未入库	应付票据	南通达城有限公司		5 6 9 9 0 9 9	
附件 3 张	合　　计		￥5 6 9 9 0 9 9	￥5 6 9 9 0 9 9	

核　准：　　　　　复核：　　　　　记　账：　　　　　出纳：　　　　　制单：刘洪凯

【业务7】（共1张原始凭证，于6月3日取得）

7-1

收 料 单

供应单位：南通达城有限公司　　　　　2019 年 6 月 3 日　　　　　　　　编号：230001

材料编号	名　称	单位	规格	数　量		实　际　成　本			
				应收	实收	单价	发票价格	运杂费	合计
01001	甲	千克		5 000	5 000				

备　注：

收料人：张晶宇　　　　　　　　　　　　　交料人：黄小林

第二联　记账联

上述原始凭证中：

7-1 是收料单的第二联记账联，此联应作为收到材料的记账依据。该原始凭证注明，"供应单位"是南通达城有限公司，"材料名称"是材料甲，"数量"是 5 000 千克，这表明[业务6]中本公司向南通达城有限公司购买的 5 000 千克原材料甲已经全部验收入库，进行会计核算时，应记入"原材料——甲"科目的借方；同时，应将[业务6]中的"在途物资——甲"科目的借方发生额转出，记入"在途物资——甲"科目的贷方。

因此，该笔业务应填制如下记账凭证：

记 账 凭 证

日期：2019 年 6 月 3 日　　　　　　　　　　　　　　第 7 号

摘　　要	总账科目	明细科目	借方金额										贷方金额										记账√
			千	百	十	万	千	百	十	元	角	分	千	百	十	万	千	百	十	元	角	分	
购入的材料验收入库	原材料	甲			5	0	4	5	0	4	5												
	在途物资	甲													5	0	4	5	0	4	5	
附件 1 张	合　　　计		¥		5	0	4	5	0	4	5		¥		5	0	4	5	0	4	5	

核　准：　　　　　复　核：　　　　　记　账：　　　　　出　纳：　　　　　制单：刘洪凯

【业务8】（共5张原始凭证，于6月3日取得）

8-1

3200030101

江苏增值税专用发票　NO.32204629

3200030101
32204629

抵扣联

开票日期：2019 年 06 月 03 日

购买方	名　　　称：常州东升有限公司 纳税人识别号：91320400763987654R 地址、电话：河海西路90号　85333930 开户行及账号：建行常州新北区支行　2105678081	密码区	750066<98/198533204＋<63<＋ 64<－>876＊98</8765/>＋216 >2>612－＋47561<>＋782－/ 5432<4＊－62>>>01	加密版本：01 3200030101 32204629

货物或应税劳务、服务名称	规格型号	单位	数量	单价	金　额	税率	税　额
＊金属制品＊乙		千克	2 000	8.00	16 000.00	13%	2 080.00
合　计					￥16 000.00		￥2 080.00

价税合计(大写)	壹万捌仟零捌拾元整		(小写)￥18 080.00

销售方	名　　　称：无锡李园有限公司 纳税人识别号：91320200004447632A 地址、电话：李园中路66号　88833550 开户行及账号：建行无锡锡山支行　5105678765	备注	无锡李园有限公司 91320200004447632A 发票专用章 销售方：(章) (1)

收款人：　　　　　复核：　　　　　　　开票人：周亚蓉　　　　销售方：(章)

第二联　抵扣联　购买方扣税凭证

8-2

3200030101

江苏增值税专用发票　NO.32204629

3200030101
32204629

发票联

开票日期：2019 年 06 月 03 日

购买方	名　　　称：常州东升有限公司 纳税人识别号：91320400763987654R 地址、电话：河海西路90号　85333930 开户行及账号：建行常州新北区支行　2105678081	密码区	750066<98/198533204＋<63<＋ 64<－>876＊98</8765/>＋216 >2>612－＋47561<>＋782－/ 5432<4＊－62>>>01	加密版本：01 3200030101 32204629

货物或应税劳务、服务名称	规格型号	单位	数量	单价	金　额	税率	税　额
＊金属制品＊乙		千克	2 000	8.00	16 000.00	13%	2 080.00
合　计					￥16 000.00		￥2 080.00

价税合计(大写)	壹万捌仟零捌拾元整		(小写)￥18 080.00

销售方	名　　　称：无锡李园有限公司 纳税人识别号：91320200004447632A 地址、电话：李园中路66号　88833550 开户行及账号：建行无锡锡山支行　5105678765	备注	无锡李园有限公司 91320200004447632A 发票专用章 销售方：(章) (1)

收款人：　　　　　复核：　　　　　　　开票人：周亚蓉　　　　销售方：(章)

第三联　发票联　购买方记账凭证

8-3

收　料　单

供应单位：无锡李园有限公司　　　　2019 年 6 月 3 日　　　　　　　编号：230002

第二联　记账联

材料编号	名　称	单位	规格	数　量		实　际　成　本			
				应收	实收	单价	发票价格	运杂费	合　计
02001	乙	千克		2 000	2 000				

备　注：

收料人：张晶宇　　　　　　　　　交料人：刘　兵

8-4

江苏增值税专用发票　　NO.20363750

3200071021　　　　3200071021
20363750

抵扣联

开票日期：2019 年 06 月 03 日

| 购买方 | 名　　称：常州东升有限公司
纳税人识别号：91320400763987654R
地址、电话：河海西路 90 号　85333930
开户行及账号：建行常州新北区支行　2105678081 | 密码区 | 750066＜00/198533204＋＜63＜＋
64＜－＞876＊98＜/8765/＞＋216
＞2＞612－＋47561＜＞＋782－/
5432＜4＊－62＞＞＞01 | 加密版本：01
3200071021
20363750 |

货物或应税劳务、服务名称	规格型号	单位	数量	单价	金　额	税率	税　额
＊运输服务＊运输费		次	1	180.18	180.18	9%	16.22
合　　计					￥180.18		￥16.22

价税合计（大写）	壹佰玖拾陆元肆角整	（小写）￥196.40

| 销售方 | 名　　称：无锡天天物流有限公司
纳税人识别号：91320200730985454B
地址、电话：李园中路 46 号　88833321
开户行及账号：建行无锡锡山支行　35105600721 | 备注 | 车种车号：车苏 D23908 起运地：无锡李园中路 46 号 到达地：常州新北区河海西路
91320200730985454B
货物名称：乙 |

收款人：　　　　复核：　　　　开票人：刘　明　　　　销售方：（章）

第二联　抵扣联　购买方扣税凭证

8-5

3200071021

江苏增值税专用发票　　NO.20363750　3200071021
20363750

发　　联

开票日期:2019 年 06 月 03 日

| 购买方 | 名　称:常州东升有限公司
纳税人识别号:91320400763987654R
地址、电话:河海西路 90 号 85333930
开户行及账号:建行常州新北区支行 2105678081 | 密码区 | 750066＜98/198533204＋＜63＜＋
64＜－＞876＊98＜/8765/＞+216
＞2＞612－＋47561＜＞＋782－/
5432＜4＊－62＞＞＞01 | 加密版本:01
3200071021
20363750 |

货物或应税劳务、服务名称	规格型号	单位	数量	单价	金　额	税率	税　额
＊运输服务＊运输费		次	1	180.18	180.18	9%	16.22
合　计					¥180.18		¥16.22

| 价税合计(大写) | 壹佰玖拾陆元肆角整 | | (小写)¥196.40 |

| 销售方 | 名　称:无锡天天物流有限公司
纳税人识别号:91320200730985454B
地址、电话:李园中路 46 号 88833321
开户行及账号:建行无锡锡山支行 35105600721 | 备注 | 车种车号:苏 D23908 起运地:无锡
李园中路 46 号 到达地:常州新北区河
海路内
91320200730985454B
货物名称:乙发票专用章
运费由无锡李园有限公司垫付 |

收款人:　　　复核:　　　开票人:刘　明　　　销售方:(章)

上述原始凭证中:

8-1 是江苏增值税专用发票的第二联抵扣联,此联应作为购买方抵扣进项税额的依据。该抵扣联不能作为记账凭证的附件,应单独装订保管,以备税务机关查验。

8-2 是江苏增值税专用发票的第三联发票联,此联应作为购货方的记账依据。该原始凭证注明,"购买方"是本公司,"销售方"是无锡李园有限公司,"货物或应税劳务、服务名称"栏是乙,这表明本公司从无锡李园有限公司购买了原材料乙。

8-3 是收料单的第二联记账联,此联应作为收到材料的记账依据。该原始凭证注明,"供应单位"是无锡李园有限公司,"材料名称"是材料乙,"数量"是 2 000 千克,这表明本公司向无锡李园有限公司购买的 2 000 千克原材料乙已经全部验收入库。

根据 8-2 和 8-3 进行会计核算时,"金额"应记入"原材料——乙"科目的借方,"税额"应记入"应交税费——应交增值税(进项税额)"科目的借方。

8-4 是江苏增值税专用发票的第二联抵扣联,此联应作为购买方抵扣进项税额的依据。该抵扣联不能作为记账凭证的附件,应单独装订保管,以备税务机关查验。

8-5 是江苏增值税专用发票的第三联发票联,此联应作为购买方的记账依据。该原始凭证注明,"购买方"是本公司,"销售方"是无锡天天物流有限公司,"货物或应税劳务、服务名称"栏是运输费,"备注"栏是运输货物乙,表明本公司发生了采购原材料乙的运费。进行会计核算时,"金额"应记入"原材料——乙"科目的借方,"税额"应记入"应交税费——应交

增值税(进项税额)"科目的借方。

由于这笔采购业务中没有相关付款的原始凭证,且 8-5 的"备注"栏显示运费已由无锡李园有限公司垫付,这表明本公司尚未支付上述购货款和运输费用,进行会计核算时,上述所有款项均应记入"应付账款——无锡李园有限公司"科目的贷方。

因此,该笔业务应填制如下记账凭证:

记 账 凭 证

日期:*2019* 年 *6* 月 *3* 日　　　　　　　　　　　　　　　　　第 *8* 号

摘　　要	总账科目	明细科目	借方金额										贷方金额										记账√
			千	百	十	万	千	百	十	元	角	分	千	百	十	万	千	百	十	元	角	分	
购入材料乙,材	原材料	乙				1	6	1	8	0	1	8											
料验收入库,	应交税费	应交增值税(进项税额)					2	0	9	6	2	2											
款未付	应付账款	无锡李园有限公司													1	8	2	7	6	4	0		
附件 *3* 张	合　　计				¥	1	8	2	7	6	4	0			¥	1	8	2	7	6	4	0	

核　准:　　　　复　核:　　　　记　账:　　　　出　纳:　　　　制单:*刘洪凯*

【业务9】(共 2 张原始凭证,于 3 月 3 日取得)

9-1

工资总额及扣款计算表

2019 年 6 月 3 日

项目	类别	应付工资	养老保险	医疗保险	失业保险	住房公积金	个人所得税	扣款合计	实发金额
车间	A 产品生产工人	98 500.00	7 880.00	1 970.00	492.50	9 850.00	260.00	20 452.50	78 047.50
	B 产品生产工人	32 500.00	2 600.00	650.00	162.50	3 250.00	89.80	6 752.30	25 747.20
	管理人员	24 000.00	1 920.00	480.00	120.00	2 400.00	46.10	4 966.10	19 033.90
管理部门		44 000.00	3 520.00	880.00	220.00	4 400.00	204.10	9 224.10	34 775.90
合　计		199 000.00	15 920.00	3 980.00	995.00	19 900.00	600.00	41 395.00	157 605.00

编制:*赵小蕾*　　　　　　审核:*丁小林*

9-2

中国建设银行
转账支票存根

72096551
12972223

附加信息 _____

_____

_____

出票日期 *2019* 年 *6* 月 *3* 日

收款人：*常州东升有限公司*	
金　额：*￥157 605．00*	
用　途：*支付职工工资*	
备　注：*（2105678081）*	

单位主管　　　　　　　　会计

上述原始凭证中：

9-1 是工资总额及扣款计算表，此表应作为支付工资和扣取相关款项的记账依据。该原始凭证注明，"应付工资"是 199 000．00 元，职工个人应承担的社会保险费（包括养老保险、医疗保险和失业保险）是 20 895．00 元、"住房公积金"是 19 900．00 元、"个人所得税"是 600．00 元，这表明公司已从应付工资总额中扣除了个人应承担的社会保险费、住房公积金和个人所得税等，因此，实际应支付给职工的工资总额为 157 605．00 元。

9-2 是中国建设银行转账支票存根，应作为付款方支付款项的记账依据。该原始凭证注明，"收款人"是本公司，"用途"是支付职工工资，这表明本公司已经按照"实发金额"支付了职工工资，根据 9-1 和 9-2 进行会计核算时，"应付工资"的合计金额应记入"应付职工薪酬——工资"科目的借方。

同时，9-1 中代扣的款项尚未支付，进行会计核算时，应将"养老保险"的合计金额记入"其他应付款——设定提存计划（养老保险）"科目的贷方，"医疗保险"的合计金额记入"其他应付款——社会保险费（医疗保险）"科目的贷方，"失业保险"的合计金额记入"其他应付款——设定提存计划（失业保险）"科目的贷方，"住房公积金"的合计金额记入"其他应付款——住房公积金"科目的贷方，"个人所得税"的合计金额记入"应交税费——应交个人所得税"科目的贷方。

此外，9-2 中转账支票存根表明，本公司已将款项从账号为 2105678081 的基本户上划出，进行会计核算时，"金额"应记入"银行存款——建行（2105678081）"科目的贷方。

因此，该笔业务应填制如下记账凭证：

记 账 凭 证

日期：*2019* 年 *6* 月 *3* 日　　　　　　　　　　　第9 $\frac{1}{2}$ 号

摘要	总账科目	明细科目	借方金额 千	百	十	万	千	百	十	元	角	分	贷方金额 千	百	十	万	千	百	十	元	角	分	记账√
支付职工工资，	应付职工薪酬	工资		1	9	9	0	0	0	0	0	0											
扣社保费用、	其他应付款	设定提存计划（养老保险）													1	5	9	2	0	0	0	
住房公积金及		社会保险费（医疗保险）														3	9	8	0	0	0	
个人所得税		设定提存计划（失业保险）															9	9	5	0	0	
		住房公积金													1	9	9	0	0	0	0	
	应交税费	应交个人所得税															6	0	0	0	0	
附件同9 $\frac{2}{2}$ 张	合　　计																					

核准：　　　　复核：　　　　记账：　　　　出纳：　　　　制单：*刘洪凯*

记 账 凭 证

日期：*2019* 年 *6* 月 *3* 日　　　　　　　　　　　第9 $\frac{2}{2}$ 号

摘要	总账科目	明细科目	借方金额 千	百	十	万	千	百	十	元	角	分	贷方金额 千	百	十	万	千	百	十	元	角	分	记账√
支付职工工资，	银行存款	建行（2105678081）												1	5	7	6	0	5	0	0		
扣社保费用及																						
住房公积金																						
附件2张	合　　计		¥	1	9	9	0	0	0	0	0	0	¥	1	9	9	0	0	0	0	0	0	

核准：　　　　复核：　　　　记账：　　　　出纳：　　　　制单：*刘洪凯*

【业务 10】　（共 4 张原始凭证,于 6 月 3 日取得）

10-1

江苏增值税专用发票	NO.32011821	3200098220 32011821

3200098220

抵 扣 联

江苏

国家税务总局监制

开票日期:2019 年 06 月 03 日

购买方	名　　　　称:常州东升有限公司 纳税人识别号:91320400763987654R 地址、电话:河海西路 90 号　85333930 开户行及账号:建行常州新北区支行　2105678081	密码区	517766<98/198533204+<63<+64 <->876*98</8765/>+216>2 >7/3-+47561<>+782-/5432 <4*-34>>>+9	加密版本:01 3200098220 32011821

货物或应税劳务、服务名称	规格型号	单位	数量	单价	金　额	税率	税　额
＊金属制品＊甲		千克	2 500	10.00	25 000.00	13%	3 250.00
合　　计					￥25 000.00		￥3 250.00

价税合计(大写)	壹万捌仟贰佰伍拾元整	(小写)￥28 250.00

销售方	名　　　　称:常州金林股份有限公司 纳税人识别号:320400765441165019 地址、电话:金元路 346 号　65439771 开户行及账号:支行常州新北区支行　3986766565	备注	常州金林股份有限公司 320400765441165019 发票专用章 销售方:(章)

收款人:　　　　　复核:　　　　　开票人:刘　兵　　　　　销售方:(章)

第二联　抵扣联　购买方扣税凭证

10-2

3200098220

江苏增值税专用发票	NO.32011821	3200098220 32011821

发 票 联

江苏

国家税务总局监制

开票日期:2019 年 06 月 03 日

购买方	名　　　　称:常州东升有限公司 纳税人识别号:91320400763987654R 地址、电话:河海西路 90 号　85333930 开户行及账号:建行常州新北区支行　2105678081	密码区	517766<98/198533204+<63<+64<->876*98</8765/>+216>2>7/3-+47561<>+782-/5432<4*-34>>>+9	加密版本:01 3200098220 32011821

货物或应税劳务、服务名称	规格型号	单位	数量	单价	金　额	税率	税　额
＊金属制品＊甲		千克	2 500	10.00	25 000.00	13%	3 250.00
合　　计					￥25 000.00		￥3 250.00

价税合计(大写)	壹万捌仟贰佰伍拾元整	(小写)￥28 250.00

销售方	名　　　　称:常州金林股份有限公司 纳税人识别号:320400765441165019 地址、电话:金元路 346 号　65439771 开户行及账号:支行常州新北区支行　3986766565	备注	常州金林股份有限公司 320400765441165019 发票专用章 销售方:(章)

收款人:　　　　　复核:　　　　　开票人:刘　兵　　　　　销售方:(章)

第三联　发票联　购买方记账凭证

10-3

收　料　单

供应单位：常州金林股份有限公司　　　2019 年 6 月 3 日　　　　　　　编号：230003

材料编号	名　称	单位	规格	数　量		实　际　成　本			
				应　收	实　收	单　价	发票价格	运杂费	合　计
01001	甲	千克		2 500	2 500				

备　注：

收料人：张晶宇　　　　　　　　　　　　交料人：周海娟

第二联　记账联

10-4

中国建设银行客户专用回单

币别：人民币　　　　　　　2019 年 06 月 03 日　　　　流水号 320620027J0500810021

付款人	全　称	常州东升有限公司	收款人	全　称	常州金林股份有限公司
	账　号	2105678081		账　号	3986766565
	开户行	建行常州新北区支行		开户行	建行常州新北区支行
金　额	(大写)人民币贰万捌仟贰佰伍拾元整			(小写)￥28 250.00	
凭证种类	网银		凭证号码		
结算方式	网银		用　途	转账存入	

打印柜员：320628736AJ1
打印机构：新北区支行
打印卡号：9553301260105394

电子回单

（借方回单）

打印时间：2019-06-03　　　交易柜员：A01B01000009　　　交易机构：320620027

上述原始凭证中：

10-1 是江苏增值税专用发票的第二联抵扣联，此联应作为购买方抵扣进项税额的依据。该抵扣联不能作为记账凭证的附件，应单独装订保管，以备税务机关查验。

10-2 是江苏增值税专用发票的第三联发票联，此联应作为购货方的记账依据。该原始凭证注明，"购买方"是本公司，"销售方"是常州金林股份有限公司，"货物或应税劳务、服务名称"栏是甲，这表明本公司从常州金林股份有限公司购买了原材料甲。

10-3 是收料单的第二联记账联，此联应作为收到材料的记账依据。该原始凭证注明，"供应单位"是常州金林股份有限公司，"材料名称"是材料甲，"数量"是 2 500 千克，这表明本公司向常州金林股份有限公司购买的 2 500 千克原材料甲已经全部验收入库。

根据 10-2 和 10-3，进行会计核算时，"金额"应记入"原材料——甲"科目的借方，"税额"应记入"应交税费——应交增值税（进项税额）"科目的借方。

10-4 是中国建设银行客户专用回单联的借方回单联，应作为付款方支付款项的记账依据。该原始凭证注明，"汇款人"是本公司，账号为 2105678081，"收款人"是常州金林股份有限公司，这表明本公司通过账号为 2105678081 的基本户向常州金林股份有限公司支付了款项。进行会计核算时，应记入"银行存款——建行（2105678081）"科目的贷方。

因此，该笔业务应填制如下记账凭证：

记 账 凭 证

日期：2019 年 6 月 3 日　　　　　　　　　　　　　　　　　　第 10 号

摘　　要	总账科目	明细科目	借方金额										贷方金额										记账√
			千	百	十	万	千	百	十	元	角	分	千	百	十	万	千	百	十	元	角	分	
购材料甲，款	原材料	甲				2	5	0	0	0	0	0											
付，材料入库	应交税费	应交增值税（进项税额）					3	2	5	0	0	0											
	银行存款	建行（2105678081）													2	8	2	5	0	0	0		
附件 3 张	合　　计				￥	2	8	2	5	0	0	0		￥	2	8	2	5	0	0	0		

核　准：　　　　复　核：　　　　记　账：　　　　出　纳：　　　　制单：刘洪凯

【业务 11】（共 3 张原始凭证，于 6 月 4 日取得）

11-1

中国建设银行客户专用回单

币别：人民币　　　　　　2019 年 06 月 01 日　　　流水号 320620027J0500810012

付款人	全　　称	常州东升有限公司	收款人	全　　称	中国电信股份有限公司常州分公司
	账　　号	2105678081		账　　号	23000456654421
	开户行	建行常州新北区支行		开户行	工行常州分行

金　　额	（大写）人民币壹仟肆佰柒拾贰元玖角柒分	（小写）￥1 472.97
凭证种类	电汇凭证	凭证号码
结算方式	电子汇划汇入	用　途　201905 电信消费金额

打印柜员：320628736AJ1
打印机构：新区支行
打印卡号：95533012601105394

附言：

（借方回单）

打印时间：2019-06-01　　　交易柜员：B01B03000005　　　交易机构：320620027

11-2

江苏增值税专用发票   NO.86657888

3200032210
86657888

3200032210

抵扣联
江苏
国家税务总局监制

开票日期:2019 年 06 月 04 日

购买方	名　称：常州东升有限公司 纳税人识别号：91320400763987654R 地址、电话：河海西路 90 号　85222930 开户行及账号：建行常州新北区支行　2105678081					密码区	241766＜98/198533204＋＜63＜＋ 64＜-＞876＊98＜/8765/＞＋216 2＞2＞7/3－＋47561＜＞＋782－ /5432＜4＊－62＞＞＞-8	加密版本:01 3200032210 86657888
货物或应税劳务、服务名称	规格型号	单位	数量	单价	金额	税率	税额	
＊电信服务＊电话费		个	1	1 351.35	1 351.35	9%	121.62	
合　计					￥1 351.35		￥121.62	
价税合计(大写)	壹仟肆佰柒拾贰元玖角柒分					(小写)￥1 472.97		
销售方	名　称：中国电信股份有限公司常州分公司 纳税人识别号：91320400748726 9445 地址、电话：常州市和平北路 29 号　86686037 开户行及账号：工行常州分行　23000456654421					备注	中国电信股份有限公司常州分公司 91320400748726 9445 销售票专用章	

收款人：　　　复核：　　　开票人：蒋　洁　　　销售方：（1）

第二联 抵扣联 购买方扣税凭证

11-3

江苏增值税专用发票   NO.86657888

3200032210
86657888

3200032210

发票联
江苏
国家税务总局监制

开票日期:2019 年 06 月 04 日

购买方	名　称：常州东升有限公司 纳税人识别号：91320400763987654R 地址、电话：河海西路 90 号　85222930 开户行及账号：建行常州新北区支行　2105678081					密码区	241766＜98/198533204＋＜63＜＋ 64＜-＞876＊98＜/8765/＞＋216 2＞7/3－＋47561＜＞＋782-/ 5432＜4＊－62＞＞＞-8	加密版本:01 3200032210 86657888
货物或应税劳务、服务名称	规格型号	单位	数量	单价	金额	税率	税额	
＊电信服务＊电话费		个	1	1 351.35	1 351.35	9%	121.62	
合　计					￥1 351.35		￥121.62	
价税合计(大写)	壹仟肆佰柒拾贰元玖角柒分					(小写)￥1 472.97		
销售方	名　称：中国电信股份有限公司常州分公司 纳税人识别号：91320400748726 9445 地址、电话：常州市和平北路 29 号　86686037 开户行及账号：工行常州分行　23000456654421					备注	中国电信股份有限公司常州分公司 91320400748726 9445 发票专用章	

收款人：　　　复核：　　　开票人：蒋　洁　　　销售方：（章）

第三联 发票联 购买方记账凭证

上述原始凭证中：

11-1 是中国建设银行客户专用回单的借方回单联,此联应作为付款方支付款项的记账依据。该原始凭证注明,"付款人"是本公司,"账户"为 2105678081,"收款人"是中国电信股份有限公司常州分公司,"用途"是 201905 电信消费金额,这表明本公司通过账号为 2105678081 的基本账户向中国电信股份有限公司常州分公司支付了 2019 年 5 月电信费。

进行会计核算时,应记入"银行存款——建行(2105678081)"科目的贷方。

11-2是江苏增值税专用发票的第二联抵扣联,此联应作为购买方抵扣进项税额的依据。该抵扣联不能作为记账凭证的附件,应单独装订保管,以备税务机关查验。

11-3是江苏增值税专用发票的第三联发票联,此联应作为付款人的记账依据。该原始凭证注明,"购买方"是本公司,"货物或应税劳务的名称"是基础电信服务,表明本公司发生了电信费用。进行会计核算时,"金额"记入"管理费用——办公费"科目的借方,"税额"记入"应交税费——应交增值税(进项税额)"科目的借方。

因此,该笔业务应填制如下记账凭证:

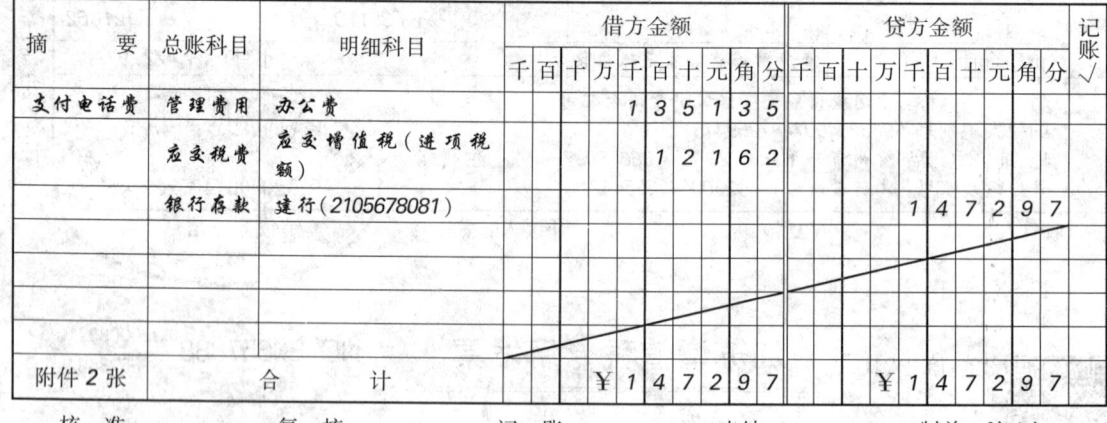

记 账 凭 证

日期:*2019* 年 *6* 月 *4* 日　　　　　　　　　第 *11* 号

摘 要	总账科目	明细科目	借方金额										贷方金额										记账√
			千	百	十	万	千	百	十	元	角	分	千	百	十	万	千	百	十	元	角	分	
支付电话费	管理费用	办公费						1	3	5	1	3	5											
	应交税费	应交增值税(进项税额)							1	2	1	6	2											
	银行存款	建行(2105678081)																1	4	7	2	9	7	
附件2张	合　　　计			¥	1	4	7	2	9	7				¥	1	4	7	2	9	7				

核 准:　　　　复 核:　　　　记 账:　　　　出 纳:　　　　制单: *刘洪凯*

【业务 12】 (共 3 张原始凭证,于 6 月 4 日取得)

12-1

中国建设银行客户专用回单

币别:*人民币*　　　　　　*2019* 年 *06* 月 *03* 日　　　　流水号 *320620027J0500855422*

付款人:*常州东升有限公司*		账号:*2105678081*	
项目名称	*工本费/转账汇款手续费/手续费*		金　额
	3.68		*3.68*

金额(大写)*叁元陆角捌分*

付款方式:*转账*	打印柜员:*320629701AJ*
业务类型:收费项目:*对公资金划转——本行同城*	打印机构:*常州新北支行*
业务编号:*0602000027352920*	打印卡号:*9553301260025956*

打印时间:*2019-06-03*　　　交易柜员:*B01B03000005*　　　交易机构:*320620027*

12-2

江苏增值税专用发票　　NO.86604288

3200743321
3200743321
86604288

抵扣联

开票日期：2019 年 06 月 03 日

购买方	名　　　称：常州东升有限公司 纳税人识别号：91320400763987654R 地址、电话：河海西路90号　85222930 开户行及账号：建行常州新北区支行　2105678081	密码区	241766<98/198533204+<63<+ 64<->872*98</8765/>+210 2>7/3-+47561<>+782- /5432<4*-62>>>-8	加密版本：01 3200743321 86604288

货物或应税劳务、服务名称	规格型号	单位	数量	单价	金　额	税率	税　额
*金融服务*直接收费金融服务		笔	1	3.47	3.47	6%	0.21
合　计					¥3.47		¥0.21

价税合计（大写）	叁元陆角捌分	（小写）¥3.68

销售方	名　　　称：中国建设银行股份有限公司常州市分行 纳税人识别号：91321102855830878 地址、电话：河海东路88号　32876666 开户行及账号：中国建设银行股份有限公司常州市营业部　321102785838021	备注

收款人：　　　复核：　　　开票人：蒋洁　　　销售方：（章）

12-3

江苏增值税专用发票　　NO.86604288

3200743321
3200743321
86604288

发票联

开票日期：2019 年 06 月 03 日

购买方	名　　　称：常州东升有限公司 纳税人识别号：91320400763987654R 地址、电话：河海西路90号　85222930 开户行及账号：建行常州新北区支行　2105678081	密码区	241766<98/198533204+<63<+ 64<->872*98</8765/>+206 2>7/3-+47561<>+782-/ 5432<4*-62>>>-8	加密版本：01 3200743321 86604288

货物或应税劳务、服务名称	规格型号	单位	数量	单价	金　额	税率	税　额
*金融服务*直接收费金融服务		笔	1	3.47	3.47	6%	0.21
合　计					¥3.47		¥0.21

价税合计（大写）	叁元陆角捌分	（小写）¥3.68

销售方	名　　　称：中国建设银行股份有限公司常州市分行 纳税人识别号：91321102855830878 地址、电话：河海东路88号　32876666 开户行及账号：中国建设银行股份有限公司常州市营业部　321102785838021	备注

收款人：　　　复核：　　　开票人：蒋洁　　　销售方：（章）

上述原始凭证中：

12-1 是中国建设银行客户专用回单联，此联应作为付款方支付款项的记账依据。该原始凭证注明，"付款人"是本公司，"账号"为 2105678081，"付款方式"是银行转账，同时，该原始凭证注明的其他内容表明，本公司发生了工本费/转账汇款手续费/手续费，为[业务 10]电子转账支付货款的转账汇款手续费，这表明本公司已通过账号为 2105678081 的基本户支付了转账汇款手续费，进行会计核算时，应记入"银行存款——建行（2105678081）"科目的贷方。

12-2 是江苏增值税专用发票的第二联抵扣联，此联应作为购买方抵扣进项税额的依据。该抵扣联不能作为记账凭证的附件，应单独装订保管，以备税务机关查验。

12-3 是江苏增值税专用发票的第三联发票联，此联应作为付款人的记账依据。该原始凭证注明，"购买方"是本公司，"货物或应税劳务的名称"是手续费，结合 12-2，表明本公司发生了转账支付货款的转账汇款手续费，进行会计核算时，"金额"记入"财务费用——工本及手续费"科目的借方，"税额"记入"应交税费——应交增值税（进项税额）"科目的借方。

因此，该笔业务应填制如下记账凭证：

记 账 凭 证

日期：2019 年 6 月 4 日　　　　　　　　　　　　　　　　第 12 号

摘要	总账科目	明细科目	借方金额										贷方金额										记账✓
---	---	---	千	百	十	万	千	百	十	元	角	分	千	百	十	万	千	百	十	元	角	分	---
支付电子转账	财务费用	工本及手续费							3	4	7												
手续费	应交税费	应交增值税（进项税额）								2	1												
	银行存款	建行（2105678081）																3	6	8			
附件 2 张	合　　　计							￥	3	6	8							￥	3	6	8			

核　准：　　　　　复　核：　　　　　记　账：　　　　　出　纳：　　　　　制单：刘洪凯

【业务 13】　（共 1 张原始凭证，于 6 月 7 日取得）

13-1

中国建设银行客户专用回单

转账日期：2019 年 06 月 07 日　　　　　　　　　凭证字号：2019120835123612

纳税人全称及纳税人识别号：常州东升有限公司　　91320400763987654R	
付款人全称：常州东升有限公司	咨询（投诉）电话：12366
付款人账号：2105678081	征收机关名称：国家税务局常州市新北区税务局
付款人开户银行：建行常州新北区支行	征缴国库（银行）名称：国家金库常州市新北区支库
小写（合计）金额￥142 645.44	征缴书交易流水号：32066544690GPH5VA5M
大写（合计）金额人民币壹拾肆万贰仟陆佰肆拾伍元肆角肆分	完税票证号码：1320461407093187
税（费）种名称　　　　　所属时期	电缴金额单
增值税　　　　　20190501—20190531	￥142 645.44

　　上述原始凭证中：

　　13-1 是中国建设银行客户专用回单,此联应作为付款方支付款项的记账依据。该原始凭证注明,"付款人"是本公司,"付款人账号"是 2105678081,表明本公司已通过账号为 2105678081 的基本户支付了款项,进行会计核算时,应记入"银行存款——建行(2105678081)"科目的贷方;"征收机关名称"是国家税务总局常州市新北区税务局,"税(费)种名称"是增值税,"所属时期"是 20190501—20190531,同时,2019 年 5 月 31 日"应交税费——未交增值税"科目的贷方余额为 142 645.44 元,这表明本公司向国家税务总局常州市新北区税务局上交了上月未交的增值税,进行会计核算时,应记入"应交税费——未交增值税"科目的借方。

　　因此,该笔业务应填制如下记账凭证：

记 账 凭 证

日期：*2019* 年 *6* 月 *7* 日　　　　　　　　　　　　　　　第 *13* 号

摘　要	总账科目	明细科目	借方金额										贷方金额										记账√
			千	百	十	万	千	百	十	元	角	分	千	百	十	万	千	百	十	元	角	分	
上交上月税费	应交税费	未交增值税			1	4	2	6	4	5	4	4											
	银行存款	建行(2105678081)													1	4	2	6	4	5	4	4	
附件 *1* 张	合　　计		¥		1	4	2	6	4	5	4	4	¥		1	4	2	6	4	5	4	4	

核　准：　　　　复　核：　　　　记　账：　　　　出　纳：　　　　制单：*刘洪凯*

【业务 14】（共 1 张原始凭证,于 6 月 7 日取得）

14-1

中国建设银行客户专用回单

转账日期：2019 年 06 月 07 日　　　　　　　　　　凭证字号：2019120835123615

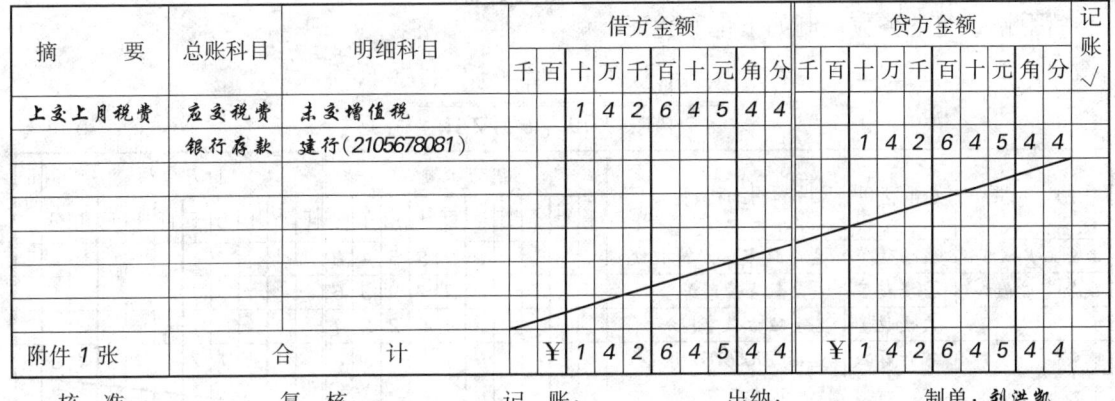

纳税人全称及纳税人识别号：常州东升有限公司	91320400763987654R
付款人全称：常州东升有限公司	咨询(投诉)电话：12366

付款人账号：2105678081　　　　　　　征收机关名称：国家税务总局常州市新北区税务局
付款人开户银行：建行常州新北区支行　　收缴国库(银行)名称：国家金库常州市新北区支库
小写(合计)金额：¥ 17 117.45　　　　　缴款书交易流水号：2019120835125387
大写(合计)金额：人民币壹万柒仟壹佰壹拾柒元肆角伍分　　税票号码：1320461407093547 31

税(费)种名称	所属时期	电缴金额
城市维护建设税	20190501—20190531	¥9 985.18
教育费附加	20190501—20190531	¥4 279.36
地方教育附加	20190501—20190531	¥2 852.91

上述原始凭证中:

14-1 是中国建设银行客户专用回单,此联应作为付款方支付款项的记账依据。该原始凭证注明,"付款人"是本公司,"付款人账号"是 2105678081,表明本公司已通过账号为 2105678081 的基本户支付了款项,进行会计核算时,应记入"银行存款——建行(2105678081)"科目的贷方;"征收机关名称"是国家税务总局常州市新北区税务局,"税(费)种名称"是城市维护建设税、教育费附加、地方教育附加,"所属时期"均为 20190501——20190531,同时"应交税费——应交教育费附加""应交税费——应交地方教育附加"及"应交税费——应交城市维护建设"科目 2019 年 5 月 31 日的贷方余额分别为 4 279.36 元、2 852.91 元和 9 985.18 元,合计为 17 117.45 元,这表明本公司向国家税务总局常州市新北区税务局上交了上月未交的教育费附加、地方教育附加及城市维护建设税,进行会计核算时,应记入"应交税费——应交教育费附加""应交税费——应交地方教育附加"科目的借方和"应交税费——应交城市维护建设税"科目的借方。

因此,该笔业务应填制如下记账凭证:

记 账 凭 证

日期:2019 年 6 月 7 日　　　　　　　　　　　　　　第 14 号

摘　要	总账科目	明细科目	借方金额										贷方金额										记账√
			千	百	十	万	千	百	十	元	角	分	千	百	十	万	千	百	十	元	角	分	
上交上月城建税	应交税费	应交城市维护建设税					9	9	8	5	1	8											
及教育费附加	应交税费	应交教育费附加					4	2	7	9	3	6											
	应交税费	应交地方教育附加					2	8	5	2	9	1											
	银行存款	建行(2105678081)													1	7	1	1	7	4	5	
附件 1 张	合　　计		¥	1	7	1	1	7	4	5			¥	1	7	1	1	7	4	5		

核　准:　　　　复　核:　　　　记　账:　　　　出　纳:　　　　制单:刘洪凯

【业务 15】 (共 1 张原始凭证,于 6 月 8 日取得)

15-1

中国建设银行客户专用回单

转账日期:2019 年 06 月 07 日　　　　　　　凭证字号:2019120835123617

纳税人全称及纳税人识别号:常州东升有限公司　91320400763987654R	
付款人全称:常州东升有限公司	咨询(投诉)电话:12366
付款人账号:2105678081	征收机关名称:国家税务总局常州市新北区税务局
付款人开户银行:建行常州新北区支行	征缴国库(银行)名称:国家金库常州市新北区支库
小写(合计)金额¥131 564.56	征缴书交易流水号:32066544690GPH5VA5M
大写(合计)金额人民币壹拾叁万壹仟伍佰陆拾肆元伍角陆分	税票号码:1228461407093187
税(费)种名称　　　　所属时期	实缴金额
企业所得税　　　20190501—20190531	¥131 564.56

电子回单
专用章

上述原始凭证中：

15-1 是中国建设银行客户专用回单,此联应作为付款方支付款项的记账依据。该原始凭证注明,"付款人"是本公司,"付款人账号"是 2105678081,表明本公司已通过账号为 2105678081 的基本户支付了款项,进行会计核算时,应记入"银行存款——建行(2105678081)"科目的贷方;"征收机关名称"是国家税务总局常州市新北区税务局,"税(费)种名称"是企业所得税,"所属时期"为 20190501—20190531,同时"应交税费——应交企业所得税"科目 2019 年 5 月 31 日的贷方余额为 131 564.56 元。这表明本公司向国家税务总局常州市新北区税务局上交了上月未交的企业所得税,进行会计核算时,应记入"应交税费——应交企业所得税"科目的借方。

因此,该笔业务应填制如下记账凭证:

记 账 凭 证

日期：2019 年 6 月 8 日　　　　　　　　　　　　　　　　第 15 号

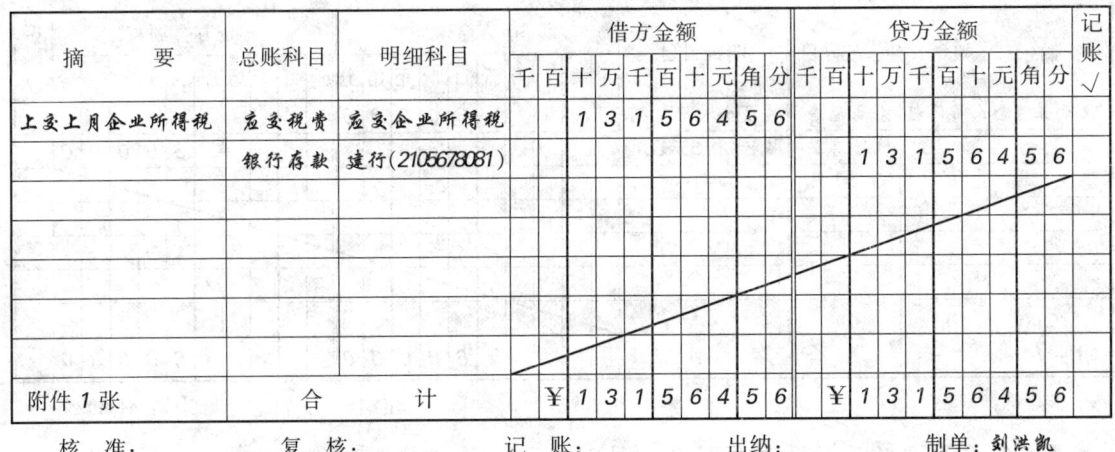

摘　要	总账科目	明细科目	借方金额 千百十万千百十元角分	贷方金额 千百十万千百十元角分	记账√
上交上月企业所得税	应交税费	应交企业所得税	1 3 1 5 6 4 5 6		
	银行存款	建行(2105678081)		1 3 1 5 6 4 5 6	
附件 1 张	合　　计		¥ 1 3 1 5 6 4 5 6	¥ 1 3 1 5 6 4 5 6	

核　准：　　　　　复　核：　　　　记　账：　　　　出　纳：　　　　制单：刘洪凯

【业务 16】 （共 1 张原始凭证,于 6 月 8 日取得）

16-1

中国建设银行客户专用回单

转账日期：2019 年 06 月 07 日　　　　　　　　凭证字号：2019120835123623

纳税人全称及纳税人识别号：常州东升有限公司　　　91320400763987654R

付款人全称：常州东升有限公司　　　　　　咨询(投诉)电话：12366

付款人账号：2105678081　　　　　　　征收机关名称：国家税务总局常州市新北区税务局

付款人开户银行：建行常州新北区支行　　收缴国库(银行)名称：国家金库常州市新北区支库

小写(合计)金额：¥600.00　　　　　　缴款书交易流水号：2019120835125392

大写(合计)金额：人民币陆佰元整　　　税票号码：13204614070936474

税(费)种名称　　　　　所属时期

个人所得税　　　　　　20190501—20190531

实缴金额
¥600.00

上述原始凭证中：

16-1 是中国建设银行客户专用回单，此联应作为付款方支付款项的记账依据。该原始凭证注明，"付款人"是本公司，"付款人账号"是 2105678081，表明本公司已通过账号为 2105678081 的基本户支付了款项，进行会计核算时，应记入"银行存款——建行（2105678081）"科目的贷方；"征收机关名称"是国家税务总局常州市新北区税务局，"税（费）种名称"是个人所得税，"所属时期"为 20190501—20190531，而"应交税费——应交个人所得税"科目 2019 年 5 月 31 日贷方余额为 600.00 元，这表明本公司向国家税务总局常州市新北区税务局上交了上月未交的个人所得税，进行会计核算时，应记入"应交税费——应交个人所得税"科目的借方。

因此，该笔业务应填制如下记账凭证：

记 账 凭 证

日期：*2019* 年 *6* 月 *8* 日　　　　　　　　　　　　第 *16* 号

摘　　要	总账科目	明细科目	借方金额 千百十万千百十元角分	贷方金额 千百十万千百十元角分	记账✓
上交上月企业所得税	应交税费	应交个人所得税	6 0 0 0 0		
	银行存款	建行(2105678081)		6 0 0 0 0	
附件 1 张	合　　计		¥ 6 0 0 0 0	¥ 6 0 0 0 0	

核　准：　　　　复　核：　　　　记　账：　　　　出　纳：　　　　制单：*刘洪凯*

【业务 17】（共 1 张原始凭证，于 6 月 7 日取得）

17-1

中国建设银行客户专用回单

转账日期：2019 年 06 月 07 日　　　　　　　　凭证字号：2019120835123637

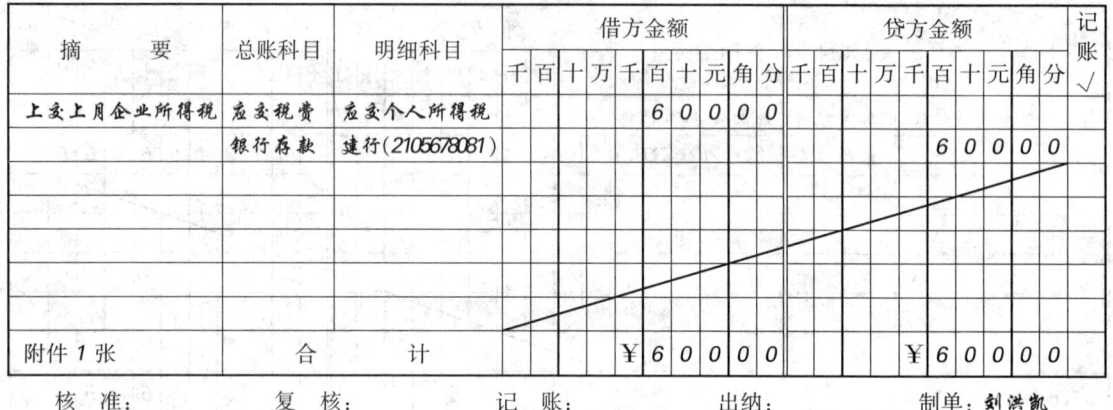

纳税人全称及纳税人识别号：*常州东升有限公司*　　913204007639876544R
付款人全称：*常州东升有限公司*　　咨询(投诉)电话：*12366*
付款人账号：*2105678081*　　征收机关名称：*国家税务总局常州市新北区税务局*
付款人开户银行：*建行常州新北区支行*　　收缴国库(银行)名称：*国家金库常州市新北区支库*
小写(合计)金额：¥70 645.00　　缴款书交易流水号：*2018120835125321*
大写(合计)金额：*人民币柒万零陆佰肆拾伍元整*　　税票号码：*13204614070931252*

税(费)种名称	所属时期	电缴金额
医疗保险本金	20190601—20190630	¥18 905.00
养老保险本金	20190601—20190630	¥47 760.00
失业保险本金	20190601—20190630	¥1 990.00
生育保险本金	20190601—20190630	¥1 592.00
工伤保险本金	20190601—20190630	¥398.00

上述原始凭证中：

17-1 是中国建设银行客户专用回单,此联应作为付款方支付款项的记账依据。该原始凭证注明,"付款人"是本公司,"付款人账号"是 2105678081,表明本公司已通过账号为 2105678081 的基本户支付了款项,进行会计核算时,应记入"银行存款——建行(2105678081)"科目的贷方;"征收机关名称"是国家税务总局常州市新北区税务局,"税(费)种名称"是医疗保险本金、养老保险本金、失业保险本金、生育保险本金、工伤保险本金,"所属时期"均为 20190601—20190630,"实缴金额"分别为 18 905.00 元、47 660.00 元、1 990.00 元、1 592.00 元和 398.00 元;而[业务 9]已确认"其他应付款——社会保险费"科目的金额为 3 980.00 元,"其他应付款——设定提存计划"科目的金额为 16 915.00 元,两者合计 20 895.00 元为个人应承担的社会保险费;"应付职工薪酬——社会保险费"科目 2019 年 5 月 31 日贷方余额为 16 915.00 元,"应付职工薪酬——设定提存计划"科目 2019 年 5 月 31 日贷方余额为 32 835.00 元,两者为企业应承担的社会保险费,合计为 49 750.00 元,这表明本公司向国家税务总局常州市新北区税务局支付了上月未交的个人和企业应承担的社会保险费,进行会计核算时,个人应承担的养老保险、医疗保险和失业保险应分别记入"其他应付款——设定提存计划(养老保险)"科目的借方、"其他应付款——社会保险费(医疗保险)"科目的借方及"其他应付款——设定提存计划(失业保险)"科目的借方,企业应承担的养老保险、医疗保险、失业保险、生育保险和工伤保险应分别记入"应付职工薪酬——设定提存计划(养老保险)"科目的借方、"应付职工薪酬——社会保险费(医疗保险)"科目的借方、"应付职工薪酬——设定提存计划(失业保险)"科目的借方、"应付职工薪酬——社会保险费(生育保险)"科目的借方和"应付职工薪酬——社会保险费(工伤保险)"科目的借方。

因此,该笔业务应填制如下记账凭证:

记 账 凭 证

日期：2019 年 6 月 9 日　　　　　　　　　　第 17 $\frac{1}{2}$ 号

摘要	总账科目	明细科目	借方金额											贷方金额										记账√
			千	百	十	万	千	百	十	元	角	分	千	百	十	万	千	百	十	元	角	分	
支付上月社会	其他应付款	设定提存计划(养老保险)				1	5	9	2	0	0	0											
保险费		社会保险费(医疗保险)					3	9	8	0	0	0											
		设定提存计划(失业保险)						9	9	5	0	0											
	应付职工薪酬	设定提存计划(养老保险)				3	1	8	4	0	0	0											
		社会保险费(医疗保险)				1	4	9	2	5	0	0											
		设定提存计划(失业保险)						9	9	5	0	0											
附件同 17 $\frac{2}{2}$ 张	合　　　计																						

核　准：　　　　复　核：　　　　记　账：　　　　出　纳：　　　　制单：刘洪凯

记 账 凭 证

日期：2019 年 6 月 9 日　　　　　　　　　　　第 17 $\frac{2}{2}$ 号

摘　　　要	总账科目	明细科目	借方金额										贷方金额										记账√
			千	百	十	万	千	百	十	元	角	分	千	百	十	万	千	百	十	元	角	分	
	应付职工薪酬	社会保险费(生育保险)					1	5	9	2	0	0											
		社会保险费(工伤保险)						3	9	8	0	0											
	银行存款	建行(2015678081)															7	0	6	4	5	0	0	
附件同 17 $\frac{2}{2}$ 张	合　　　计				¥	7	0	6	4	5	0	0				¥	7	0	6	4	5	0	0	

核　准：　　　　复　核：　　　　记　账：　　　　出　纳：　　　　制单：刘洪凯

【业务 18】（共 1 张原始凭证,于 6 月 8 日取得）

18-1

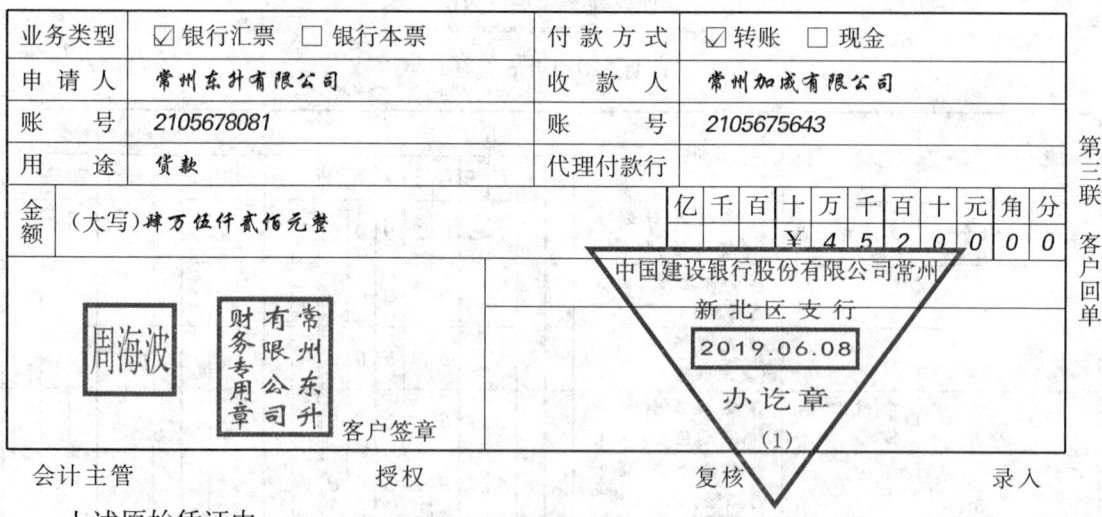

上述原始凭证中：

18-1 是中国建设银行银行汇(本)票申请书的第三联客户回单联,此联应作为申请人的记账依据。该原始凭证注明,"业务类型"是银行汇票,"申请人"是本公司,"收款人"是常州加成有限公司,这表明本公司向银行申请取得了一张金额为 45 200.00 元、收款人为常州加成有限公司的银行汇票,进行会计核算时,应记入"其他货币资金——银行汇票"科目的借方;同时,"账号"为 2105678081,"付款方式"为转账,这表明本公司已通过账号为 2105678081 的基本户支付了款项,进行会计核算时,应记入"银行存款——建行 (2105678081)"科目的贷方。

因此,该笔业务应填制如下记账凭证:

记 账 凭 证

日期:2019 年 6 月 8 日 　　　　　　　　　　　第 18 号

摘　　要	总账科目	明细科目	借方金额										贷方金额										记账√
			千	百	十	万	千	百	十	元	角	分	千	百	十	万	千	百	十	元	角	分	
申请银行汇票	其他货币资金	银行汇票				4	5	2	0	0	0	0											
	银行存款	建行 (2105678081)														4	5	2	0	0	0	0	
附件 1 张	合　　计				¥	4	5	2	0	0	0	0			¥	4	5	2	0	0	0	0	

核　准: 　　　复核: 　　　记　账: 　　　出纳: 　　　制单:刘洪凯

【业务 19】 (共 4 张原始凭证,于 6 月 8 日取得)

19-1

 3200098289

3200098289
51234355

江苏增值税专用发票 　NO.51234355

抵 扣 联

开票日期:2019 年 06 月 08 日

购买方	名　　称:常州东升有限公司 纳税人识别号:91320400763987654R 地址、电话:河海西路 90 号　85333930 开户行及账号:建行常州新北区支行　2105678081	密码区	750066<98/198533204+<63<+ 64<->876＊98</8765/>+216 >2>612--+47561<>+782-/ 5432<4＊-62>>>01	加密版本:01 3200098289 51234355
货物及应税劳务、服务名称	规格型号	单位	数量	单价	金　额	税率	税　额

货物及应税劳务、服务名称	规格型号	单位	数量	单价	金　额	税率	税　额
＊金属制品＊乙		千克	5 000	8.00	40 000.00	13%	5 200.00
合　　计					¥40 000.00		¥5 200.00
价税合计(大写)			肆万伍仟贰佰元整			(小写) ¥45 200.00	

销售方	名　　称:常州加成有限公司 纳税人识别号:91320400763901234BK 地址、电话:红梅东路 92 号　85334455 开户行及账号:建行常州戚区支行　2105675643	备注	常州加成有限公司 91320400763901234BK 发票专用章 (1)

收款人: 　　　复核: 　　　开票人:周华 　　　销售方:(章)

第二联 抵扣联 购买方扣税凭证

19-2

江苏增值税专用发票　NO.51234355　3200098289
51234355

3200098289

发票联

开票日期:2019 年 06 月 08 日

| 购买方 | 名　　称：常州东升有限公司
纳税人识别号：91320400763987654R
地　址、电话：河海西路 90 号　85333930
开户行及账号：建行常州新北区支行　2105678081 | 密码区 | 750066＜98/198533204＋＜63＜＋
64＜ー＞876＊98＜/8765/＞＋216
2＞612－＋47561＜＞＋782－/
5432＜4＊ー62＞＞＞01 | 加密版本:01
3200098289
51234355 |

货物及应税劳务、服务名称	规格型号	单位	数量	单价	金　额	税率	税　额
＊金属制品＊乙		千克	5 000	8.00	40 000.00	13%	5 200.00
合　计					￥40 000.00		￥5 200.00

| 价税合计(大写) | 肆万伍仟贰佰元整 | (小写) ￥45 200.00 |

| 销售方 | 名　　称：常州加成有限公司
纳税人识别号：9132040076391234BK
地　址、电话：红梅东路 92 号　85334455
开户行及账号：建行常州戚区支行　2105675643 | 备注 | 常州加成有限公司
9132040076391234BK
发票专用章 |

收款人：　　　　复核：　　　　开票人：周 华　　　　销售方：(章)

第三联　发票联　购货方记账凭证

19-3

收　料　单

供应单位：常州加成有限公司　　　　2019 年 6 月 8 日　　　　编号：230004

材料编号	名　称	单位	规格	数　量		实　际　成　本			
				应收	实收	单价	发票价格	运杂费	合　计
02001	乙	千克		5 000	5 000				

备　注：

收料人：张晶宇　　　　　　　　　　交料人：郁海林

第二联　记账联

19-4(此单为复印件)

| 付款期限 壹个月 | | 华东三省一市 银行汇票(卡片) | 2 | 01097666 33298762 |

出票日期(大写) 贰零壹玖年陆月零捌日

收款人 常州加成有限公司

出票金额 人民币(大写) 肆万伍仟贰佰元整 ￥45 200.00

实际结算金额 人民币(大写)		千	百	十	万	千	百	十	元	角	分

申请人 常州东升有限公司 账号 2105678081

出票行 建设常州新北区支行 行号 302

105433222201
汇票专用章
经办 李平忆

复核

复核 记账

此联代理付款行付款后作借方凭证附件

上述原始凭证中:

19-1 是江苏增值税专用发票的第二联抵扣联,此联应作为购买方抵扣进项税额的依据。该抵扣联不能作为记账凭证的附件,应单独装订保管,以备税务机关查验。

19-2 是江苏增值税专用发票的第三联发票联,此联应作为购货方的记账依据。该原始凭证注明,"购货单位"是本公司,"销货单位"是常州加成有限公司,"货物及应税劳务、服务名称"栏是乙,这表明本公司从常州加成有限公司购买了原材料乙。

19-3 是收料单的第二联记账联,此联应作为收到材料的记账依据。该原始凭证注明,"供应单位"是常州加成有限公司,"材料名称"是材料乙,"数量"是 5 000 千克,这表明本公司向常州加成有限公司购买的 5 000 千克原材料乙已经全部验收入库。

根据 19-2 和 19-3,进行会计核算时,"金额"应记入"原材料——乙"科目的借方,"税额"应记入"应交税费——应交增值税(进项税额)"科目的借方。

19-4 是华东三省一市银行汇票第二联的复印件,此复印件应作为付款方支付款项的记账依据。该原始凭证注明,"出票日期"是贰零壹玖年陆月零捌日,"申请人"是本公司,"收款人"是常州加成有限公司,这表明本公司在 2019 年 6 月 8 日取得的银行汇票的原件已交付给常州加成有限公司。进行会计核算时,应记入"其他货币资金——银行汇票"科目的贷方。

因此,该笔业务应填制如下记账凭证:

记 账 凭 证

日期：*2019* 年 *6* 月 *8* 日   第 *19* 号

摘 要	总账科目	明细科目	借方金额 千 百 十 万 千 百 十 元 角 分	贷方金额 千 百 十 万 千 百 十 元 角 分	记账 √
用银行汇票结	原材料	乙	4 0 0 0 0 0		
算方式购材料	应交税费	应交增值税(进项税额)	5 2 0 0 0 0		
乙,材料入库	其他货币资金	银行汇票		4 5 2 0 0 0 0	
附件 3 张	合 计		¥ 4 5 2 0 0 0 0	¥ 4 5 2 0 0 0 0	

核准：　　　　复核：　　　　记账：　　　　出纳：　　　　制单：*刘洪凯*

【业务 20】（共 3 张原始凭证，于 6 月 9 日取得）

20-1

3200042220

江苏增值税专用发票

NO. 21237657

3200042220
21237657

抵 扣 联

开票日期：*2019* 年 *06* 月 *09* 日

购买方	名　称：常州东升有限公司 纳税人识别号：91320400763987654R 地址、电话：河海西路 90 号　85333930 开户行及账号：建行常州新北区支行　2105678081	密码区	750066<98/198533204+<63<+64<->876*98</8765/>+216>2>612-+47561<>+782-/5432<4*-62>>>01	加密版本:01 3200042220 21237657

货物及应税劳务、服务名称	规格型号	单位	数量	单价	金 额	税率	税 额
*金属制品*甲		千克	1 500	10.00	15 000.00	13%	1 950.00
*金属制品*乙		千克	500	8.00	4 000.00	13%	520.00
合　计					¥19 000.00		¥2 470.00

价税合计(大写)	贰万壹仟肆佰柒拾元整	(小写)¥21 470.00

销售方	名　称：南京长江有限公司 纳税人识别号：91320100639876548D 地址、电话：中山西路 87 号　85339988 开户行及账号：建行南京中山区支行　7105678654	备注	南京长江有限公司 91320100639876548D 发票专用章 (1)

收款人：　　　　复核：　　　　开票人：*王琴*　　　销售方:(章)

第二联　抵扣联　购买方扣税凭证

20-2

3200042220

江苏增值税专用发票　　NO.21237657

3200042220
21237657

发票联

开票日期：2019 年 06 月 09 日

购买方	名　　称：常州东升有限公司 纳税人识别号：91320400763987654R 地址、电话：河海西路 90 号　85333930 开户行及账号：建行常州新北区支行　2105678081	密码区	750066＜98/198533204＋＜63＜＋ 64＜－＞876＊98＜/8765/＞＋216 2＞612－＋47561＜＞＋782－/ 5432＜4＊－62＞＞＞01	加密版本：01 3200042220 21237657

货物及应税劳务、服务名称	规格型号	单位	数量	单价	金　额	税率	税　额
＊金属制品＊甲		千克	1 500	10.00	15 000.00	13%	1 950.00
＊金属制品＊乙		千克	500	8.00	4 000.00	13%	520.00
合　计					¥19 000.00		¥2 470.00

价税合计（大写）	贰万壹仟肆佰柒拾元整		（小写）¥21 470.00

销售方	名　　称：南京长江有限公司 纳税人识别号：91320100639876548D 地址、电话：中山西路 87 号　85339988 开户行及账号：建行南京中山区支行　7105678654	备注	南京长江有限公司 91320100639876548D 发票专用章 （1）

收款人：　　　　复核：　　　　开票人：王 蓉　　销售方（章）

第三联　发票联　购货方记账凭证

20-3

中国建设银行　　　　电汇凭证

币别：人民币　　　　2019 年 6 月 9 日　　　　流水号：08656451

汇款方式	☑ 普通　□ 加急			

汇款人	全　称	常州东升有限公司	收款人	全　称	南京长江有限公司
	账　号	2105678081		账　号	7105678654
	汇出地点	江苏省　常州市/县		汇入地点	江苏省　南京市/县
	汇出行名称	建行常州新北区支行		汇入行名称	建行南京中山区支行

金额	（大写）贰万壹仟肆佰柒拾元整	亿	千	百	十	万	千	百	十	元	角	分
				¥	2	1	4	7	0	0	0	0

中国建设银行股份有限公司常州
新北区支行
2019.06.09
办讫章
（1）

支付密码

附加信息及用途：财务专用章 有限公司 常州东升　周海波　　客户签章

会计主管　　　授权　　　复核　　　录入 周 洁

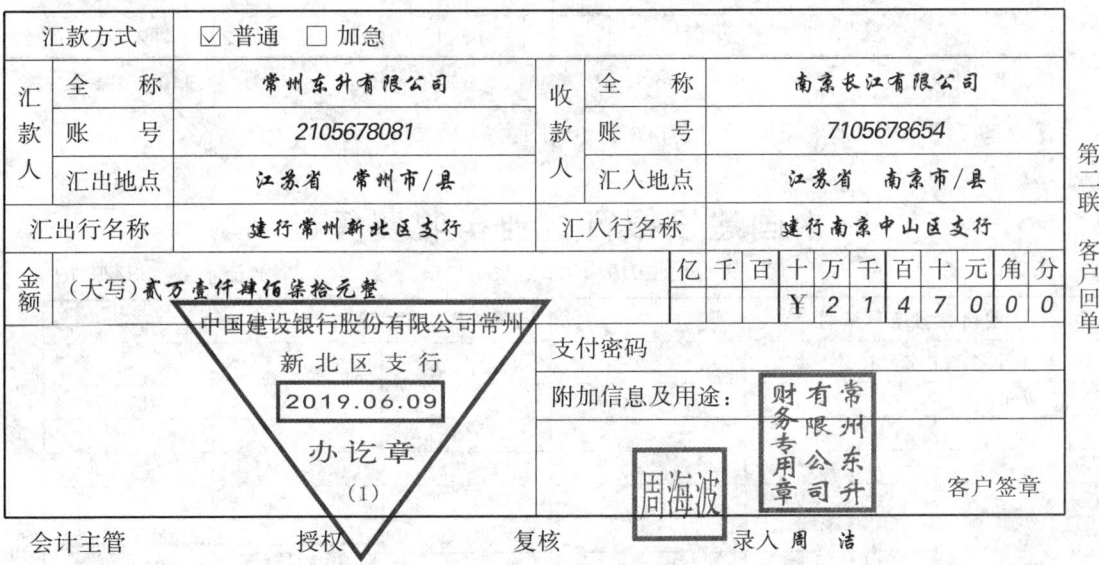

第二联　客户回单

上述原始凭证中：

20-1 是江苏增值税专用发票的第二联抵扣联，此联应作为购买方抵扣进项税额的依据。该抵扣联不能作为记账凭证的附件，应单独装订保管，以备税务机关查验。

20-2 是江苏增值税专用发票的第三联发票联，此联应作为购货方的记账依据。该原始凭证注明，"购货单位"是本公司，"销货单位"是南京长江有限公司，"货物及应税劳务、服务名称"栏是甲和乙，这表明本公司从南京长江有限公司购买了原材料甲和乙。同时，本业务的原始凭证中还没有收料单,这表明该原材料尚未验收入库。因此,进行会计核算时,"金额"应记入"在途物资——甲"科目的借方,"在途物资——乙"科目的借方,"税额"应记入"应交税费——应交增值税(进项税额)"科目的借方。

20-3 是中国建设银行电汇凭证的第二联客户回单联,此联应作为付款方支付款项的记账依据。该原始凭证注明,"汇款人"是本公司,账号为 2105678081,"收款人"是南京长江有限公司,这表明本公司通过账号为 2105678081 的基本户向南京长江有限公司支付了款项。进行会计核算时,应记入"银行存款——建行(2105678081)"科目的贷方。因此,该笔业务应填制如下记账凭证:

记 账 凭 证

日期: *2019* 年 *6* 月 *9* 日　　　　　　　　　　　　　　　　第 *20* 号

摘　　要	总账科目	明细科目	借方金额										贷方金额										记账√
			千	百	十	万	千	百	十	元	角	分	千	百	十	万	千	百	十	元	角	分	
购买甲、乙材料,款付,材料未入库	在途物资	甲				1	5	0	0	0	0	0											
		乙					4	0	0	0	0	0											
	应交税费	应交增值税(进项税额)					2	4	7	0	0	0											
	银行存款	建行(2105678081)													2	1	4	7	0	0	0		
附件 2 张	合　　　计		¥	2	1	4	7	0	0	0			¥	2	1	4	7	0	0	0			

核　准:　　　　　复　核:　　　　　记　账:　　　　　出　纳:　　　　　制单:刘洪凯

【业务 21】 (共 3 张原始凭证,于 6 月 9 日取得)

21-1

中国建设银行　业务收费凭证

币别:人民币　　　　　　　　*2019* 年 *06* 月 *09* 日　　　　　　　流水号:98779213

付款人:常州东升有限公司			账号:2105678081		
项目名称	工本费	手续费	电子汇划费	邮电费	金　　额
电汇		10.00		0.50	10.50
金额(大写)壹拾元伍角整					
付款方式	银行转账				

中国建设银行股份有限公司常州
新北区支行
2019.06.09
办讫章
(1)

会计主管　　　　　授权　　　　　复核　　　　　录入 周　洁

第二联　客户回单

21-2

3200743339

江苏增值税专用发票　　NO. 86604312　　3200743339 86604312

抵　扣　联

开票日期:2019 年 06 月 09 日

购买方	名　　称:常州东升有限公司 纳税人识别号:91320400763987654R 地 址、电 话:河海西路 90 号　85222930 开户行及账号:建行常州新北区支行　2105678081				密码区	241712<98/198533204+<63<+ 64<->872*98</8765/>+210 >2>713-+47561<>+782-/ 5432<4*-62>>>08	加密版本:01 3200743339 86604312	
货物或应税劳务、服务名称	规格型号	单位	数量	单价	金额	税率	税额	
*金融服务*直接收费金融服务		笔	1	9.91	9.91	6%	0.59	
合　　计					¥9.91		¥0.59	
价税合计(大写)	壹拾元伍角整					(小写)¥10.50		
销售方	名　　称:中国建设银行股份有限公司常州市分行 纳税人识别号:913211028554830878 地 址、电 话:河海东路 88 号　32876666 开户行及账号:中国建设银行股份有限公司常州市营业部　321102785838021				备注	中国建设银行股份有限公司常州市分行 913211028554830878 发票专用章 (1)		

收款人:　　　　复核:　　　　开票人:蒋　浩　　　　销售方:(章)

第二联　抵扣联　购买方扣税凭证

21-3

3200743339

江苏增值税专用发票　　NO. 86604312　　3200743339 86604312

发　票　联

开票日期:2019 年 06 月 09 日

购买方	名　　称:常州东升有限公司 纳税人识别号:91320400763987654R 地 址、电 话:河海西路 90 号　85333930 开户行及账号:建行常州新北区支行　2105678081				密码区	241712<98/198533204+<63<+ 64<->872*98</8765/>+210 >2>713-+47561<>+782-/ 5432<4*-62>>>08	加密版本:01 3200743339 86604312	
货物或应税劳务、服务名称	规格型号	单位	数量	单价	金额	税率	税额	
*金融服务*直接收费金融服务		笔	1	9.91	9.91	6%	0.59	
合　　计					¥9.91		¥0.59	
价税合计(大写)	壹拾元伍角整					(小写)¥10.50		
销售方	名　　称:中国建设银行股份有限公司常州市分行 纳税人识别号:913211028554830878 地 址、电 话:河海东路 88 号　32876666 开户行及账号:中国建设银行股份有限公司常州市营业部　321102785838021				备注	中国建设银行股份有限公司常州市分行 913211028554830878 发票专用章 (1)		

收款人:　　　　复核:　　　　开票人:蒋　浩　　　　销售方:(章)

第三联　发票联　购买方记账凭证

上述原始凭证中:

21-1 是中国建设银行业务收费凭证的第二联客户回单联,此联应作为付款方支付款项的记账依据。该原始凭证注明,“付款人”是本公司,“账号”为 2105678081,“付款方式”是银行转账,同时,该原始凭证注明的其他内容表明,本公司发生了电汇手续费和邮电费,这表明本公司已通过账号为2105678081的基本户支付了电汇手续费和邮电费,进行会计核算时,应记入"银行存款——建行(2105678081)"科目的贷方。

21-2是江苏增值税专用发票的第二联抵扣联,此联应作为购买方抵扣进项税额的依据。该抵扣联不能作为记账凭证的附件,应单独装订保管,以备税务机关查验。

21-3是江苏增值税专用发票的第三联发票联,此联应作为付款人的记账依据。该原始凭证注明,"购买方"是本公司,"货物或应税劳务的名称"是手续费,结合21-1,表明本公司转账支付了电汇手续费,进行会计核算时,"金额"记入"财务费用——工本及手续费"科目的借方,"税额"记入"应交税费——应交增值税(进项税额)"科目的借方。

因此,该笔业务应填制如下记账凭证:

记 账 凭 证

日期:2019 年 6 月 9 日　　　　　　　　　　　第 21 号

摘　要	总账科目	明细科目	借方金额	贷方金额	记账√
支付电汇手续费	财务费用	工本及手续费	9 9 1		
	应交税费	应交增值税(进项税额)	5 9		
	银行存款	建行(2105678081)		1 0 5 0	
附件1张	合　计		¥1 0 5 0	¥1 0 5 0	

核准:　　　　复核:　　　　记账:　　　　出纳:　　　　制单: 刘洪凯

【业务 22】 (共 2 张原始凭证,于 6 月 9 日取得)

22-1

中国建设银行
转账支票存根
72096551
12972224

附加信息 _____

出票日期 2019 年 6 月 9 日

收款人:	住房公积金管理中心
金　额:	¥39 800.00
用　途:	上交住房公积金
备　注:	(2105678081)

单位主管　　　　　会计

22-2

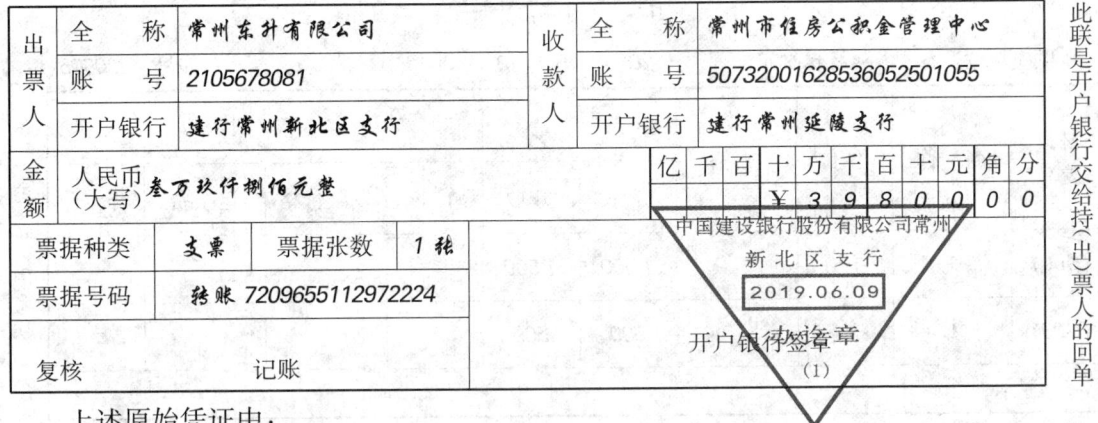

中国建设银行　进账单(回单) 1

2019 年 6 月 9 日

出票人	全　称	常州东升有限公司	收款人	全　称	常州市住房公积金管理中心
	账　号	2105678081		账　号	50732001628536052501055
	开户银行	建行常州新北区支行		开户银行	建行常州延陵支行

金额　人民币
（大写）叁万玖仟捌佰元整

	亿	千	百	十	万	千	百	十	元	角	分
				￥	3	9	8	0	0	0	0

票据种类	支票	票据张数	1 张
票据号码	转账 7209655112972224		

复核　　　　　记账

中国建设银行股份有限公司常州
新北区支行
2019.06.09
开户银行签章
(1)

此联是开户银行交给持（出）票人的回单

上述原始凭证中：

22-1 是中国建设银行转账支票存根，应作为付款方支付款项的记账依据。该原始凭证注明，"收款人"是住房公积金管理中心，"用途"是上交住房公积金，账号为 2105678081，这表明本公司已将款项从基本户划出。

22-2 是中国建设银行进账单的第一联回单联，此联也应作为付款方支付款项的记账依据。该原始凭证注明，"出票人"是本公司，账号为 2105678081，这表明本公司已将款项从账号为 2105678081 的基本户上划出，根据 19-1 和 19-2，进行会计核算时，应记入"银行存款——建行(2105678081)"科目的贷方；同时，"收款人"是常州市住房公积金管理中心，结合[业务 9]可知，"其他应付款——住房公积金"科目的贷方发生额为 19 900.00 元，为个人应承担的住房公积金，"应付职工薪酬——住房公积金"科目 2019 年 5 月 31 日的贷方余额 19 900.00 元，为企业应承担的住房公积金，合计金额为 39 800.00 元，这表明本公司向住房公积金管理中心支付了上月未交的个人和企业应承担的住房公积金，进行会计核算时，应记入"其他应付款——住房公积金"科目的借方和"应付职工薪酬——住房公积金"科目的借方。

因此，该笔业务应填制如下记账凭证：

记 账 凭 证

日期：2019 年 6 月 9 日　　　　　　　　　　　　第 22 号

摘　要	总账科目	明细科目	借方金额										贷方金额										记账✓
			千	百	十	万	千	百	十	元	角	分	千	百	十	万	千	百	十	元	角	分	
支付住房公积金	其他应付款	住房公积金				1	9	9	0	0	0	0											
	应付职工薪酬	住房公积金				1	9	9	0	0	0	0											
	银行存款	建行(2105678081)														3	9	8	0	0	0	0	
附件 2 张	合　　计				￥	3	9	8	0	0	0	0			￥	3	9	8	0	0	0	0	

核　准：　　　　复　核：　　　　　记　账：　　　　出　纳：　　　　制单：刘洪凯

【业务 23】（共 5 张原始凭证，于 6 月 10 日取得）

23-1

收 料 单

供应单位：南京长江有限公司　　　　2019 年 6 月 10 日　　　　　　　编号：230005

材料编号	名　称	单位	规格	数　量		实　际　成　本			
				应收	实收	单价	发票价格	运杂费	合　计
01001	甲	千克		1 500	1 500				
02001	乙	千克		500	500				
备　注：									

收料人：张晶宇　　　　　　　　　　交料人：王力

第二联　记账联

23-2

3200007281　　**江苏增值税专用发票**　　NO.32204601

3200007281
32204601

抵扣联

开票日期：2019 年 06 月 10 日

购买方	名　称　　常州东升有限公司 纳税人识别号：91320400763987654R 地址、电话：河海西路 90 号　85333930 开户行及账号：建行常州新北区支行　2105678081	密码区	750066＜98/198533204＋＜63＜＋ 64＜－＞876＊98＜/8765/＞＋216 ＞2＞612－＋47561＜＞＋782－/ 5432＜4＊－62＞＞＞01	加密版本：01 3200007281 32204601

货物或应税劳务、服务名称	规格型号	单位	数量	单价	金　额	税率	税　额
＊运输服务＊运输费		次	1	289.19	289.19	9%	26.03
合　计					￥289.19		￥26.03

价税合计（大写）　　叁佰壹拾伍元贰角贰分　　　　　　　　　（小写）￥315.22

销售方	名　称　　南京中山物流有限公司 纳税人识别号：91320100730985454V 地址、电话：山中路 31 号　88003325 开户行及账号：建行南京分行　78105600432	备注	车种车号：卡车苏 D75082　起运地：南京中山西路 87 号　到达地：常州新北区河海路 货物名称：甲乙

收款人：　　　　　复核：　　　　　　　开票人：王红

第二联　抵扣联　购买方扣税凭证

23-3

江苏增值税专用发票

NO.32204601

3200007281

3200007281

32204601

发票联

开票日期：2019 年 06 月 10 日

购买方	名　　称：常州东升有限公司 纳税人识别号：91320400763987654R 地　址、电话：河海西路 90 号　85333930 开户行及账号：建行常州新北区支行　2105678081	密码区	750066＜98/198533204＋＜63＜＋ 64＜－＞876＊98＜/8765/＞＋216 2＞612－＋47561＜＞＋782－/ 5432＜4＊－62＞＞＞01	加密版本:01 3200007281 32204601

货物或应税劳务、服务名称	规格型号	单位	数量	单价	金　额	税率	税　额
＊运输服务＊运输费		次	1	289.19	289.19	9%	26.03
合　　计					￥289.19		￥26.03

价税合计（大写）	叁佰壹拾伍元贰角贰分	（小写）￥315.22

销售方	名　　称：南京中山物流有限公司 纳税人识别号：91320100730985454V 地　址、电话：山中路 31 号　88003325 开户行及账号：建行南京分行　78105600432	备注	车种车号：卡车苏 D75082　起运地：南 京中山西路 87 号　到达地：常州新北 区河海路 货物名称：甲乙

收款人：　　　　复核：　　　　　　开票人：王　红　　销售方（章）

第三联　发票联　购买方记账凭证

23-4

采购费用分配表

2019 年 6 月 10 日

项目 材料名称	分配标准（重量）	分配率	分配金额
甲	1 500	0.14	210.00
乙	500	0.14	79.19
合计	2 000	0.14	289.19

编制：赵小蕾　　　　　　　　　　　　　　　　　　审核：丁小林

23-5

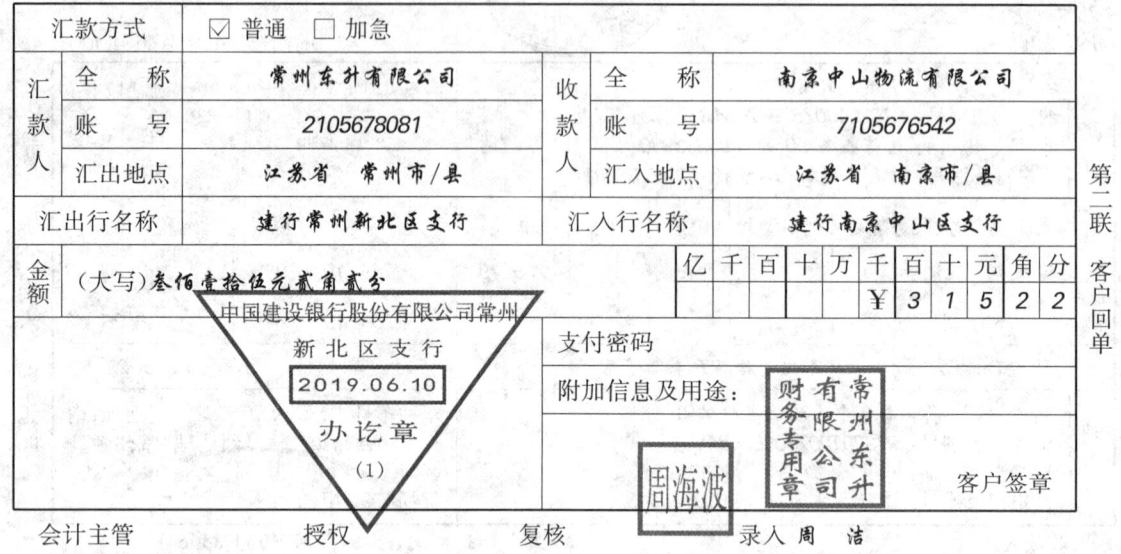

中国建设银行　　　　电汇凭证

币别:人民币　　　　　　2019 年 6 月 10 日　　　　　　流水号:08656871

汇款方式	☑ 普通　□ 加急											

汇款人
全　称　常州东升有限公司
账　号　2105678081
汇出地点　江苏省　常州市/县
汇出行名称　建行常州新北区支行

收款人
全　称　南京中山物流有限公司
账　号　7105676542
汇入地点　江苏省　南京市/县
汇入行名称　建行南京中山区支行

金额　(大写)叁佰壹拾伍元贰角贰分

亿	千	百	十	万	千	百	十	元	角	分
					￥	3	1	5	2	2

中国建设银行股份有限公司常州新北区支行 2019.06.10 办讫章 (1)

支付密码

附加信息及用途:

客户签章

会计主管　　　授权　　　复核　　　录入 周 洁

第二联 客户回单

上述原始凭证中:

23-1 是收料单的第二联记账联,此联应作为收到材料的记账依据。该原始凭证注明,"供应单位"是南京长江有限公司,"材料名称"是材料甲和材料乙,"数量"分别是 1 500 千克和 500 千克,这表明[业务 20]中本公司向南京长江有限公司购买的 1 500 千克原材料甲和 500 千克原材料乙已经全部验收入库,进行会计核算时,应记入"原材料——甲"和"原材料——乙"科目的借方;同时,应将[业务 20]中的"在途物资——甲"和"在途物资——乙"科目的借方发生额转出,记入"在途物资——甲"和"在途物资——乙"科目的贷方。

23-2 是江苏增值税专用发票的第二联抵扣联,此联应作为购买方抵扣进项税额的依据。该抵扣联不能作为记账凭证的附件,应单独装订保管,以备税务机关查验。

23-3 是江苏增值税专用发票的第三联发票联,此联应作为购买方的记账依据。该原始凭证注明,"购买方"是本公司,"销售方"是南京中山物流有限公司,"货物或应税劳务、服务名称"栏是运输费,"备注"栏是运输货物:甲、乙,表明本公司发生了采购原材料甲和乙的运费。进行会计核算时,"金额"应记入"原材料——甲"和"原材料——乙"科目的借方,"税额"应记入"应交税费——应交增值税(进项税额)"科目的借方。

23-4 是采购费用分配表,此表应作为计算分配采购费用的记账依据。该原始凭证注明的内容表明,甲材料应担的采购费用是 210.00 元,乙材料应承担的采购费用是 79.19 元,应分别记入"原材料——甲"和"原材料——乙"科目的借方。

23-5 是中国建设银行电汇凭证的第二联客户回单联,此联应作为付款方支付款项的记账依据。该原始凭证注明,"汇款人"是本公司,账号为 2105678081,"收款人"是南京中山物流有限公司,这表明本公司从账号为 2105678081 的基本户向南京中山物流有限公司支付了款项。进行会计核算时,应记入"银行存款——建行(2105678081)"科目的贷方。

因此,该笔业务应填制如下记账凭证:

记 账 凭 证

日期：2019 年 6 月 10 日　　　　　　　　　　　第 23 号

摘　要	总账科目	明细科目	借方金额										贷方金额										记账√
			千	百	十	万	千	百	十	元	角	分	千	百	十	万	千	百	十	元	角	分	
购入的甲、乙材	原材料	甲			1	5	2	1	0	0	0	0											
料验收入库并	原材料	乙				4	0	7	9	1	9											
支付运费	应交税费	应交增值税(进项税额)						2	6	0	3											
	银行存款	建行(2105678081)															3	1	5	2	2	
	在途物资	甲													1	5	0	0	0	0	0	
	在途物资	乙														4	0	0	0	0	0	
附件4张　　合　计			¥	1	9	3	1	5	2	2			¥	1	9	3	1	5	2	2		

核　准：　　　　复　核：　　　　记　账：　　　　出　纳：　　　　制单：刘洪凯

【业务 24】（共 2 张原始凭证，于 6 月 14 日取得）

24-1

3200098433

江苏增值税专用发票　　　NO.05231877

3200098433
05231877

此联不作报销、扣税凭证使用

开票日期：2019 年 06 月 14 日

购买方	名　称：上海申达有限公司 纳税人识别号：91310100013198876F 地址、电话：黄河路 78 号　87775755 开户行及账号：工行上海新区支行　0298877670555	密码区	341766<98/198533204＋<63<＋ 54<ー>876＊98</8765/>＋416 >2>7/3＋－47561<>＋782ー/ 5411<4＊ー62>>>ー6	加密版本:01 3200098433 05231877

货物或应税劳务、服务名称	规格型号	单位	数量	单价	金　额	税率	税　额
＊商用设备＊A 合　　计		件	800	300.00	240 000.00 ¥240 000.00	13%	31 200.00 ¥31 200.00

价税合计(大写)	贰拾柒万壹仟贰佰元整	(小写) ¥271 200.00

销售方	名　称：常州东升有限公司 纳税人识别号：91320400763987654R 地址、电话：河海西路 90 号　85333930 开户行及账号：建行常州新北区支行　2105678081	备注

收款人：　　　　复核：　　　　开票人：林 玉　　　　销售方：(章)

第一联　记账联　销货方记账凭证

24-2(此为复印件)

3200036556　　**江苏增值税专用发票**　　NO.20364615　3200036556
20364615

发 票 联

开票日期:2019 年 06 月 14 日

购买方	名　　称:上海申达有限公司 纳税人识别号:91310100013198876F 地址、电话:黄河路 78 号 87775755 开户行及账号:工行上海新区支行 0298877670555	密码区	750066＜98/198533204＋＜63＜＋ 64＜－＞876＊98＜/8765/＞＋216 ＞2＞612－＋47561＜＞＋782－/ 5432＜4＊－62＞＞＞01	加密版本:01 3200036556 20364615

货物或应税劳务、服务名称	规格型号	单位	数量	单价	金　额	税率	税　额
＊运输服务＊运输费		次	1	900.00	900.00	9%	81.00
合　　计					￥900.00		￥81.00

现金付讫

价税合计(大写)	玖佰捌拾壹元整	(小写)￥981.00

销售方	名　　称:常州海通物流有限公司 纳税人识别号:91320411740988912V 地址、电话:中山路 31 号 88003325 开户行及账号:建行常州新北支行 7810560432	备注	车种车号:通平板 D70933　起运地:常州新北区河海路　到达地: 上海市黄河路 78号988912V 货物名称:A 发票专用章

收款人:　　　复核:　　　开票人:王 红　　　销售方:(章)

3200036556
20364615

第三联 发票联 购买方记账凭证

上述原始凭证中:

24-1 是江苏增值税专用发票的第一联记账联,此联应作为销货单位的记账依据。该原始凭证注明,"销售方"是本公司,"购买方"是上海申达有限公司,"货物或应税劳务、服务名称"栏是产品 A,这表明本公司销售了产品 A 给上海申达有限公司。而销售产品 A 是本公司的主营业务,因此,进行会计核算时,"金额"应记入"主营业务收入——商品销售收入(A)"科目的贷方,"税额"应记入"应交税费——应交增值税(销项税额)"科目的贷方。

24-2 是江苏增值税专用发票第三联发票联的复印件,此复印件应作为销货方代垫运费的记账依据。该原始凭证注明,"销售方"是常州海通物流有限公司,"收货人"是上海申达有限公司,"运输货物信息"为 A,表明常州海通物流有限公司将货物 A 运给上海申达有限公司,该发票的原件已交给了上海申达有限公司。同时,该凭证上盖有"现金付讫"章,表明运费已全部由本公司用现金垫付。进行会计核算时,应记入"库存现金"科目的贷方。

由于这笔销售业务中没有相关收款的原始凭证,这表明本公司尚未收到销售款项及代垫的运费,进行会计核算时,应记入"应收账款——上海申达有限公司"科目的借方。

因此,该笔业务应填制如下记账凭证:

记 账 凭 证

日期：2019 年 6 月 14 日　　　　　　　　　　　第 24 号

摘　要	总账科目	明细科目	借方金额 千	百	十	万	千	百	十	元	角	分	贷方金额 千	百	十	万	千	百	十	元	角	分	记账√
销售产品,并代	应收账款	上海申达有限公司			2	7	2	1	8	1	0	0											
垫运费,款未收	主营业务收入	商品销售收入(A)													2	4	0	0	0	0	0	0	
	应交税费	应交增值税(销项税额)															3	1	2	0	0	0	
		库存现金																	9	8	1	0	0
附件2张	合　　　　计		¥		2	7	2	1	8	1	0	0	¥		2	7	2	1	8	1	0	0	

核 准：　　　　复 核：　　　　记 账：　　　　出 纳：　　　　制单：刘洪凯

【业务 25】 （共 1 张原始凭证,于 6 月 14 日取得）

25-1

中国建设银行
现金支票存根
78096543
76972236

附加信息 _____

_____

出票日期 2019 年 6 月 14 日

收款人：常州东升有限公司
金　额：￥3 000.00
用　途：备用金
备　注：(2105678081)

单位主管　　　　　　　会计

上述原始凭证中：

25-1 是中国建设银行现金支票存根,应作为付款方支付款项的记账依据。该原始凭证注明,账号为 2105678081,这表明本公司已将款项从账号为 2105678081 的基本户上划出,进行会计核算时,应记入"银行存款——建行(2105678081)"科目的贷方;同时,"收款人"是本公司,

"用途"是提现,这表明本公司已经提取现金,进行会计核算时,应记入"库存现金"科目的借方。

因此,该笔业务应填制如下记账凭证:

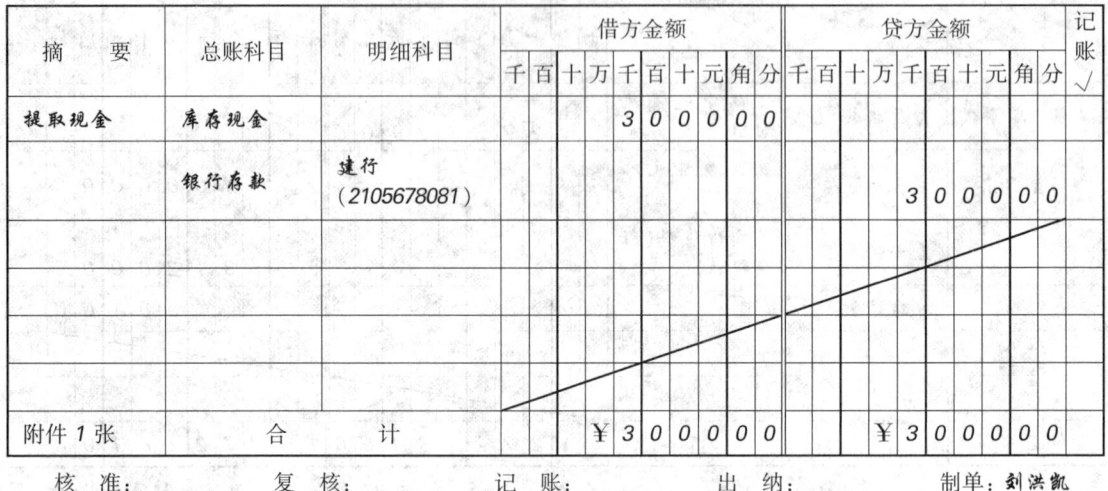

记 账 凭 证

日期:2019 年 6 月 14 日　　　　第 25 号

摘　要	总账科目	明细科目	借方金额										贷方金额										记账
			千	百	十	万	千	百	十	元	角	分	千	百	十	万	千	百	十	元	角	分	√
提取现金	库存现金						3	0	0	0	0	0											
	银行存款	建行(2105678081)															3	0	0	0	0	0	
附件 1 张	合　计					¥	3	0	0	0	0	0				¥	3	0	0	0	0	0	

核　准:　　　复　核:　　　记　账:　　　出　纳:　　　制单:刘洪凯

【业务 26】(共 1 张原始凭证,于 6 月 14 日取得)

26-1

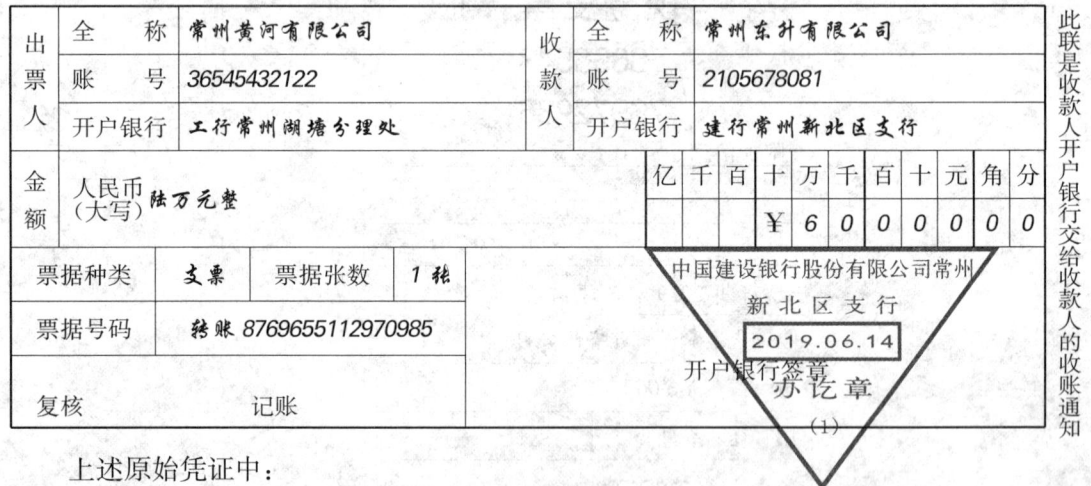

中国建设银行　进账单(收款通知)　3

2019 年 6 月 14 日

出票人	全　称	常州黄河有限公司	收款人	全　称	常州东升有限公司
	账　号	36545432122		账　号	2105678081
	开户银行	工行常州湖塘分理处		开户银行	建行常州新北区支行

金额	亿	千	百	十	万	千	百	十	元	角	分
人民币(大写)陆万元整				¥	6	0	0	0	0	0	0

票据种类	支票	票据张数	1 张
票据号码	转账 8769655112970985		
复核	记账		

中国建设银行股份有限公司常州新北区支行 2019.06.14 开户银行签章 苏讫章 (1)

此联是收款人开户银行交给收款人的收账通知

上述原始凭证中:

26-1 是进账单的第三联收账通知联,此联应作为收款人收到款项的记账依据。该原始凭证注明,"出票人"是常州黄河有限公司,"收款人"是本公司,账号为 2105678081,这表明本公司账号为 2105678081 的基本户上收到了常州黄河有限公司支付的款项,进行会计核算时,应记入"银行存款——建行(2105678081)"科目的借方;同时,"应收账款——常州黄河有限公司"科目 2019 年 5 月 31 日的借方余额为 60 000.00 元,这表明本公司收到了常州黄河有限公司偿还的前欠货款,进行会计核算时,应记入"应收账款——常州黄河有限公司"科目的贷方。

因此,该笔业务应填制如下记账凭证:

记 账 凭 证

日期:*2019* 年 *6* 月 *14* 日　　　　　　　　　　　　第 *26* 号

摘　要	总账科目	明细科目	借方金额										贷方金额										记账√
			千	百	十	万	千	百	十	元	角	分	千	百	十	万	千	百	十	元	角	分	
收回常州黄河	银行存款	建行 (2105678081)				6	0	0	0	0	0	0											
有限公司前欠	应收账款	常州黄河有限公司														6	0	0	0	0	0	0	
货款																							
附件 1 张	合　　计		¥	6	0	0	0	0	0	0			¥	6	0	0	0	0	0	0			

核　准:　　　　复　核:　　　　记　账:　　　　出　纳:　　　　制单:*刘洪凯*

【**业务 27**】（共 2 张原始凭证,于 6 月 14 日取得）

27-1

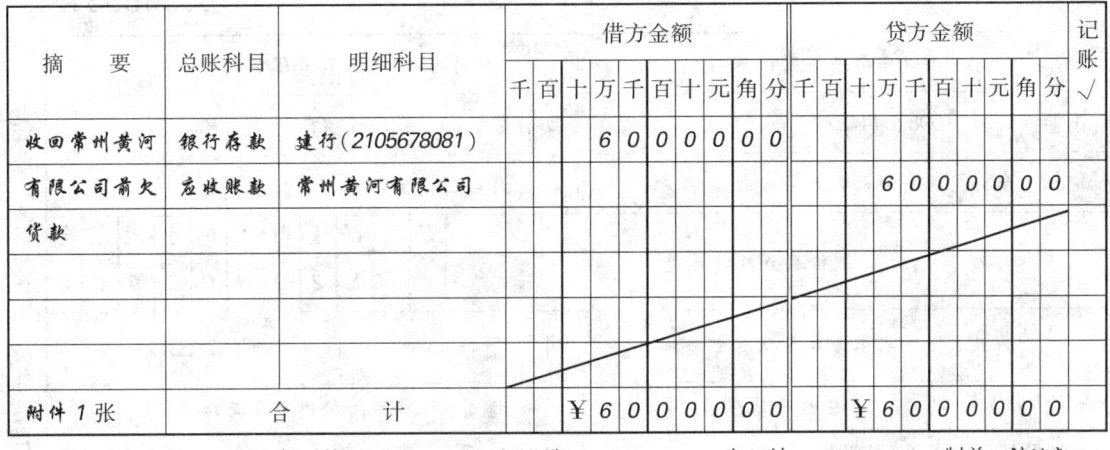

27-2(此为复印件)

银行承兑汇票　　2　　03488100

出票日期（大写）　　贰零壹玖年陆月零壹拾日　　65398331

出票人全称	浙江河海股份有限公司	收款人	全　称	常州东升有限公司
出票人账号	09876444222		账　号	2105678081
付款行全称	工商银行杭州市分行		开户行	建行常州新北区支行

| 出票金额 | 人民币（大写）　贰拾贰万陆仟元整 | 亿 千 百 十 万 千 百 十 元 角 分 |
| | | ￥ 2 2 6 0 0 0 0 0 |

| 汇票到期日（大写） | 贰零壹玖年玖月零壹拾日 | 付款行 | 行号 | 杭州工行 097656111 |
| 承兑协议编号 | 2019 杭字第 G091 号 | | 地址 | 杭州市定海路 87 号 |

本汇票请你行承兑，到期无条件付款	本汇票已经承兑，到期日由本行付款。	
财务专用章 浙江河海股份有限公司　黄力海	承兑行签章　　中国工商银行股份有限公司 1023854422 汇票章	21455 陈永虎
出票人签章 2019 年 6 月 10 日	承兑日期 2019 年 6 月 10 日　备注：	复核　　记账

此联收款人开户行随托收凭证寄付款方作借方凭证附件

上述原始凭证中：

27-1 是江苏增值税专用发票的第一联记账联，此联应作为销货单位的记账依据。该原始凭证注明，"销售方"是本公司，"购买方"是浙江河海股份有限公司，"货物或应税劳务、服务名称"栏是产品 B，这表明本公司销售了产品 B 给浙江河海股份有限公司。而销售产品 B 是本公司的主营业务，因此，进行会计核算时，"金额"应记入"主营业务收入——商品销售收入（B）"科目的贷方，"税额"应记入"应交税费——应交增值税（销项税额）"科目的贷方。

27-2 是银行承兑汇票的复印件（原件由本公司单独存放，用于到期时向出票人提示付款等），此复印件应作为销货单位结算货款的记账依据。该原始凭证注明，"收款人"是本公司，"出票人"是浙江河海股份有限公司，"出票日期"是贰零壹玖年陆月零壹拾日，"汇票到期日"是贰零壹玖年玖月零壹拾日，"出票金额"是 226 000.00 元，这表明本公司收到了一张由浙江河海股份有限公司开出的期限为 3 个月、金额为 226 000.00 元的银行承兑汇票。进行会计核算时，应记入"应收票据——浙江河海股份有限公司"科目的借方。

因此，该笔业务应填制如下记账凭证：

记 账 凭 证

日期：*2019* 年 *6* 月 *14* 日　　　　　　　　　　第 *27* 号

摘　要	总账科目	明细科目	借方金额										贷方金额										记账√
			千	百	十	万	千	百	十	元	角	分	千	百	十	万	千	百	十	元	角	分	
销售产品B	应收票据	浙江河海股份有限公司			2	2	6	0	0	0	0	0											
收到	主营业务收入	商品销售收入（B）													2	0	0	0	0	0	0	0	
银行承兑汇票	应交税费	应交增值税（销项税额）															2	6	0	0	0	0	
附件2张	合　　　　计		¥		2	2	6	0	0	0	0	0	¥		2	2	6	0	0	0	0	0	

核　准：　　　　复　核：　　　　记　账：　　　　出　纳：　　　　制单：*刘洪凯*

【业务 28】　（共 3 张原始凭证，于 6 月 14 日取得）

28-1

3200007954

江苏增值税专用发票

NO. 32202187　　3200007954
32202187

抵扣联

开票日期：*2019* 年 *06* 月 *14* 日

购买方	名　　称：常州东升有限公司 纳税人识别号：91320400763987654R 地址、电话：河海西路90号　85333930 开户行及账号：建行常州新北区支行　2105678081	密码区	750066＜98/198533204＋＜63＜＋ 64＜－＞876＊98＜/8765/＞＋216 ＞2＞612－＋47561＜＞＋782－/ 5432＜4＊－62＞＞＞01	加密版本:01 3200007954 32202187

货物或应税劳务、服务名称	规格型号	单位	数量	单价	金　额	税率	税　额
＊运输服务＊运输费		次	1	917.43	917.43	9%	82.57
合　　计					¥917.43		¥82.57

价税合计（大写）	壹仟元整	（小写）¥1 000.00

销售方	名　　称：常州海通物流有限公司 纳税人识别号：91320411740988912V 地址、电话：中山路31号　88003325 开户行及账号：建行常州新北支行　7810560432	备注	车种车号:卡车苏D70933　起运地:常州新北区河海路 到达地:浙江奥千路12号 货物名称:B 91320411740988912V 发票专用章 销售方：（章） (1)

收款人：　　　　复核：　　　　开票人：*程前*

第二联　抵扣联　购买方扣税凭证

28-2

		江苏增值税专用发票					NO.32202187			3200007954 32202187

3200007954

发　票　联

开票日期:2019 年 06 月 14 日

购买方	名　　称:常州东升有限公司 纳税人识别号:91320400763987654R 地址、电话:河海西路90号　85333930 开户行及账号:建行常州新北区支行　2105678081	密码区	750066＜98/198533204＋＜63＜＋ 64＜－＞876＊98＜/8765/＞＋216 ＞2＞612－＋47561＜＞＋782－/ 5432＜4＊－62＞＞＞01	加密版本:01 3200007954 32202187

货物或应税劳务、服务名称	规格型号	单位	数量	单价	金　额	税率	税　额
＊运输服务＊运输费		次	1	917.43	917.43	9%	82.57
合　计					¥917.43		¥82.57

价税合计(大写)	壹仟元整	(小写)¥1000.00

销售方	名　　称:常州海通物流有限公司 纳税人识别号:91320411740988912V 地址、电话:中山路31号　88003325 开户行及账号:建行常州新北支行　7810560432	备注	车种车号:卡车苏D70933 起运地:常州 新北区河海路 到达地:浙江蒺开路12号 货物名称:B 91320411740988912V 销售专用(章) (1)

收款人:　　　　复核:　　　　开票人:程前　　　　

第三联　发票联　购买方记账凭证

28-3

中国建设银行
转账支票存根
72096551
12972226

附加信息 _____

_____

_____

出票日期 2019 年 6 月 14 日

收款人:常州海通物流有限公司
金　额:¥1000.00
用　途:销售运费
备　注:(2105678081)

单位主管　　　　　　　会计

上述原始凭证中：

28-1 是江苏增值税专用发票的第二联抵扣联，此联应作为购买方抵扣进项税额的依据。该抵扣联不能作为记账凭证的附件，应单独装订保管，以备税务机关查验。

28-2 是江苏增值税专用发票的第三联发票联，此联应作为付款方的记账依据。该原始凭证注明，"购买方"是本公司，"销售方"是常州海通物流有限公司，"货物或应税劳务、服务名称"栏是运输费，"备注"栏是运输货物 B，表明本公司发生了销售产品 B 的运费。进行会计核算时，"金额"应记入"合同履约成本——服务成本——运输装卸费——B"科目的借方，"税额"应记入"应交税费——应交增值税（进项税额）"科目的借方。

28-3 是中国建设银行转账支票存根，应作为付款方支付款项的记账依据。该原始凭证注明，"收款人"是常州海通物流有限公司，"用途"是销售运费，账号为 2105678081，这表明本公司已将款项从账号为 2105678081 的基本户转出。进行会计核算时，应记入"银行存款——建行（2105678081）"科目的贷方。

因此，该笔业务应填制如下记账凭证：

记 账 凭 证

日期：*2019* 年 *6* 月 *14* 日　　　　　　　　　　　　第 *28* 号

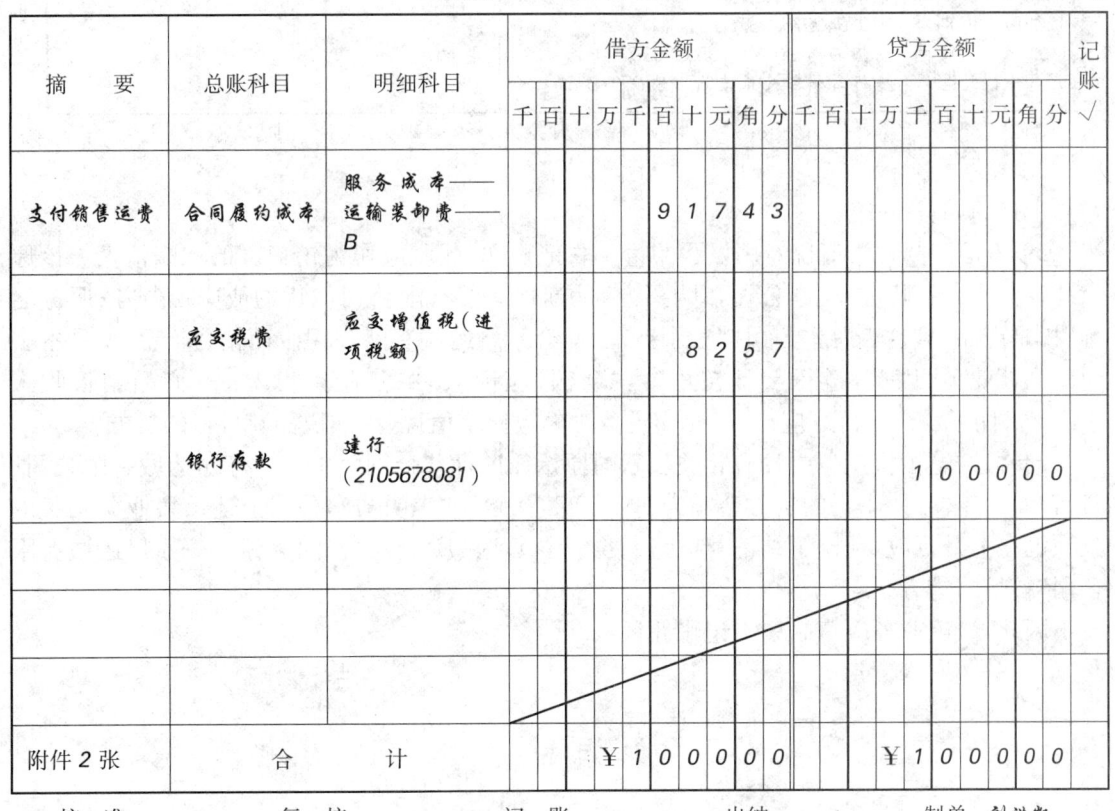

摘　要	总账科目	明细科目	借方金额 千 百 十 万 千 百 十 元 角 分	贷方金额 千 百 十 万 千 百 十 元 角 分	记账 ✓
支付销售运费	合同履约成本	服务成本——运输装卸费——B	9 1 7 4 3		
	应交税费	应交增值税（进项税额）	8 2 5 7		
	银行存款	建行（2105678081）		1 0 0 0 0 0	
附件 2 张	合　计		￥ 1 0 0 0 0 0	￥ 1 0 0 0 0 0	

核　准：　　　　复　核：　　　　记　账：　　　　出纳：　　　　制单：刘洪凯

【业务 29】 （共 1 张原始凭证，于 6 月 18 日取得）

29-1

3200098220

江苏增值税专用发票　　NO.05231879

3200098220
05231879

此联不作报销、扣税凭证使用

开票日期：2019 年 06 月 18 日

购买方	名　　称：苏州运城有限公司 纳税人识别号：91320500763198433Z 地址、电话：西湖路 56 号　85444339 开户行及账号：工行苏州西区支行　2348877679	密码区	341766＜98/198533204＜＋63＜＋ 54＜－＞876＊98＜/8765/＞＋416 ＞2＞7/3＋－47561＜＞＋782－/ 5411＜4＊－62＞＞＞－6	加密版本：01 3200098220 05231879

货物或应税劳务、服务名称	规格型号	单位	数量	单价	金　额	税率	税　额
＊金属制品＊A		件	1 500	300.00	450 000.00	13%	58 500.00
合　　计					￥450 000.00		￥58 500.00

价税合计（大写）	伍拾万捌仟伍佰元整	（小写）￥508 500.00

销售方	名　　称：常州东升有限公司 纳税人识别号：91320400763987654R 地址、电话：河海西路 90 号　85333930 开户行及账号：建行常州新北区支行　2105678081	备注	

收款人：　　　　复核：　　　　开票人：林　玉　　　　销售方：（章）

第一联　记账联　销售方记账凭证

上述原始凭证中：

29-1 是江苏省增值税专用发票的第一联记账联，此联应作为销售方的记账依据。该原始凭证注明，"销售方"是本公司，"购买方"是苏州运城有限公司，"货物或应税劳务、服务名称"栏是产品 A，这表明本公司销售了产品 A 给苏州运城有限公司。而销售产品 A 是本公司的主营业务，因此，进行会计核算时，"金额"应记入"主营业务收入——商品销售收入（A）"科目的贷方，"税额"应记入"应交税费——应交增值税（销项税额）"科目的贷方。

同时，这笔销售业务中没有相关收款的原始凭证，而"合同负债——苏州运城有限公司"科目 2019 年 5 月 31 日的贷方余额为 508 500.00 元，这表明与本公司上述销售业务相关的款项已在上月预收，现已了结清算。进行会计核算时，应记入"合同负债——苏州运城有限公司"科目的借方。

因此，该笔业务应填制如下记账凭证：

记 账 凭 证

日期：*2019* 年 *6* 月 *18* 日　　　　　　　　　　　　　　　第 *29* 号

摘　　要	总账科目	明细科目	借方金额										贷方金额										记账√
			千	百	十	万	千	百	十	元	角	分	千	百	十	万	千	百	十	元	角	分	
销售产品A,	合同负债	苏州运城有限公司			5	0	8	5	0	0	0	0											
款已预收	主营业务收入	商品销售收入(A)													4	5	0	0	0	0	0	0	
	应交税费	应交增值税(销项税额)														5	8	5	0	0	0	0	
	库存现金																1	0	0	0	0	0	
附件 2 张	合　　计		¥		5	0	8	5	0	0	0	0	¥		5	0	8	5	0	0	0	0	

核　准：　　　　　复　核：　　　　　记　账：　　　　　出纳：　　　　　制单：*刘洪凯*

【业务 30】　（共 2 张原始凭证，于 6 月 22 日取得）

30-1

中国银行股份有限公司常州分行贷款还息凭证

打印日期 *2019* 年 *6* 月 *21* 日

客户号：107622223			机构代码 301
借款单位：**常州东升有限公司**			
产生利息账号	还息金额	Osp 现有余额	备　　注
234500000 -90	510.00		合同号 1076222
金额合计	（大写）人民币伍佰壹拾元整		
	（小写）CNY＊＊＊＊510.00		

付款账号：2504538733
合同编号：1076222
交易业务号：301LAA654411114

2019.06.21

转 讫
(1)

开票 *周曼婷*　　　　　记账　　　　　复核　　　　　（盖章）

30-2

 3200867922

江苏增值税专用发票 　NO.32202327 　3200867922
　　　　　　　　　　　　　　　　　　　　　　32202327

发 票 联

开票日期:2019 年 06 月 21 日

购买方	名　　称:常州东升有限公司 纳税人识别号:91320400763987654R 地址、电话:河海西路 90 号　85333930 开户行及账号:建行常州新北区支行　2105678081	密码区	241766<98/198533204+<63<+ 64<->876*98</8765/>+216 >2>7/3-+47561<>+782-/ 5432<4*-62>>>-8	加密版本:01 3200867922 32202327

货物或应税劳务、服务名称	规格型号	单位	数量	单价	金　额	税率	税　额
*金融服务*贷款服务		笔	1	481.13	481.13	6%	28.87
合　　计					￥481.13		￥28.87

价税合计(大写)	伍佰壹拾元整		(小写)￥510.00

销售方	名　　称:中国建设银行股份有限公司常州市分行 纳税人识别号:913211028554830878 地址、电话:河海东路 88 号　32876666 开户行及账号:中国建设银行股份有限公司常州市营业部　321102785838021	备注	中国建设银行股份有限公司常州市分行 913211028554830878 发票专用章 (1)

收款人: 　　　复核: 　　　开票人:王　明 　　　销售方:(章)

第二联　发票联　购买方记账凭证

上述原始凭证中:

30-1 是中国银行股份有限公司常州分行贷款还息凭证,此凭证应作为付款方支付利息的记账依据。该原始凭证注明,付款账号为 2504538733,这表明本公司已从账号为 2504538733 的结算户支付了款项,进行会计核算时,应记入"银行存款——中行(2504538733)"科目的贷方;同时,"产生利息账号"234500000－90 及合同编号与[业务 3]中的"贷款户账号"及合同编号一致,这表明本公司支付的是[业务 3]中短期借款的利息。

30-2 是江苏增值税普通发票的第二联发票联,此联应作为购买方的记账依据。该原始凭证注明,"购买方"是本公司,根据中国银行股份有限公司常州市分行规定,提供贷款服务的增值税发票一律由分行统一开具,因而"销售方"是中国银行股份有限公司常州市分行,"货物或应税劳务、服务名称"是贷款利息,这表明本公司向中国银行常州新北区支行借款产生了利息支出。结合 30-1 进行会计核算时,应记入"应付利息——短期借款(中国银行)"科目的借方。

因此,该笔业务应填制如下记账凭证:

记 账 凭 证

日期：*2019* 年 *6* 月 *22* 日　　　　　　　　　　　　第 *30* 号

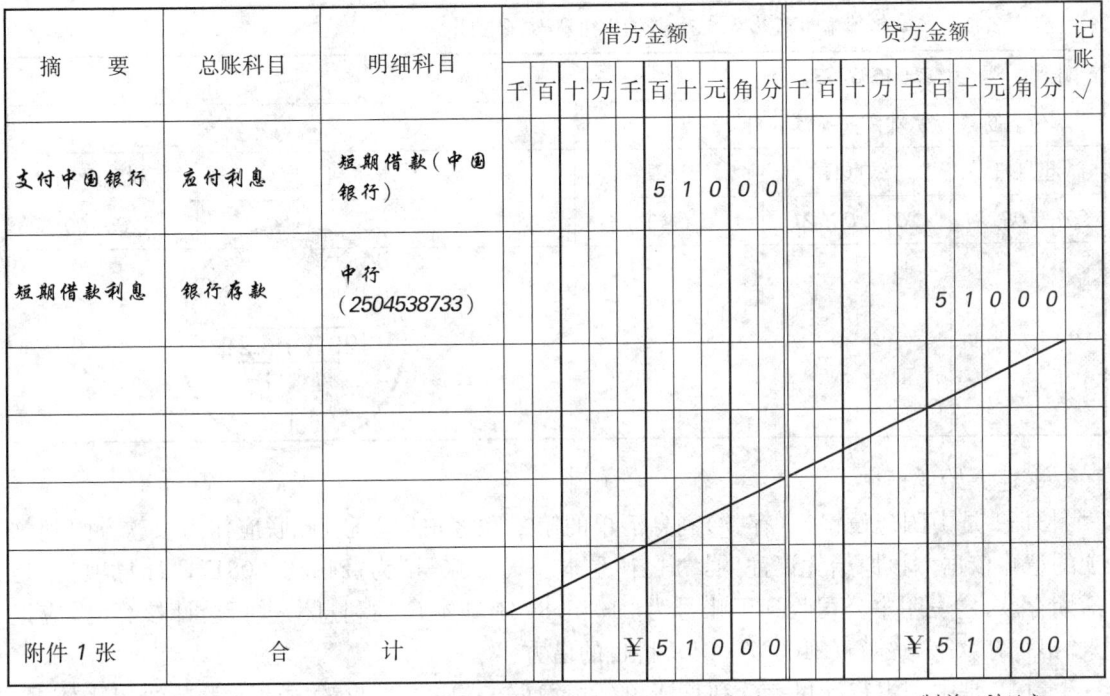

摘　要	总账科目	明细科目	借方金额										贷方金额										记账√
			千	百	十	万	千	百	十	元	角	分	千	百	十	万	千	百	十	元	角	分	
支付中国银行	应付利息	短期借款（中国银行）						5	1	0	0	0											
短期借款利息	银行存款	中行（2504538733）																5	1	0	0	0	
附件 1 张		合　　　计					¥	5	1	0	0	0					¥	5	1	0	0	0	

核　准：　　　　复　核：　　　　记　账：　　　　出　纳：　　　　制单：*刘洪凯*

【业务 31】 （共 2 张原始凭证，于 6 月 22 日取得）

31-1

中国建设银行 （存款）利息清单

币别：*人民币*　　　　　　　　*2019* 年 *06* 月 *21* 日

户名：*常州东升有限公司*		账号：*2105678081*			
计息项目	起息日	结息日	积数	利率(%)	利息金额
活期存款	2019. 03. 21	2019. 06. 21	（略）	（略）	2 015. 00
合计(大写)贰仟零壹拾伍元整					
		中国建设银行股份有限公司常州新北区支行 2019.06.21 银行签章 (1)			

第二联　客户回单

31-2

中国银行计付存款利息清单(收款通知)

机构名称：中国银行常州新北区支行　2019 年 06 月 21 日

账　　号	2504538733				
单位名称	常州东升有限公司				
起息日	结息日	天　数	积　数	利率(%)	利息金额
2019.03.21	2019.06.21	(略)	(略)	(略)	205.00
摘　要					

上述原始凭证中：

31-1 是中国建设银行(存款)利息清单的第二联客户回单联,此联应作为收款方收到款项的记账依据。该原始凭证注明,"户名"是本公司,"账号"为"2105678081","计息项目"是活期存款,这表明本公司收到了账号为 2105678081 基本户的利息。进行会计核算时,应记入"银行存款——建行(2105678081)"科目的借方。

31-2 是中国银行计付存款利息清单(收款通知),应作为收款方收到款项的记账依据。该原始凭证注明,"户名"是本公司,"账号"为"2504538733","计息项目"是活期存款,这表明本公司收到了账号为 2504538733 借款结算户的利息。进行会计核算时,应记入"银行存款——中行(2504538733)"科目的借方。

同时,31-1 和 31-2 表明本公司收到的均为存款利息收入,进行会计核算时,"利息金额"均应记入"财务费用——利息收入"科目的贷方。

因此,该笔业务应填制如下记账凭证：

记 账 凭 证

日期：2019 年 6 月 22 日　　　　　　　　　　　　第 31 号

摘　要	总账科目	明细科目	借方金额 千 百 十 万 千 百 十 元 角 分	贷方金额 千 百 十 万 千 百 十 元 角 分	记账√
收到银行存款	银行存款	建行(2105678081)	2 0 1 5 0 0		
利息	银行存款	中行(2504538733)	2 0 5 0 0		
	财务费用	利息收入		2 2 2 0 0 0	
附件 3 张	合　　　计		￥2 2 2 0 0 0	￥2 2 2 0 0 0	

核准：　　　　复核：　　　　记账：　　　　出纳：　　　　制单：刘洪凯

【业务32】　（共 1 张原始凭证，于 6 月 22 日取得）

32-1

借 款 单

2019 年 6 月 21 日　　　　　　　　　　　　　No. 32010011

借款人：王玉	所属部门：行政部
借款用途：差旅费	
借款数额：人民币（大写）壹仟元整	￥1 000.00
部门负责人审批：李映红　2019 年 6 月 21 日	借款人（签章）：王玉　2019 年 6 月 21 日
财务部门审核：丁小林　2019 年 6 月 21 日	
单位负责人批示：同意借款	【现金付讫】签字：周海波　2019 年 6 月 21 日
核销记录：	

第一联　付款联

　　上述原始凭证中：

　　32-1 是借款单的第一联付款联，此联应作为付款方支付款项的记账依据。该原始凭证注明，"借款人"是王玉，"所属部门"是行政部，"借款用途"是差旅费，这表明本公司行政部职工王玉预借了差旅费，进行会计核算时，"借款数额"应记入"其他应收款——王玉"科目的借方；同时，该凭证上盖有"现金付讫"章，这表明该款项已用现金支付，进行会计核算时，应记入"库存现金"科目的贷方。

　　因此，该笔业务应填制如下记账凭证：

记 账 凭 证

日期：2019 年 6 月 22 日　　　　　　　　　　　　　　第 32 号

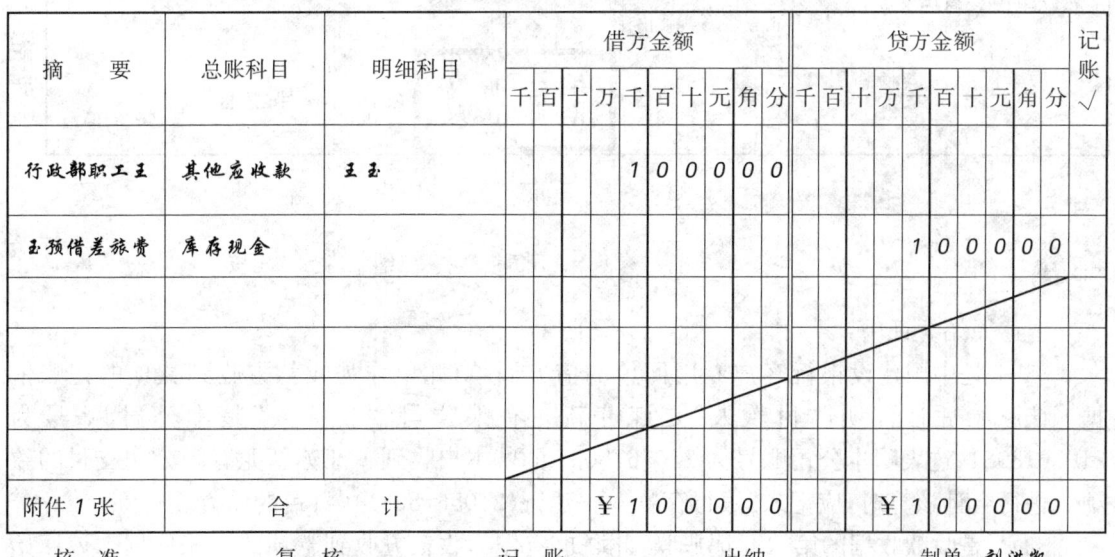

摘　要	总账科目	明细科目	借方金额 千 百 十 万 千 百 十 元 角 分	贷方金额 千 百 十 万 千 百 十 元 角 分	记账√
行政部职工王	其他应收款	王玉	1 0 0 0 0 0		
玉预借差旅费	库存现金			1 0 0 0 0 0	
附件 1 张	合　　计		￥1 0 0 0 0 0	￥1 0 0 0 0 0	

核准：　　　　　复核：　　　　　记账：　　　　　出纳：　　　　　制单：刘洪凯

【业务33】（共2张原始凭证,于6月22日取得）

33-1

中国建设银行客户专用回单

币别:人民币　　　　　　2019 年 06 月 22 日　　　流水号 320620027J0500810012

汇款人	全　称	江苏新龙有限公司	收款人	全　称	常州东升有限公司
	账　号	8761176111		账　号	2105678081
	开户行	工行南京分行		开户行	建行常州新北区支行

金　额	（大写)人民币捌万元整		（小写)￥80 000.00
凭证种类	电汇凭证	凭证号码	
结算方式	电子汇划汇入	用　途	

（借方回单）

附言:

打印柜员:320628736AJ1
打印机构:新区支行
打印卡号:9553301260105394

打印时间:2019-06-22　　交易柜员:B01B03000005　　交易机构:320620027

33-2

收款收据　　No 2300112

日期:2019 年 6 月 22 日

交款单位	江苏新龙有限公司	收款方式	转账
人民币(大写)捌万元整			￥80 000.00
收款事由	预收货款		

银行收讫　2019 年 6 月 22 日

第二联　记账联

单位盖章　财会主管　记账　出纳　审核　经办

上述原始凭证中:

33-1是中国建设银行客户专用回单的借方回单,此单作为收款方收到款项的记账依据。该原始凭证注明,"付款人"是江苏新龙有限公司,"收款人"是本公司,账号为2105678081,这表明本公司账号为2105678081的基本户收到了江苏新龙有限公司支付的款项。进行会计核算时,应记入"银行存款——建行(2105678081)"科目的借方。

33-2是收款收据的第二联记账联,此联也应作为收款方收到款项的记账依据。该原始凭证注明,"交款单位"是江苏新龙有限公司,"收款事由"是预收货款,这表明本公司预收了江苏新龙有限公司的货款。进行会计核算时,应记入"合同负债——江苏新龙有限公司"科目的贷方。

　　因此,该笔业务应填制如下记账凭证:

记 账 凭 证

日期: *2019* 年 *6* 月 *22* 日　　　　　　　　　　　第 *33* 号

摘　要	总账科目	明细科目	借方金额 千 百 十 万 千 百 十 元 角 分	贷方金额 千 百 十 万 千 百 十 元 角 分	记账√
预收江苏新龙	银行存款	建行 (2105678081)	8 0 0 0 0 0 0		
有限公司货款	合同负债	江苏新龙有限公司		8 0 0 0 0 0 0	
附件 2 张	合　　　计		￥ 8 0 0 0 0 0 0	￥ 8 0 0 0 0 0 0	

核 准:　　　　复 核:　　　　记 账:　　　　出 纳:　　　　制单: *刘洪凯*

【业务34】（共 4 张原始凭证,于 6 月 22 日取得）

34-1

 3200032441

江苏增值税专用发票　　NO.23776761　　3200032441
23776761

抵扣联

开票日期: *2019* 年 *06* 月 *22* 日

购买方	名　　称: 常州东升有限公司 纳税人识别号: 91320400763987654R 地址、电话: 河海西路 90 号　85333930 开户行及账号: 建行常州新北区支行　2105678081	密码区	111766＜98/198533204＋＜63＜＋ 64＜－＞876＊99＜/2165/＞＋216 ＞2＞7/3－＋47561＜＞＋782－/ 5432＜4＊－62＞＞＞－8	加密版本:01 3200032441 23776761

货物或应税劳务、服务名称	规格型号	单位	数量	单价	金额	税率	税额
＊其他机械设备＊K		台	1	50 000.00	50 000.00	13%	6 500.00
合　　计					￥50 000.00		￥6 500.00

价税合计(大写)	伍万陆仟伍佰元整		￥56 500.00

销售方	名　　称: 金坛上林设备有限公司 纳税人识别号: 91320400126533351M 地址、电话: 金晶路 123 号　83423933 开户行及账号: 工行常州金坛支行　97227222211	备注	金坛上林设备有限公司 91320400126533351M 发票专用章 (1)

收款人:　　　　复核:　　　　开票人: *万小平*　　　　销售方:(章)

第二联　抵扣联　购买方扣税凭证

34-2

		江苏增值税专用发票			NO.23776761		3200032441 23776761

3200032441

开票日期：2019 年 06 月 22 日

购买方	名　　　称：常州东升有限公司		密码区	111766＜98/198533204＋＜63＜＋ 64＜－＞876＊99＜/2165/＞＋216 ＞2＞7/3－＋47561＜＞＋782－/ 5432＜4＊－62＞＞＞－8	加密版本：01 3200032441 23776761
	纳税人识别号：91320400763987654R				
	地址、电话：河海西路 90 号　85333930				
	开户行及账号：建行常州新北区支行　2105678081				

货物或应税劳务、服务名称	规格型号	单位	数量	单价	金额	税率	税额
＊其他机械设备＊K		台	1	50 000.00	50 000.00	13%	6 500.00
合　计					￥50 000.00		￥6 500.00

价税合计（大写）　　　伍万陆仟伍佰元整				￥56 500.00

销售方	名　　　称：金坛上林设备有限公司		备注	91320400126533351M 发票专用章 （1）
	纳税人识别号：91320400126533351M			
	地址、电话：金晶路 123 号　83423933			
	开户行及账号：工行常州金坛支行　97227222211			

收款人：　　　　复核：　　　　开票人：万小平　　　　销售方：（章）

第三联　发票联　购买方记账凭证

34-3

新增固定资产登记表

2019 年 6 月 22 日

固定资产名称	种　类	单位	数量	购入日期	投入使用日期	使用部门
设备 K	机器设备	台	1	2019 年 6 月 22 日	2019 年 6 月 22 日	车间

制表人：刘婷　　　　　　　　　　　复核人：周清

34-4

中国建设银行
转账支票存根

72096551
12972227

附加信息 _____

_____

出票日期 *2019 年 6 月 22 日*

| 收款人：金坛上林设备有限公司 |
| 金　　额：￥56 500.00 |
| 用　　途：货款 |
| 备　　注：（2105678081） |

单位主管　　　　　　会计

上述原始凭证中：

34-1 是江苏增值税专用发票的第二联抵扣联，此联应作为购买方抵扣进项税额的依据。该抵扣联不能作为记账凭证的附件，应单独装订保管，以备税务机关查验。

34-2 是江苏增值税专用发票的第三联发票联，此联应作为购货方的记账依据。该原始凭证注明，"购买方"是本公司，"销售方"是金坛上林设备有限公司，"货物或应税劳务、服务名称"栏是 K，这表明本公司从金坛上林设备有限公司购买了设备 K。

34-3 是新增固定资产登记表，此表应作为固定资产增加的记账依据。该原始凭证注明，"固定资产名称"是设备 K，"种类"是机器设备，"使用部门"是车间，"购入日期"与"投入使用日期"均为 2019 年 6 月 22 日，这表明本公司的车间新投入使用 1 台不需要安装的设备 K。根据 34-1 至 34-3，进行会计核算时，"金额"应记入"固定资产——设备 K"科目的借方，"税额"应记入"应交税费——应交增值税（进项税额）"科目的借方。

34-4 是中国建设银行转账支票存根，应作为付款方支付款项的记账依据。该原始凭证注明，"收款人"是金坛上林设备有限公司，"用途"是设备款，账号为 2105678081，这表明本公司已将款项从账号为 2105678081 的基本户转出。进行会计核算时，应记入"银行存款——建行（2105678081）"科目的贷方。

因此，该笔业务应填制如下记账凭证：

记 账 凭 证

日期：*2019* 年 *6* 月 *22* 日   第 *34* 号

摘　　要	总账科目	明细科目	借方金额										贷方金额										记账√
			千	百	十	万	千	百	十	元	角	分	千	百	十	万	千	百	十	元	角	分	
购入一台不需	固定资产	设备K			5	0	0	0	0	0	0												
要安装的生产	应交税费	应交增值税(进项税额)				6	5	0	0	0	0												
设备K,款付	银行存款	建行(2105678081)													5	6	5	0	0	0	0	0	
附件 *3* 张	合　　　　计		¥	5	6	5	0	0	0	0	0		¥		5	6	5	0	0	0	0	0	

核　准：　　　　复　核：　　　　记　账：　　　　出　纳：　　　　制单：*刘洪凯*

【业务 35】（共 1 张原始凭证，于 6 月 22 日取得）

35-1

董 事 会 决 议

　　全体董事经审议，一致通过如下决议：本公司截至 2018 年 12 月 31 日的未分配利润为 1 283 300.99元，现向全体股东分配现金股利 300 000.00 元，按出资比例分配。

　　董事签名：*孙红林　李长兵*

2019 年 *6* 月 *22* 日

　　上述原始凭证中：

　　35-1 是常州东升有限公司 2018 年度董事会决议，此决议应作为本公司利润分配的记账依据。该原始凭证注明的内容表明，本公司应向全体股东分配现金股利 300 000 元，进行会计核算时，应记入"利润分配——应付现金股利"科目的借方；同时，本业务中没有实际支付现金股利的原始凭证，因此，进行会计核算时，应分配的现金股利根据出资比例，分别记入"应付股利——常州东方投资有限公司"科目和"应付股利——常州东林股份有限公司"科目的贷方。

　　因此，该笔业务应填制如下记账凭证：

记 账 凭 证

日期：2019 年 6 月 22 日　　　　　　　　　　　　　第 35 号

摘　要	总账科目	明细科目	借方金额											贷方金额											记账√
			千	百	十	万	千	百	十	元	角	分	千	百	十	万	千	百	十	元	角	分	
宣告分配上年	利润分配	应付现金股利			3	0	0	0	0	0	0	0											
度利润	应付股利	常州东方投资有限公司													9	0	0	0	0	0	0	0	
		常州东林股份有限公司												2	1	0	0	0	0	0	0	0	
附件 1 张	合　　计		¥	3	0	0	0	0	0	0	0	0	¥	3	0	0	0	0	0	0	0	0	

核　准：　　　　　复　核：　　　　　记　账：　　　　　出　纳：　　　　　制单：刘洪凯

【业务 36】　（共 7 张原始凭证，于 6 月 23 日取得）

36-1

差 旅 费 报 销 单

2019 年 6 月 23 日

姓名	王玉	工作部门		行政部		出差事由			公务活动			
日 期		地 点		车 船 费			深夜补贴	途中补贴	住勤费			旅馆费	公交费	金额合计
起	讫	起	讫	车次或船名	时间	金额			地区	天数	补贴	
22	23	常州	南京			180.00			南京	2	200.00	420.00		800.00
报销金额（大写）|	捌佰元整									¥800.00		
补付金额：					退回金额：¥200.00								

领导批准 周海波　　会计主管 丁小林　　部门负责人 李映红　　审核 丁小林　　报销人 王玉

36-1-1

江苏增值税专用发票

3200032021

NO.23776541

3200032021
23776541

发票联

开票日期：2019 年 06 月 23 日

购买方	名　称：常州东升有限公司 纳税人识别号：91320400763987654R 地址、电话：河海西路90号 85333930 开户行及账号：建行常州新北区支行 2105678081	密码区	750066＜98/198533204＋＜63＜＋64＜－＞876＊98＜/8765/＞＋216＞2＞612－＋47561＜＞＋782－/5432＜4＊－62＞＞＞01	加密版本：0132000320212377654

货物或应税劳务、服务名称	规格型号	单位	数量	单价	金额	税率	税额
＊住宿服务＊住宿费		天	1	396.23	396.23	6%	23.77
合　计					￥396.23		￥23.77

价税合计（大写）　肆佰贰拾元整　　　　　　（小写）￥420.00

销售方	名　称：明月轻旅连锁酒店 纳税人识别号：913214001265302526 地址、电话：长江路13号 83409933 开户行及账号：工行南京支行 97227204287	备注	明月轻旅连锁酒店 913214001265302526 发票专用章

收款人：　　　复核：　　　开票人：邹加　　　销售方：（章）

第三联 发票联 购买方记账凭证

36-1-2

R822027　　　　检票：二层1号检票口

常州 站 G7136 次 南京 站
Changzhou → Nanjing
2019 年 6 月 22 日 9:50 开 3 车 15C 号
￥90 元　网折　一等座
限乘当日当次车

3204021982＊＊＊＊3137 王玉

买票请到 12306 发货请到 95306

中国铁路祝您旅途愉快

23819210250 5R22170532　　　常州售

36-1-3

R412767　　　　　　　　检票：二层3号检票口

南京站 G7075 次常州　站

Nanjing→　　　　　Changzhou

2019 年 6 月 23 日 12:30 开　6 车 17A 号

￥90 元　　网折　　一等座

限乘当日当次车

3204021982****3137 王玉

买票请到 12306 发货请到 95306

中国铁路祝您旅途愉快

238192102505R22157543　　　　南京售

36-2

3200032021

江苏增值税专用发票　　NO.23776541　3200032021
23776541

抵扣联

开票日期：*2019 年 06 月 22 日*

购买方	名　　称：常州东升有限公司 纳税人识别号：91320400763987654R 地址、电话：河海西路 90 号　85333930 开户行及账号：建行常州新北区支行　2105678081	密码区	750066＜98/198533204＋＜63＜＋ 64＜－＞876＊98＜/8765/＞＋216 ＞2＞612－＋47561＜＞＋782－/ 5432＜4＊－62＞＞＞01	加密版本：01 3200032021 23776541

货物或应税劳务、服务名称	规格型号	单位	数量	单价	金　额	税率	税　额
*住宿服务*住宿费		天	1	396.23	396.23	6%	23.77
合　　计					￥396.23		￥23.77

价税合计(大写)	肆佰贰拾元整	(小写) ￥420.00

销售方	名　　称：明月轻旅连锁酒店 纳税人识别号：913214001265302526 地址、电话：长江路 13 号　83409933 开户行及账号：工行南京支行　97227204287	备注	明月轻旅连锁酒店 913214001265302526 发票专用章

收款人：　　　　复核：　　　　　开票人：邹 加　　　　销售方：(章)

第二联　抵扣联　购买方扣税凭证

36-3

收 款 收 据　　　　　No. 2300113

日期：2019 年 6 月 23 日

交款单位　王 玉　　　　　　　　　收款方式　现金

人民币(大写)　贰佰元整　　　　　　　　　　　　¥ 200.00

收款事由　报销差旅费多余现金退回　　　　　现金收讫

　　　　　　　　　　　　　　　　　　　2019 年 6 月 23 日

第二联　记账联

单位盖章　　财会主管　　记账　　出纳　金文新　审核　经办

36-4

借 款 单

2019 年 6 月 21 日　　　　　　No. 32010011

借款人：王玉	所属部门：行政部
借款用途：差旅费	
借款数额：人民币(大写) 壹仟元整	¥ 1 000.00
部门负责人审批：李映红　2019 年 6 月 21 日	借款人(签章)：王玉　2019 年 6 月 21 日
财务部门审核：丁小林　2019 年 6 月 21 日	
单位负责人批示：同意借款	签字：周海波　2019 年 6 月 21 日
核销记录：已于 6 月 23 日报销差旅费，退回 200 元，已结清	

第二联　结算联

上述原始凭证中：

36-1 是差旅报销单，此单应作为本公司确认费用的记账依据。该原始凭证注明，"姓名"是王玉，"工作部门"是行政部，"报销金额"是 800.00 元，这表明管理部门职工王玉出差回来报销了差旅费。进行会计核算时，"报销金额"应记入"管理费用——差旅费"科目的借方。

36-1-1 江苏增值税专用发票的第三联发票联，此联应作为购买方的记账依据。该原始凭证注明，"购买方"是本公司，"销售方"是明月轻旅连锁酒店，"货物或应税劳务、服务名称"栏是住宿费，这表明本公司发生了住宿费。

36-1-2 是常州到南京的火车票，此票应作为本公司确认费用的依据。该原始凭证注明了行程的往返信息、票价及王玉的身份信息，这表明王玉发生了火车费。

36-1-3 是南京到常州的火车票，此票应作为本公司确认费用的依据。该原始凭证注明了行程的往返信息、票价及王玉的身份信息,这表明王玉发生了火车费。

36-1-1 至 36-1-3 是 36-1 的附件。自 2019 年 4 月 1 日起,根据《关于深化增值税改革有关政策的公告》(财政部 税务总局 海关总署公告 2019 年第 39 号 印发)第六条第(一)项第 3 点规定,取得注明旅客身份信息的铁路车票的,按照下列公式计算进项税额:铁路旅客运输进项税额＝票据金额÷(1＋9％)×9％,因此,根据 36-1-2 和 36-1-3 的票据金额,该火车票进项税额＝90÷(1＋9％)×9％＝7.43(元);结合表 36-1,36-1-1 至 36-1-3,进行会计核算时,"税额"14.86 元(7.43×2)应记入"应交税费——应交增值税(进项税额)"科目的借方,"报销金额"和"税额"的差额记入"管理费用——差旅费"科目的借方。

36-2 是江苏增值税专用发票的第二联抵扣联,此联应作为购买方抵扣进项税额的依据。该抵扣联不能作为记账凭证的附件,应单独装订保管,以备税务机关查验。

36-3 是收款收据的第二联记账联,此联应作为收款方收到款项的记账依据。该原始凭证注明,"交款单位"是王玉,"收款方式"是现金,同时加盖了"现金收讫章","收款事由"是报销差旅费多余现金退回,这表明本公司已收到管理部门职工王玉报销差旅费时退回的现金。进行会计核算时,退回金额应记入"库存现金"科目的借方。

36-4 是借款单的第二联结算联,此联应作为本公司结算借款时的记账依据。该原始凭证注明的内容表明,王玉已于 6 月 23 日结清其预借的差旅费。进行会计核算时,"借款数额"应记入"其他应收款——王玉"科目的贷方。

因此,该笔业务应填制如下记账凭证。

记 账 凭 证

日期:*2019* 年 *6* 月 *23* 日　　　　　　　　　　　　　　第 *36* 号

摘　要	总账科目	明细科目	借方金额 千 百 十 万 千 百 十 元 角 分	贷方金额 千 百 十 万 千 百 十 元 角 分	记账 √
王玉报销差旅费,退回多余现金	管理费用	差旅费	7 6 1 3 7		
	应交税费	应交增值税(进项税额)	3 8 6 3		
	库存现金		2 0 0 0 0		
	其他应收款	王玉		1 0 0 0 0 0	
附件 *3* 张	合　　　计		￥ 1 0 0 0 0 0	￥ 1 0 0 0 0 0	

核　准:　　　复　核:　　　记　账:　　　出　纳:　　　制单:*刘洪凯*

【业务37】（共1张原始凭证,于6月23日取得）

37-1

江苏省常州市中级人民法院破产公告

　　申请人常州东升有限公司申请被申请人常州长宏有限公司破产还债一案,本院经审理查明,被申请人已停止经营,且严重资不抵债并不能清偿到期债务呈连续状态,符合破产条件,经核查,该单位的财产已无法支付清理费用。依据《中华人民共和国民事诉讼法》第一百九十九条、第二百零一条之规定,本院于2019年6月20日裁定宣告被申请人破产。

　　特此公告

江苏省常州市中级人民法院

二〇一九年六月二十三日

　　上述原始凭证中:

　　37-1是江苏省常州市中级人民法院破产公告,此公告应作为债权人核销应收款项的记账依据。该原始凭证注明的内容表明,因为常州长宏有限公司被宣告破产,所以其前欠的货款已无法收回,进行会计核算时,应记入"应收账款——常州长宏有限公司"科目的贷方;同时,应收款项无法收回的事实表明坏账损失已经实际发生,应冲减坏账准备,进行会计核算时,记入"坏账准备——应收账款坏账准备"科目的借方。

　　因此,该笔业务应填制如下记账凭证:

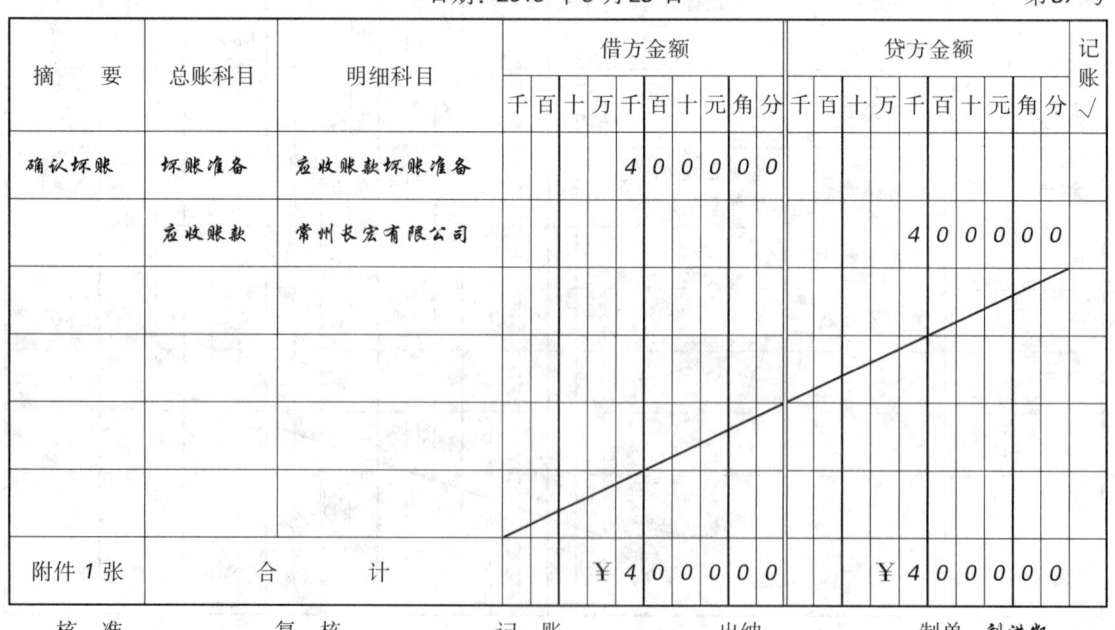

记 账 凭 证

日期：2019 年 6 月 23 日　　　　　　　　　　第 37 号

摘　要	总账科目	明细科目	借方金额 千百十万千百十元角分	贷方金额 千百十万千百十元角分	记账√
确认坏账	坏账准备	应收账款坏账准备	4 0 0 0 0 0		
	应收账款	常州长宏有限公司		4 0 0 0 0 0	
附件1张	合　　　计		￥4 0 0 0 0 0	￥4 0 0 0 0 0	

核　准：　　　　复　核：　　　　记　账：　　　　出纳：　　　　制单：刘洪凯

【业务 38】 （共 2 张原始凭证,于 6 月 23 日取得）

38-1

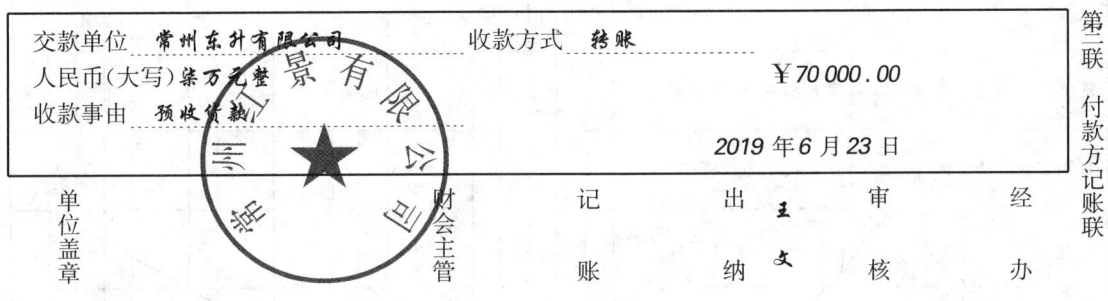

收 款 收 据　　No　7200189

日期: 2019 年 6 月 23 日

交款单位　常州东升有限公司	收款方式　转账	
人民币(大写)柒万元整		￥70 000.00
收款事由　预收货款		2019 年 6 月 23 日

单位盖章　　财会主管　　记账　　出纳　王文　　审核　　经办

第二联　付款方记账联

38-2

中国建设银行
转账支票存根
72096551
12972228

附加信息 _____

_____

_____

出票日期 2019 年 6 月 23 日

收款人：常州红景有限公司	
金　额：￥70 000.00	
用　途：预付货款	
备　注：(2105678081)	

单位主管　　　　　会计

上述原始凭证中:

38-1 是收款收据的第三联付款方记账联,此联应作为付款方支付款项的记账依据。该原始凭证注明,"交款单位"是本公司,"收款方式"是转账,"收款事由"是预收货款,这表明本公司已向常州红景有限公司预付了货款。进行会计核算时,应记入"预付账款——常州红景有限公司"科目的借方。

38-2 是中国建设银行转账支票存根,也应作为付款方支付款项的记账依据。该原始凭证注明,"收款人"是常州红景有限公司,"用途"是预付货款,账号为 2105678081,这表明本公司已将款项从账号为 2105678081 的基本户转出。进行会计核算时,应记入"银行存款——建行(2105678081)"科目的贷方。

因此,该笔业务应填制如下记账凭证:

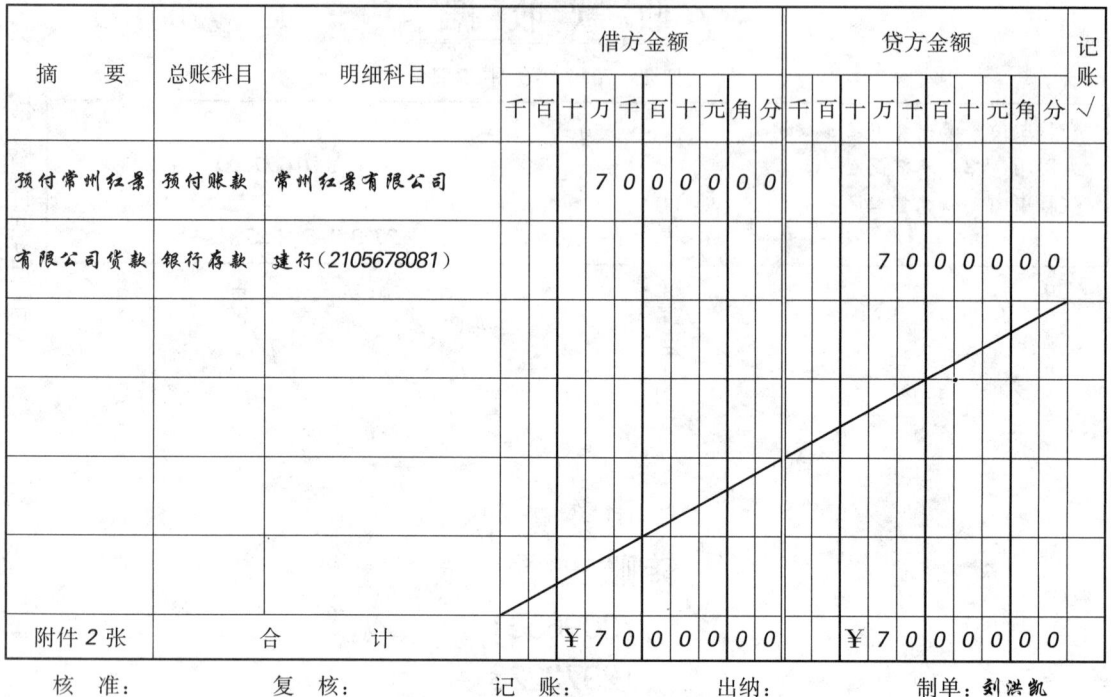

记 账 凭 证

日期：2019 年 6 月 23 日　　　　　　　　　　　　　　第 38 号

摘　要	总账科目	明细科目	借方金额										贷方金额										记账√
			千	百	十	万	千	百	十	元	角	分	千	百	十	万	千	百	十	元	角	分	
预付常州红景	预付账款	常州红景有限公司			7	0	0	0	0	0	0												
有限公司货款	银行存款	建行(2105678081)													7	0	0	0	0	0	0		
附件 2 张	合　　　计				¥	7	0	0	0	0	0	0			¥	7	0	0	0	0	0	0	

核　准：　　　　复　核：　　　　　记　账：　　　　　出纳：　　　　　制单：刘洪凯

【业务39】（共 2 张原始凭证,于 6 月 25 日取得）

39-1

收 款 收 据　　　　No 0002045

日期：2019 年 6 月 25 日

交款单位	个人	收款方式	现金	
人民币(大写)玖佰零肆元整		现金收讫		¥904.00
收款事由 甲材料销售款				

第二联　记账联

单位盖章　　　　财会主管　　　　记账　　　　出纳 金文新　　　　审核　　　　经办

39-2

3200087001

江苏增值税专用发票　　NO.23762212

3200087001
23762212

记账联

开票日期:2019 年 06 月 25 日

| 购买方 | 名　　称:张明
纳税人识别号:320421009197809192314
地址、电话:
开户行及账号: | 密码区 | 231145<98/198533204+<63<+
64<—>876 * 98</8765/>+816
>2>7/3—+47561<>+782—/
5432<4 * —62>>>>2+ | 加密版本:01
3200087001
23762212 |

货物或应税劳务、服务名称	规格型号	单位	数量	单价	金　额	税率	税　额
*金属制品*甲		千克	60	13.333 4	800.00	13%	104.00
合　　计					¥800.00		¥104.00

| 价税合计(大写) | 玖佰零肆元整 | | (小写)¥904.00 |

| 销售方 | 名　　称:常州东升有限公司
纳税人识别号:91320400763987654R
地址、电话:河海西路 90 号　85333930
开户行及账号:建行常州新北区支行　2105678081 | 备注 | |

收款人:　　　复核:　　　开票人:林玉　　　销售方:(章)

上述原始凭证中:

39-1 是收款收据的第二联记账联,此联应作为收款方收到款项的记账依据。该原始凭证注明,"交款人"是"张明","收款方式"是现金,同时加盖了"现金收讫章",这表明本公司收到了现金,进行会计核算时,应记入"库存现金"科目的借方。

39-2 是江苏增值税普通发票的第一联记账联,此联应作为销货单位的记账依据。该原始凭证注明,"销售方"是本公司,"购买方"是张明,"货物或应税劳务、服务名称"栏是甲,这表明本公司销售了材料甲给个人。而销售材料甲不是本公司的主营业务,因此,进行会计核算时,"金额"应记入"其他业务收入——材料销售收入(甲)"科目的贷方,"税额"应记入"应交税费——应交增值税(销项税额)"科目的贷方。

因此,该笔业务应填制如下记账凭证:

记 账 凭 证

日期:2019 年 6 月 25 日　　　　　　　第 39 号

摘　要	总账科目	明细科目	借方金额 千百十万千百十元角分	贷方金额 千百十万千百十元角分	记账√
向刘海销售材料,收到现金	库存现金		9 0 4 0 0		
	其他业务收入	材料销售收入(甲)		8 0 0 0 0	
	应交税费	应交增值税(销项税额)		1 0 4 0 0	
附件 2 张	合　　计		¥9 0 4 0 0	¥9 0 4 0 0	

核 准:　　　复核:　　　记 账:　　　出纳:　　　制单:刘洪凯

【业务40】 （共1张原始凭证，于6月25日取得）
40-1

中国建设银行　现金解款单

币别：人民币　　　　　　　　2019年6月25日　　　　　　流水号：7665432222221

单位填写	收款单位	常州东升有限公司		交款人	常州东升有限公司										
	账　号	2105678081		款项来源	销售材料										
					亿	千	百	十	万	千	百	十	元	角	分
	（大写）玖佰零肆元整									¥	9	0	4	0	0

银行确认栏

会计确认栏：收款账号：2105678081
收款人户名：常州东升有限公司
缴款人名称：常州东升有限公司

交易码　　　　收付　　　　金额
10111861　　　　收　　　　904.00

收入金额：904.00
实收金额：904.00
交易日期　2019.06.25

中国建设银行股份有限公司常州新北区支行
2019.06.25
办讫章
(1)

现金回单（无银行打印记录及银行签章此单无效）

复核　　　　　　录入　周梅　　　　　　　出纳

第二联　客户回单

上述原始凭证中：

40-1是中国建设银行现金解款单的第二联客户回单联，此联应作为本公司存入现金的记账依据。该原始凭证注明，"收款单位"是本公司，"账号"为2105678081，这表明本公司的账号为2105678081的基本户收到了款项，进行会计核算时，应记入"银行存款——建行（2105678081）"科目的借方；同时，"交款人"也是本公司，"款项来源"是销售材料，这表明本公司将销售材料收到的现金存入银行，进行会计核算时，应记入"库存现金"科目的贷方。

因此，该笔业务应填制如下记账凭证：

记 账 凭 证

日期：2019年6月25日　　　　　　　　　　　　　第40号

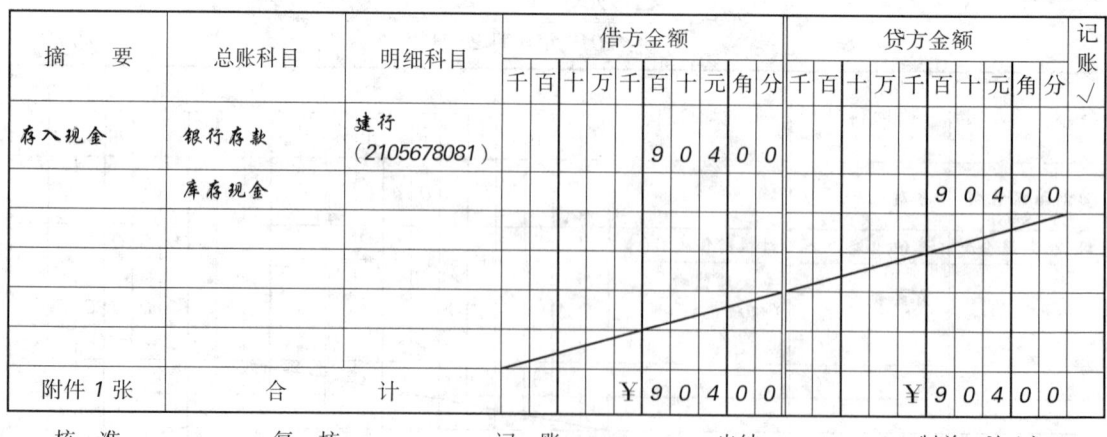

摘　要	总账科目	明细科目	借方金额										贷方金额										记账√
			千	百	十	万	千	百	十	元	角	分	千	百	十	万	千	百	十	元	角	分	
存入现金	银行存款	建行（2105678081）					9	0	4	0	0												
	库存现金																9	0	4	0	0		
附件1张	合　　计					¥	9	0	4	0	0					¥	9	0	4	0	0		

核准：　　　　复核：　　　　记账：　　　　出纳：　　　　制单：刘洪凯

【业务41】 （共3张原始凭证，于6月28日取得）

41-1

 3200012360

江苏增值税专用发票　　NO.09821300

3200012360
09821300

抵扣联

开票日期:2019 年 06 月 28 日

| 购买方 | 名　　称:常州东升有限公司
纳税人识别号:91320400763987654R
地址、电话:河海西路90号　85333930
开户行及账号:建行常州新北区支行　2105678081 | 密码区 | 711466<72/198533204+<63<+
64<->876*98</2365/>+216
>2>7/3-+47561<>+512-/
5432<4*-62>>++8 | 加密版本:01
3200012360
09821300 |

货物或应税劳务、服务名称	规格型号	单位	数量	单价	金　额	税率	税　额
*劳务*维修费		台	10	1 000.00	10 000.00	13%	1 300.00
合　计					￥10 000.00		￥1 300.00

| 价税合计(大写) | 壹万壹仟叁佰元整 | (小写)￥11 300.00 |

| 销售方 | 名　　称:常州电脑有限公司
纳税人识别号:91320411774433435 6
地址、电话:常州市人民路8号
开户行及账号:农行常州新北区支行　3576222099887 | 备注 | 常州电脑有限公司
91320411774433435 6
发票专用章
（1） |

收款人:　　　　　复核:　　　　　开票人:金 鑫　　　　　销售方:(章)

第二联　抵扣联　购买方扣税凭证

41-2

 3200012360

江苏增值税专用发票　　NO.09821300

3200012360
09821300

抵扣联

开票日期:2019 年 06 月 28 日

| 购买方 | 名　　称:常州东升有限公司
纳税人识别号:91320400763987654R
地址、电话:河海西路90号　85333930
开户行及账号:建行常州新北区支行　2105678081 | 密码区 | 711466<72/198533204+<63<+
64<->876*98</2365/>+216
>2>7/3-+47561<>+512-/
5432<4*-62>>++8 | 加密版本:01
3200012360
09821300 |

货物或应税劳务、服务名称	规格型号	单位	数量	单价	金　额	税率	税　额
*劳务*维修费		台	10	1 000.00	10 000.00	13%	1 300.00
合　计					￥10 000.00		￥1 300.00

| 价税合计(大写) | 壹万壹仟叁佰元整 | (小写)￥11 300.00 |

| 销售方 | 名　　称:常州电脑有限公司
纳税人识别号:91320411774433435 6
地址、电话:常州市人民路8号
开户行及账号:农行常州新北区支行　3576222099887 | 备注 | 常州电脑有限公司
91320411774433435 6
发票专用章
（1） |

收款人:　　　　　复核:　　　　　开票人:金 鑫　　　　　销售方:(章)

第三联　发票联　购买方记账凭证

41-3

中国建设银行
转账支票存根

72096551

12972229

附加信息

出票日期 *2019* 年 *6* 月 *28* 日

收款人：*常州电脑有限公司*	
金　额：￥*11 300.00*	
用　途：*管理部门电脑修理费*	
备　注：(*2105678081*)	

单位主管　　　　　　　　会计

上述原始凭证中：

41-1 是江苏增值税专用发票的第二联抵扣联,此联应作为购买方抵扣进项税额的依据。该抵扣联不能作为记账凭证的附件,应单独装订保管,以备税务机关查验。

41-2 是江苏增值税专用发票的第三联发票联,此联应作为购货方的记账依据。该原始凭证注明,"购买方"是本公司,"销售方"是常州电脑有限公司,"货物或应税劳务、服务名称"栏是维修费,这表明常州电脑有限公司为本公司维修了电脑且转账支票上用途为"管理部门电脑"。进行会计核算时,"金额"应记入"管理费用——维修费"科目的借方,"税额"应记入"应交税费——应交增值税(进项税额)"科目的借方。

41-3 是中国建设银行转账支票存根,应作为付款方支付款项的记账依据。该原始凭证注明,"收款人"是常州电脑有限公司,"用途"是管理部门电脑修理费,账号为2105678081,这表明本公司已将款项从账号为 2105678081 的基本户转出。进行会计核算时,应记入"银行存款——建行(2105678081)"科目的贷方。

因此,该笔业务应填制如下记账凭证：

记 账 凭 证

日期：*2019* 年 *6* 月 *28* 日　　　　　　　　　　　　第 *41* 号

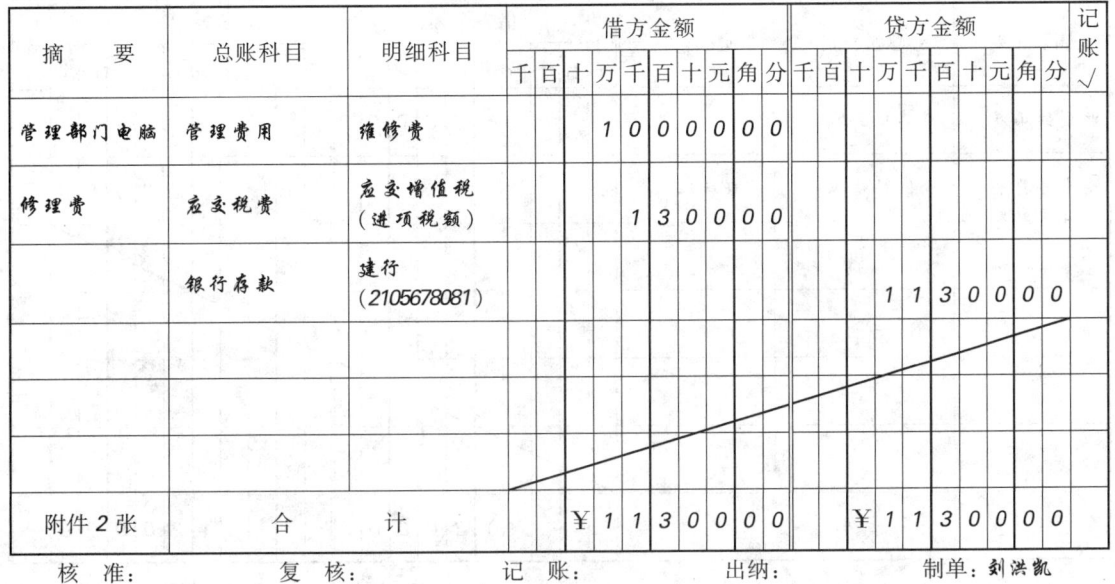

摘　要	总账科目	明细科目	借方金额										贷方金额										记账√
			千	百	十	万	千	百	十	元	角	分	千	百	十	万	千	百	十	元	角	分	
管理部门电脑	管理费用	维修费				1	0	0	0	0	0	0											
修理费	应交税费	应交增值税（进项税额）					1	3	0	0	0	0											
	银行存款	建行（2105678081）												1	1	3	0	0	0	0	0	
附件 2 张	合　计		¥	1	1	3	0	0	0	0			¥	1	1	3	0	0	0	0	0		

核 准：　　　　复 核：　　　　记 账：　　　　出 纳：　　　　制单：*刘洪凯*

【**业务42**】（共 1 张原始凭证，于 6 月 28 日取得）

42-1

收 款 收 据　　　№ 2300114

日期：*2019* 年 *6* 月 *28* 日

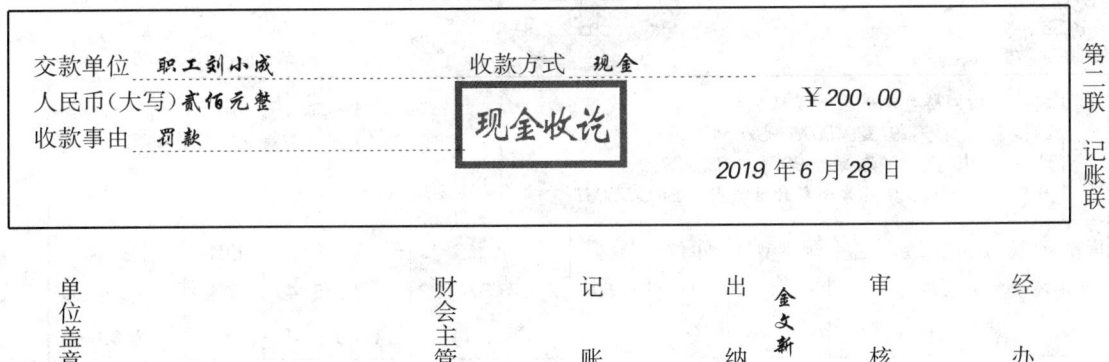

交款单位　*职工刘小成*　　　　收款方式　*现金*

人民币（大写）*贰佰元整*　　　现金收讫　　　　¥ *200.00*

收款事由　*罚款*　　　　　　　　　　　　　　　　*2019* 年 *6* 月 *28* 日

单位盖章　　　财会主管　　　记账　　　出纳*金文新*　　　审核　　　经办

第二联　记账联

上述原始凭证中：

42-1 是收款收据的第二联记账联，此联应作为收款方收到款项的记账依据。该原始凭证注明，"收款方式"是现金，这表明本公司收到了现金，进行会计核算时，应记入"库存现金"科目的借方；同时，"交款单位"是职工刘小成，"收款事由"是罚款，这表明本公司收到的是职工刘小成的罚款，进行会计核算时，应记入"营业外收入——罚款收入"科目的贷方。

因此，该笔业务应填制如下记账凭证：

记 账 凭 证

日期：*2019* 年 *6* 月 *28* 日　　　　　　　　　　第 *42* 号

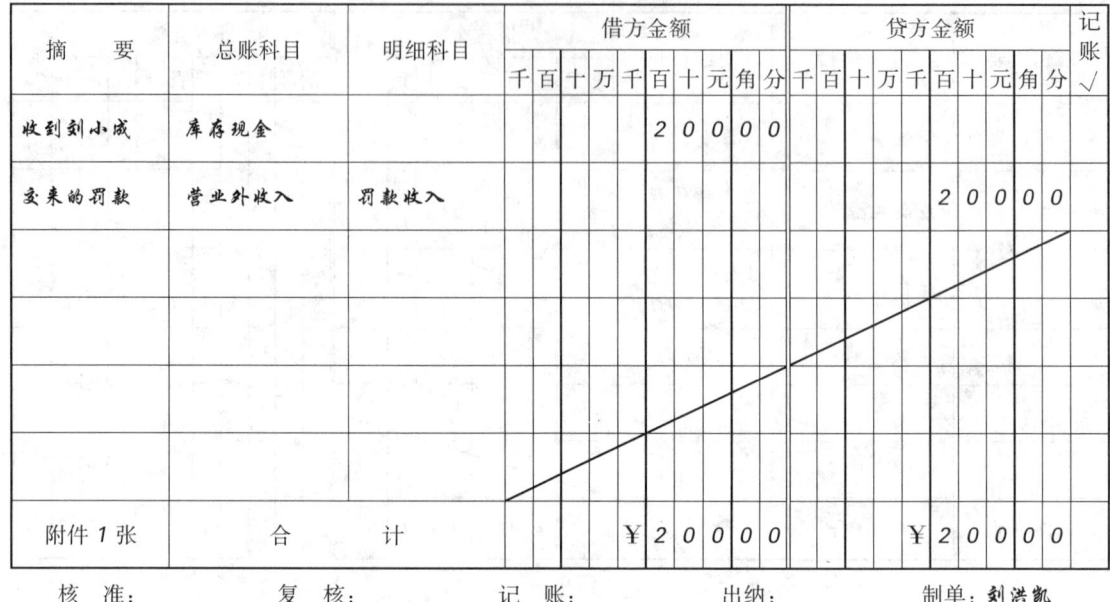

摘　要	总账科目	明细科目	借方金额 千百十万千百十元角分	贷方金额 千百十万千百十元角分	记账√
收到刘小成	库存现金		2 0 0 0 0		
交来的罚款	营业外收入	罚款收入		2 0 0 0 0	
附件 1 张	合　　　计		￥2 0 0 0 0	￥2 0 0 0 0	

核　准：　　　复　核：　　　记　账：　　　出纳：　　　制单：*刘洪凯*

【业务 43】 （共 5 张原始凭证，于 6 月 29 日取得）

43-1

 3200098220

江苏增值税专用发票　　NO.40132143

3200098220
40132143

开票日期：*2019* 年 *06* 月 *29* 日

购买方	名　　称：常州东升有限公司 纳税人识别号：91320400763987654R 地址、电话：河海西路 90 号　85222930 开户行及账号：建行常州新北区支行　2105678081	密码区	25556<98/198533204+<63<+64 <−>876 * 98</8765/>+−16 >2>7/3−+47561<>+782−/ 5432<4 * −62>>>−8	加密版本：01 3200098220 40132143

第二联　抵扣联　购买方扣税凭证

货物及应税劳务、服务的名称	规格型号	单位	数量	单价	金　额	税率	税　额
*水冰雪 *自来水		吨	650	2.028 307 692	1 318.40	3%	39.55
合　　计					￥1 318.40		￥39.55

价税合计（大写）	壹仟叁佰伍拾柒元玖角伍分		（小写）￥1 357.95

销售方	名　　称：常州通用自来水有限公司 纳税人识别号：91320400137160873Q 地址、电话：局前街 1 号　88744487 开户行及账号：中行常州分行　76541111121	备注	常州通用自来水有限公 91320400137160873Q 发票专用章 （1）

收款人：　　　复核：　　　开票人：*张洁*　　　销售方：（章）

43-2

江苏增值税专用发票

3200098220

NO.40132143

3200098220
40132143

3200098220
40132143

发 票 联

开票日期:2019 年 06 月 29 日

购买方	名　称：常州东升有限公司 纳税人识别号：91320400763987654R 地址、电话：河海西路 90 号　85222930 开户行及账号：建行常州新北区支行　2105678081	密码区	25556<98/198533204+<63<+64 <−>876 * 98</8765/>+−16 >2>7/3−+47561<>+782− /5432<4 *−62>>>−8	加密版本：01 3200098220 40132143

货物及应税劳务、服务的名称	规格型号	单位	数量	单价	金　额	税率	税　额
＊水冰雪＊自来水		吨	650	2.028 307 692	1 318.40	3%	39.55
合　计					￥1 318.40		￥39.55

价税合计(大写)	壹仟叁佰伍拾柒元玖角伍分	￥1 357.95

销售方	名　称：常州通用自来水有限公司 纳税人识别号：91320400137160873Q 地址、电话：局前街 1 号　88744487 开户行及账号：中行常州分行　76541111121	备注	91320400137160873Q 发票专用章 （1）

收款人：　　　复核：　　　开票人：张 洁　　　销售方：(章)

43-3

江苏增值税专用发票

3200098110

NO.06091041

3200098110
06091041

3200098110
06091041

发 票 联

开票日期:2019 年 06 月 29 日

购买方	名　称：常州东升有限公司 纳税人识别号：91320400763987654R 地址、电话：河海西路 90 号　85333930 开户行及账号：建行常州新北区支行　2105678081	密码区	25556<98/198533204+<63<+64 <−>876 * 98</8765/>+−16 >2>7/3−+47561<>+782−/ 5432<4 *−62>>>−8	加密版本：01 3200098110 06091041

货物或应税劳务、服务名称	规格型号	单位	数量	单价	金　额	税率	税　额
＊水冰雪＊污水处理费		吨	650	1.35	877.50	0%	＊＊＊
合　计					￥877.50		￥0

价税合计(大写)	捌佰柒拾柒元伍角整	(小写)￥877.50

销售方	名　称：常州通用自来水有限公司 纳税人识别号：91320400137160873Q 地址、电话：局前街 1 号　88744487 开户行及账号：中行常州分行　76541111121	备注	91320400137160837Q 发票专用章

收款人：　　　复核：　　　开票人：张 洁　　　销售方：(章)

43-4

水 费 分 配 表

2019 年 6 月 29 日 　　　　　　　　　　　　　　　　金额单位:元

部　　门	用水量(m³)	自来水单价	自来水分配金额	污水处理费单价	污水处理费分配金额	合计分配金额
车间	384.808		780.51		519.49	1 300.00
管理部门	265.192		537.89		358.01	895.90
合计	650.000	2.028 307 692	1 318.40	1.35	877.50	2 195.90

编制:赵小蕾 　　　　　　　　　　　　　　审核:丁小林

43-5

中国建设银行
转账支票存根

72096551
12972230

附加信息 _____

_____

_____

出票日期 *2019 年 6 月 29 日*

收款人:	常州通用自来水有限公司
金　额:	¥2 235.45
用　途:	水费
备　注:	(2105678081)

单位主管 　　　　　　　　　　会计

上述原始凭证中:

43-1 是江苏增值税专用发票的第二联抵扣联,此联应作为购买方抵扣进项税额的依据。该抵扣联不能作为记账凭证的附件,应单独装订保管,以备税务机关查验。

43-2 是江苏增值税专用发票的第三联发票联,此联是购买方的记账依据。该原始凭证注明,"购买方"是本单位,"销售方"是常州通用自来水有限公司,"货物或应税劳务、服务名称"栏是自来水,表明本公司在生产经营过程中使用了自来水。

43-3 是江苏增值税普通发票的第二联发票联,此联也应作为购买方的记账依据。该原始凭证注明,"户名"是本公司,这也表明本公司在生产经营过程中使用了自来水。根据43-1、43-2、43-3,进行会计核算时,"金额"的合计数应根据具体使用部门分配记入成本、费用相关科目,"税额"应记入"应交税费——应交增值税(进项税额)"科目的借方。

43-4 是水费分配表,此表应作为分配水费的记账依据。该原始凭证注明的内容表明,车间分配的金额,进行会计核算时,应记入"制造费用——水费"科目的借方;管理部门分配的金额,进行会计核算时,应记入"管理费用——水电费"科目的借方。

43-5 是中国建设银行转账支票存根,应作为付款方支付款项的记账依据。该原始凭证注明,"收款人"是常州通用自来水有限公司,"用途"水费,账号为 2105678081,这表明本公司已将款项从账号为 2105678081 的基本户转出。进行会计核算时,应记入"银行存款——建行(2105678081)"科目的贷方。

因此,该笔业务应填制如下记账凭证:

记 账 凭 证

日期: *2019* 年 *6* 月 *29* 日　　　　　　　　　　　　　　第 *43* 号

摘　要	总账科目	明细科目	借方金额										贷方金额										记账√
			千	百	十	万	千	百	十	元	角	分	千	百	十	万	千	百	十	元	角	分	
支付本月水费	制造费用	水费						1	3	0	0	0	0											
	管理费用	水电费							8	9	5	9	0											
	应交税费	应交增值税(进项税额)								3	9	5	5											
	银行存款	建行(2105678081)																	2	2	3	5	4	5	
附件 4 张	合　　　计						¥	2	2	3	5	4	5					¥	2	2	3	5	4	5	

核 准:　　　　　复 核:　　　　　记 账:　　　　　出 纳:　　　　　制单: *刘洪凯*

【业务 44】(共 1 张原始凭证,于 6 月 29 日取得)

44-1

发票代码 **032001600511**

江苏增值税电子普通发票

统一发票监
国家税务总局
发票联
江苏省税务局

发票号码 20010007

开票日期: *2023* 年 *07* 月 *03* 日

检验码 *17573 60298 18981 57285*

机器编号: 667005962052

第二联　发票联　购买方记账凭证

购买方	名　　　　称:	常州东升有限公司	密码区	111766<98/198533204+<123 63<+64<—>876*99</2165675 />+216>2>7/3-+47561<>120 +782-/5432<4*—62>>>-8983
	纳税人识别号:	91320400763987654R		
	地址、电话:	河海西路 90 号　85333930		
	开户行及账号:	建行常州新北区支行　2105678081		

货物或应税劳务、服务名称	规格型号	单位	数量	单价	金　额	税率	税　额
餐饮服务 *餐饮费			1	754.72	754.72	6%	45.28
合　　计					¥754.72		¥45.28

价税合计(大写)	捌佰元整	(小写) ¥800.00

销售方	名　　　　称:	常州黄河酒楼
	纳税人识别号:	91320408754320058
	地址、电话:	黄河东路 121 号　83400977
	开户行及账号:	农行常州分行　1208762435

常州黄河酒楼
91320403754320058
财务专用章

现金付讫

收款人:　　　　　复核:　　　　　开票人: *张 立*　　　　　销售方:(章)

上述原始凭证中:

44-1是江苏增值税普通发票第二联发票联,此单应作为本公司确认费用时的记账依据。该原始凭证注明,"购买方"是本单位,"销售方"是常州黄河酒楼,"货物或应税劳务、服务名称"是餐饮费,这表明本公司发生了业务招待费,进行会计核算时,"金额"应记入"管理费用——业务招待费"科目的借方;同时,该凭证上盖有"现金付讫"章,这表明所有款项已全部用现金支付,进行会计核算时,应记入"库存现金"科目的贷方。

因此,该笔业务应填制如下记账凭证:

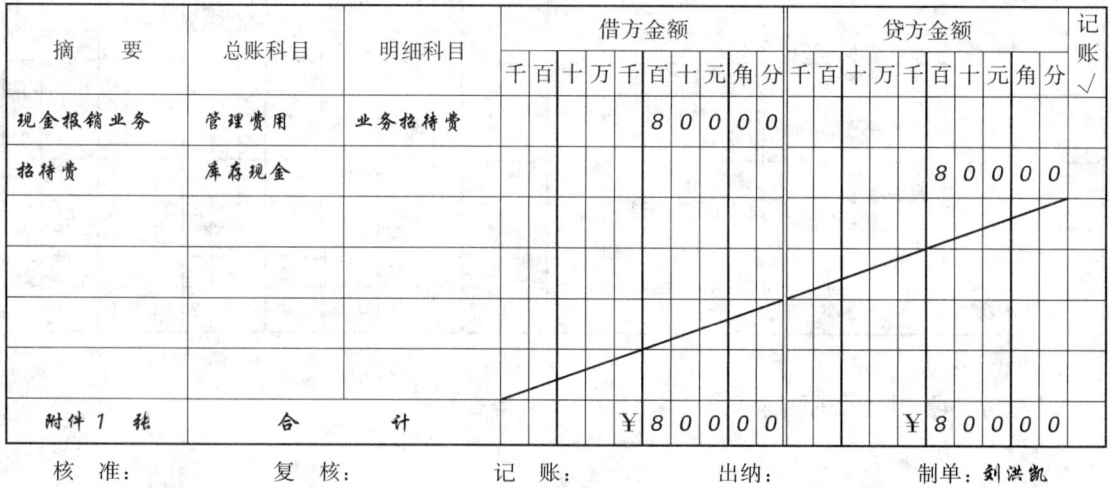

记 账 凭 证

日期: 2019 年 6 月 29 日　　　　　　　　　　　第 44 号

摘要	总账科目	明细科目	借方金额	贷方金额	记账√
现金报销业务	管理费用	业务招待费	800 00		
招待费	库存现金			800 00	
附件 1 张	合　计		¥800 00	¥800 00	

核　准:　　　复　核:　　　记　账:　　　出纳:　　　制单:刘洪凯

【业务45】 (共 1 张原始凭证,于 6 月 30 日取得)

45-1

银行借款利息计算单

2019 年 6 月 30 日　　　　　　　　　　　单位:元

借款种类	借款金额	年贷款利率	月利息额	备注
3 个月周转借款	180 000	5.1%	765.00	2019 年 6 月 1 日借入
合　计				

编制:赵小蕾　　　　　　　　审核:丁小林

上述原始凭证中:

45-1是银行借款利息计算单,此单应作为借款方期末计算利息支出的记账依据。该原始凭证注明,"借款种类"是 3 个月周转借款,这表明本公司承担的是短期借款利息支出,进行会计核算时,应记入"财务费用——利息支出"科目的借方;同时,由于本业务中没有支付利息的原始凭证,因此,进行会计核算时,应记入"应付利息——短期借款(中国银行)"科目的贷方。

因此,该笔业务应填制如下记账凭证:

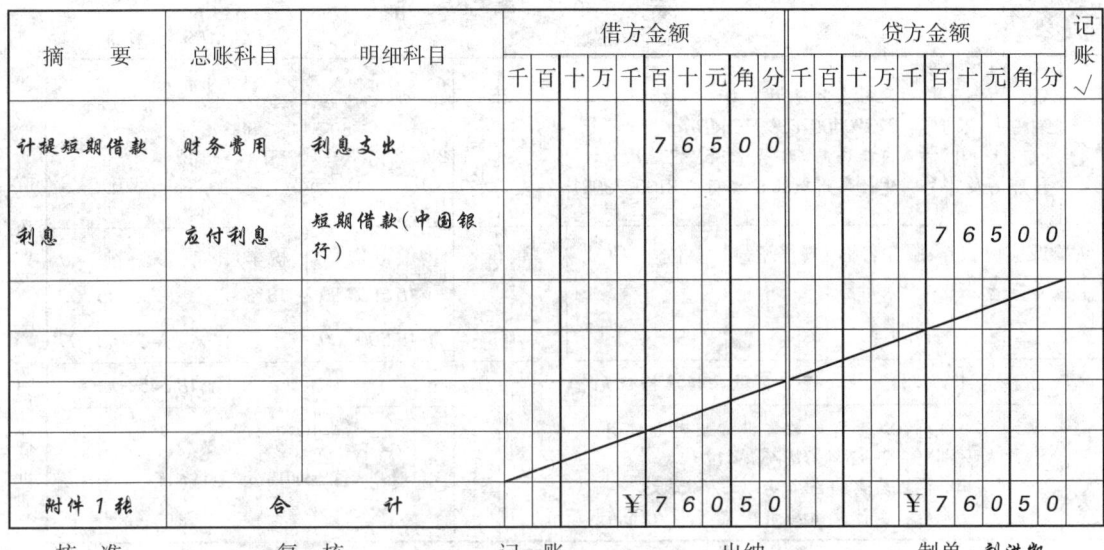

记 账 凭 证

日期:*2019* 年 *6* 月 *30* 日　　　　　　　　　　　　第 *45* 号

摘　要	总账科目	明细科目	借方金额 千 百 十 万 千 百 十 元 角 分	贷方金额 千 百 十 万 千 百 十 元 角 分	记账√
计提短期借款	财务费用	利息支出	7 6 5 0 0		
利息	应付利息	短期借款(中国银行)		7 6 5 0 0	
附件 1 张	合　　计		¥ 7 6 0 5 0	¥ 7 6 0 5 0	

核　准:　　　　　复　核:　　　　　记　账:　　　　　出　纳:　　　　　制单:*刘洪凯*

【业务 46】 (共 3 张原始凭证,于 6 月 30 日取得)

46-1

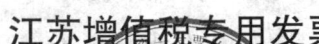

江苏增值税专用发票　　NO. 10201162

3200098293

抵　扣　联

开票日期:*2019* 年 *06* 月 *30* 日

购买方	名　称:常州东升有限公司 纳税人识别号:913204007763987654R 地址、电话:河海西路 90 号　85333930 开户行及账号:建行常州新北区支行　2105678081	密码区	12—766<98/19＋//204＋<63< ＋64<—>876＊98</8765/>＋ 216>2>7/3－＋47561<>＋782 —1///1<4＊—62>>>—8	加密版本:01 3200098293 10201162

货物或应税劳务、服务名称	规格型号	单位	数量	单价	金　额	税率	税　额
＊供电＊电					16 500.00	13%	2 145.00
合　　计					¥ 16 500.00		¥ 2 145.00

价税合计(大写)	壹万捌仟陆佰肆拾伍元整	(小写)¥ 18 645.00

销售方	名　称:江苏省电力公司常州供电公司 纳税人识别号:913204001876454115 地址、电话:局前街 324 号　87665333 开户行及账号:工行常州局前街支行　70897655511	备注	江苏省电力公司常州供电公司 913204001876454115 发票专用章

收款人:　　　　　复核:　　　　　开票人:*刘小军*　　　　　销售方:(章)

46-2

3200098293

江苏增值税专用发票　NO. 10201162

3200098293
10201162

开票日期:2019 年 06 月 30 日

购买方	名　称: 常州东升有限公司 纳税人识别号: 913204000763987654R 地址、电话: 河海西路 90 号　85333930 开户行及账号: 建行常州新北区支行　2105678081	密码区	12—766<98/19+//204+<63< +64<—>876*98</8765/>+ 216>2>7/3—+47561<>+782 —1///1<4*—62>>>—8	加密版本:01 3200098293 10201162

货物或应税劳务、服务名称	规格型号	单位	数量	单价	金　额	税率	税　额
*供电*电					16 500.00	13%	2 145.00
合　计					￥16 500.00		￥2 145.00

价税合计(大写)	壹万捌仟陆佰肆拾伍元整	(小写)￥18 645.00

销售方	名　称: 江苏省电力公司常州供电公司 纳税人识别号: 913204001876454115 地址、电话: 局前街 324 号　87665333 开户行及账号: 工行常州局前街支行　70897655511	备注	江苏省电力公司常州供电公司 913204001876454115 发票专用章 (1)

收款人:　　复核:　　开票人:刘小军　　销售方:(章)

第三联　发票联　购买方记账凭证

46-3

电费分配表

2019 年 6 月 30 日

部　门	度　数(度)	分配率	金　额(元)
车　间	7 640.625	1.28	9 780.00
管理部门	5 250.000	1.28	6 720.00
合　计	12 890.625	1.28	16 500.00

编制:赵小蕾　　审核:丁小林

上述原始凭证中:

46-1 是江苏增值税专用发票的第二联抵扣联,此联应作为购买方抵扣进项税额的依据。该抵扣联不能作为记账凭证的附件,应单独装订保管,以备税务机关查验。

46-2 是江苏增值税专用发票的第三联发票联,此联应作为购货方的记账依据。该原始凭证注明,"购买方"是本公司,"销售方"是江苏省电力公司常州供电公司,"货物或应税劳务、服务名称"栏是电,这表明本公司在生产经营过程中使用了电。根据 46-1 和 46-2,进行会计核算时,"金额"应根据具体使用部门分配记入成本、费用等科目,"税额"应记入"应交税费——应交增值税(进项税额)"科目的借方。

46-3 是电费分配表,此表应作为分配电费的记账依据。该原始凭证注明的内容表明,车间分配的金额,进行会计核算时,应记入"制造费用——电费"科目的借方;管理部门分配的金额,进行会计核算时,应记入"管理费用——水电费"科目的借方。

此外,本业务中没有支付款项的原始凭证,而"预付账款——供电公司"科目 2019 年 5 月 31 日的贷方余额为 68 973.03 元,这表明本公司已于前期预付了电费,现已结清了本月发生的电费。因此,进行会计核算时,应记入"预付账款——电费"科目的贷方。

因此,该笔业务应填制如下记账凭证:

记 账 凭 证

日期:*2019* 年 *6* 月 *30* 日   第 *46* 号

摘 要	总账科目	明细科目	借方金额 千 百 十 万 千 百 十 元 角 分	贷方金额 千 百 十 万 千 百 十 元 角 分	记账 √
支付本月的电费	制造费用	电费	9 7 8 0 0 0		
	管理费用	水电费	6 7 2 0 0 0		
	应交税费	应交增值税 (进项税额)	2 1 4 5 0 0		
	预付账款	供电公司		1 8 6 4 5 0 0	
附件 *2* 张	合 计		¥ 1 8 6 4 5 0 0	¥ 1 8 6 4 5 0 0	

核 准: 复 核: 记 账: 出 纳: 制单:*刘洪凯*

【业务 47】 (共 1 张原始凭证,于 6 月 30 日取得)

47-1

汽车保险费摊销计算表

2019 年 *6* 月 *30* 日

部 门	金 额(元)	摊 销 期 限(个月)	本 期 金 额(元)
管理部门	3 600.00	12	300.00
合 计			300.00

编制:*赵小蕾*   审核:*丁小林*

上述原始凭证中:

47-1 是汽车保险费摊销计算表,此表应作为确认本期保险费摊销金额的记账依据。该原始凭证注明的内容表明,本公司管理部门本月应承担的保险费为 300.00 元,进行会计核算时,应记入"管理费用——保险费"科目的借方;同时,"预付账款——汽车保险费"科目 2019 年 5 月 31 日的贷方余额为 600.00 元,这表明本公司已于前期预付了汽车保险费,现摊销汽车保险费时,应记入"预付账款——汽车保险费"科目的贷方。

因此,该笔业务应填制如下记账凭证:

记 账 凭 证

日期：2019 年 6 月 30 日　　　　　　　　　　　　　　第 47 号

摘　要	总账科目	明细科目	借方金额										贷方金额										记账√
			千	百	十	万	千	百	十	元	角	分	千	百	十	万	千	百	十	元	角	分	
摊销汽车保险费	管理费用	保险费					3	0	0	0	0												
	预付账款	汽车保险费															3	0	0	0	0		
附件 1 张	合　计						¥	3	0	0	0	0					¥	3	0	0	0	0	

核　准：　　　　复　核：　　　　记　账：　　　　出　纳：　　　　制单：刘洪凯

【业务 48】（共 1 张原始凭证，于 6 月 30 日取得）

48-1

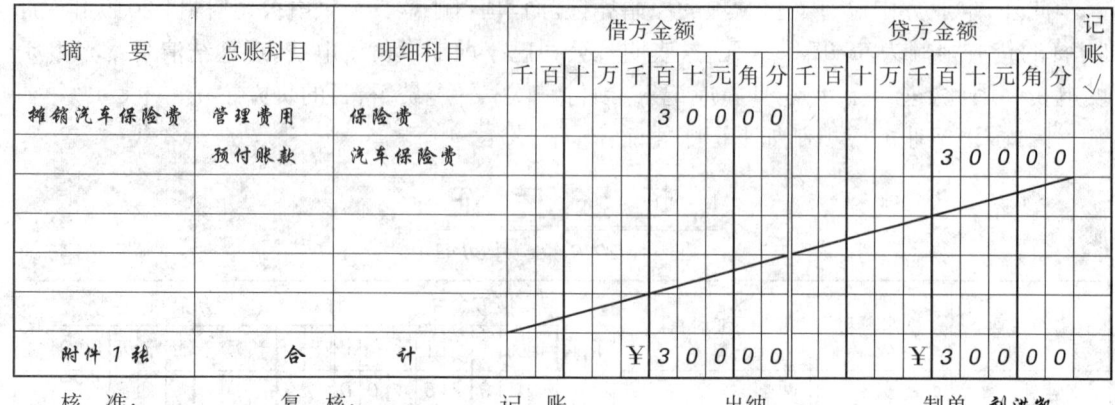

中国建设银行

转账支票存根

72096551

12972231

附加信息

_____

_____

出票日期 *2019* 年 *6* 月 *31* 日

收款人：常州红山有限公司	
金　额：¥50 000.00	
用　途：货款	
备　注：(2105678081)	

单位主管　　　　　　　　会计

上述原始凭证中：

48-1 是中国建设银行转账支票存根，应作为付款方支付款项的记账依据。该原始凭证注明，账号为 2105678081，这表明本公司已将款项从账号为 2105678081 的基本户转出，进行会计核算时，应记入"银行存款——建行(2105678081)"科目的贷方；同时，"收款人"是常州红山有限公司，"用途"是货款，而"应付账款——常州红山有限公司"科目 2019 年 5 月 31 日的贷方余额为 50 000 元，这表明本公司已将款项从基本户转出用于偿还前欠常州红山有限公司的货款，进行会计核算时，应记入"应付账款——常州红山有限公司"科目的借方。

因此，该笔业务应填制如下记账凭证：

记 账 凭 证

日期：*2019 年 6 月 30 日*　　　　　　　　　　　第 *48* 号

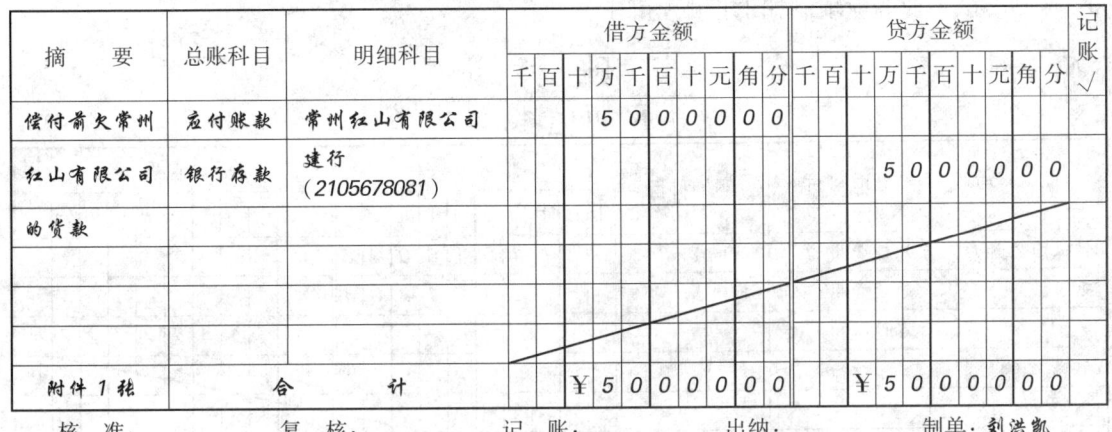

摘　要	总账科目	明细科目	借方金额 千 百 十 万 千 百 十 元 角 分	贷方金额 千 百 十 万 千 百 十 元 角 分	记账 √
偿付前欠常州	应付账款	常州红山有限公司	5 0 0 0 0 0 0		
红山有限公司	银行存款	建行（2105678081）		5 0 0 0 0 0 0	
的货款					
附件 1 张	合　　计		￥5 0 0 0 0 0 0	￥5 0 0 0 0 0 0	

核　准：　　　　复　核：　　　　记　账：　　　　出　纳：　　　　制单：*刘洪凯*

【业务 49】　（共 1 张原始凭证，于 6 月 30 日取得）

49-1

固定资产折旧计算表

2019 年 6 月 30 日　　　　　　　　　　　　　单位：元

固定资产类别	使用部门	品名	单位	数量	原价	月折旧率	月折旧额
房　屋	车　间	厂房	幢	1	1 000 000.00	0.003 958	3 958.00
	管理部门	行政楼	幢	1	300 000.00	0.003 958	1 187.40
机器设备	车　间	设备 X	台	10	200 000.00	0.007 917	1 583.40
		设备 Y	台	5	150 000.00	0.007 917	1 187.55
		设备 Z	台	10	250 083.00	0.007 917	1 979.91
电　脑	车　间	电脑 E	台	5	15 000.00	0.026 389	395.84
	管理部门	电脑 E	台	5	15 000.00	0.026 389	395.84
空　调	车　间	空调 F	台	5	40 000.00	0.026 389	1 055.56
	管理部门	空调 G	台	5	25 000.00	0.026 389	659.73
运输工具	管理部门	轿车 H	辆	1	120 000.00	0.019 792	2 375.04
合　　计					2 115 083.00		14 778.27

编制：*赵小蕾*　　　　　　　　　　　　　　审核：*丁小林*

上述原始凭证中：

49-1 是固定资产折旧计算表，此表应作为期末计提固定资产折旧的记账依据。该原始凭证注明的内容表明，本公司本月计提了折旧，进行会计核算时，记入"累计折旧"科目的贷方；同时表明，车间承担了折旧费用 10 160.26 元，进行会计核算时，应记入"制造费用——折旧费"科目的借方,管理部门承担了折旧费用 4 618.01 元,应记入"管理费用——折旧费"科目的借方。

因此,该笔业务应填制如下记账凭证:

记 账 凭 证

日期:*2019* 年 *6* 月 *30* 日　　　　　　　　　　　　　第 *49* 号

摘　　要	总账科目	明细科目	借方金额										贷方金额										记账√
			千	百	十	万	千	百	十	元	角	分	千	百	十	万	千	百	十	元	角	分	
计提固定资产	制造费用	折旧费				1	0	1	6	0	2	6											
折旧	管理费用	折旧费					4	6	1	8	0	1											
		累计折旧													1	4	7	7	8	2	7	
附件 *1* 张	合　　计			¥	1	4	7	7	8	2	7			¥	1	4	7	7	8	2	7		

核　准:　　　　复　核:　　　　　记　账:　　　　出　纳:　　　　制单:*刘洪凯*

【业务 50】　(共 1 张原始凭证,于 6 月 30 日取得)

50-1

应交增值税计算表

2019 年 *6* 月 *30* 日

项目	金　额(元)
销项税额	154 804.00
进项税额	29 915.45
上期留抵税额	
进项税额转出	
应纳税额	124 888.55
期末留抵税额	
按简易征收办法计算的应纳税额	
应纳税额减征额	
应纳税额合计	124 888.55

编制:*赵小蕾*　　　　　　　　　　　　　　　　　　　　　审核:*丁小林*

上述原始凭证中:

50-1 是应交增值税计算表,此表应作为期末计算应交增值税的记账依据。该原始凭证注明的内容表明,本公司本月应交未交的增值税是 124 888.55 元,进行会计核算时,应分别记入"应交税费——应交增值税(转出未交增值税)"科目的借方和"应交税费——未交增值税"科目的贷方。

因此,该笔业务应填制如下记账凭证:

记 账 凭 证

日期：2019 年 6 月 30 日　　　　　　　　　　第 50 号

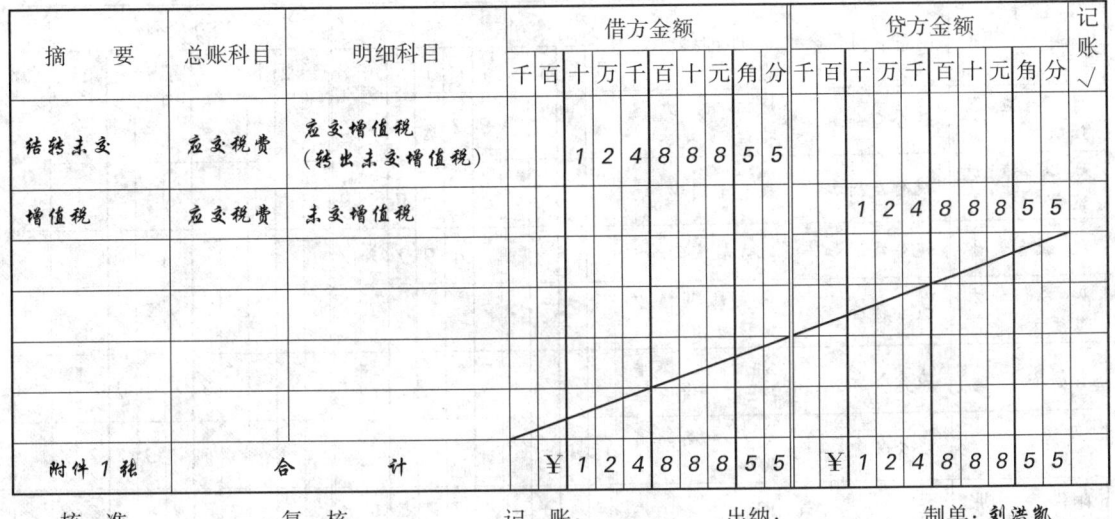

摘　要	总账科目	明细科目	借方金额										贷方金额										记账√
			千	百	十	万	千	百	十	元	角	分	千	百	十	万	千	百	十	元	角	分	
结转未交	应交税费	应交增值税 （转出未交增值税）			1	2	4	8	8	8	5	5											
增值税	应交税费	未交增值税													1	2	4	8	8	8	5	5	
附件 1 张	合　　　计			¥	1	2	4	8	8	8	5	5		¥	1	2	4	8	8	8	5	5	

核准：　　　　复 核：　　　　　记 账：　　　　出 纳：　　　　制单：刘洪凯

【业务 51】（共 1 张原始凭证，于 6 月 30 日取得）

51-1

城市维护建设税、教育费附加、地方教育附加计算表

2019 年 6 月 30 日　　　　　　　　　　　　　　单位：元

税（费）种	增值税	税率（征收率）	本期应纳税费	本期已缴税费	本期应补（退）税费
城市维护建设税	124 888.55	7%	8 742.20	0	8 742.20
教育费附加	124 888.55	3%	3 746.66	0	3 746.66
地方教育附加	124 888.55	2%	2 497.77	0	2 497.77
合计			14 986.63	0	14 986.63

上述原始凭证中：

51-1 是城市维护建设税、教育费附加、地方教育附加计算表，此表应作为企业期末计算城市维护建设税及教育费附加的记账依据。该原始凭证注明，城市维护建设税、教育费附加、地方教育附加的计缴依据是本月合计应交增值税的税额 14 986.63 元，"城市维护建设税"的"本期应纳税费"是 8 742.20 元，"教育费附加"的"本期应纳税费"是 3 746.66 元，"地方教育附加"的"本期应纳税费"是 2 497.77 元，这表明本公司本月发生了税金及附加费用，进行会计核算时，"本期应纳税费"金额应分别记入"税金及附加——城市维护建设税""税金及附加——教育费附加""税金及附加——地方教育附加"科目的借方以及"应交税费——应交城市维护建设税""应交税费——应交教育费附加"和"应交税费——应交地方教育附加"科目的贷方。

因此，该笔业务应填制如下记账凭证：

记 账 凭 证

日期：2019 年 6 月 30 日　　　　　　　　　　　　第 50 号

摘　　要	总账科目	明细科目	借方金额										贷方金额										记账√
			千	百	十	万	千	百	十	元	角	分	千	百	十	万	千	百	十	元	角	分	
计算应缴纳的	税金及附加	城市维护建设税					8	7	4	2	2	0											
城市维护建设	税金及附加	教育费附加					3	7	4	6	6	6											
税、教育费附加及地方教育	税金及附加	地方教育附加					2	4	9	7	7	7											
加及地方教育	应交税费	应交城市维护建设税															8	7	4	2	2	0	
费附加	应交税费	应交教育费附加															3	7	4	6	6	6	
	应交税费	应交地方教育附加															2	4	9	7	7	7	
附件 1 张	合　计				¥	1	4	9	8	6	6	3			¥	1	4	9	8	6	6	3	

核准：　　　复核：　　　记账：　　　出纳：　　　制单：刘洪凯

【业务 52】（共 1 张原始凭证，于 7 月 2 日取得）

52-1

工资费用分配表

2019 年 6 月 30 日　　　　　　　　　　　　单位:元

应 借 账 户	直接计入	分 配 计 入			合　计
		生产工时	分配率	分配金额	
生产成本——A		6 000	15.625	93 750.00	93 750.00
——B		2 000	15.625	31 250.00	31 250.00
小计		8 000	15.625	125 000.00	125 000.00
制造费用	25 000.00				25 000.00
管理费用	40 000.00				40 000.00
合计	65 000.00			125 000.00	190 000.00

编制：赵小蕾　　　　　　　　　审核：丁小林

上述原始凭证中：

52-1 是工资费用分配表,此表应作为期末计算分配工资费用的记账依据。该原始凭证注明的内容表明,本月应支付给职工的工资总额为 190 000.00 元,进行会计核算时,合计金额应记入"应付职工薪酬——工资"科目的贷方;同时,生产 A、B 产品分别发生了工资费用 93 750.00 元和 31 250.00 元,进行会计核算时,应分别记入"生产成本——A(直接人工)"和"生产成本——B(直接人工)"科目的借方;此外,车间管理人员和管理部门人员分别发生了工资费用 25 000.00 元和 40 000.00 元,进行会计核算时,应分别记入"制造费用——工资"和"管理费用——工资"科目的借方。

因此,该笔业务应填制如下记账凭证:

记 账 凭 证

日期:*2019* 年 *6* 月 *30* 日　　　　　　　　　　　　　　第 *52* 号

摘　要	总账科目	明细科目	借方金额										贷方金额										记账√
			千	百	十	万	千	百	十	元	角	分	千	百	十	万	千	百	十	元	角	分	
分配职工工资	生产成本	A(直接人工)				9	3	7	5	0	0	0											
		B(直接人工)				3	1	2	5	0	0	0											
	制造费用	工资				2	5	0	0	0	0	0											
	管理费用	工资				4	0	0	0	0	0	0											
	应付职工薪酬	工资												1	9	0	0	0	0	0	0	0	
附件 *1* 张	合　　计		¥	1	9	0	0	0	0	0	0	0	¥	1	9	0	0	0	0	0	0	0	

核　准:　　　　　复　核:　　　　　记　账:　　　　　出　纳:　　　　　制单:*刘洪凯*

【业务 53】　(共 1 张原始凭证,于 7 月 2 日取得)

53-1

五险一金计算表

2019 年 *6* 月 *30* 日　　　　　　　　　　　　　　　　　单位:元

应借账户		工资总额	医疗保险(7.5%)	养老保险(16%)	失业保险(0.5%)	生育保险(0.8%)	工伤保险(0.2%)	合计
生产成本	A 产品	93 750.00	7 031.25	15 000.00	468.75	750.00	187.50	23 437.50
	B 产品	31 250.00	2 343.75	5 000.00	156.25	250.00	62.50	7 812.50
	小计	125 000.00	9 375.00	20 000.00	625.00	1 000.00	250.00	31 250.00
制造费用		25 000.00	1 875.00	4 000.00	125.00		50.00	6 250.00
管理费用		40 000.00	3 000.00	6 400.00	200.00	320.00	80.00	10 000.00
合　计		190 000.00	14 250.00	30 400.00	950.00	1 520.00	380.00	47 500.00

编制:*赵小蕾*　　　　　　　　　　　　　　　　　审核:*丁小林*

上述原始凭证中:

53-1 是五险计算表,此表应作为期末计算分配五险的记账依据。该原始凭证注明的内容表明,本月应承担的五险为 47 500.00 元,进行会计核算时,合计金额应记入“应付职工薪酬——社会保险费”和“应付职工薪酬——设定提存计划”科目的贷方;同时,生产 A、B 产品分别发生了五险费用 23 437.50 元和 7 812.50 元,进行会计核算时,应分别记入“生产成本——A(直接人工)”和“生产成本——B(直接人工)”科目的借方;此外,车间管理人员和管理部门人员分别发生了五险费用 6 250.00 元和 10 000.00 元,进行会计核算时,应分别记入“制造费用——五险一金”和“管理费用——五险一金”科目的借方。

因此,该笔业务应填制如下记账凭证:

记 账 凭 证

日期：*2019* 年 *6* 月 *30* 日 　　　　　　　　第 *53* $\frac{1}{2}$ 号

摘　　要	总账科目	明细科目	借方金额										贷方金额										记账√
			千	百	十	万	千	百	十	元	角	分	千	百	十	万	千	百	十	元	角	分	
计提社会保险费	生产成本	A(直接人工)					2	3	4	3	7	5	0											
		B(直接人工)						7	8	1	2	5	0											
	制造费用	五险一金						6	2	5	0	0	0											
	管理费用	五险一金					1	0	0	0	0	0	0											
	应付职工薪酬	社会保险费(医疗保险)														1	4	2	5	0	0	0	
		设定提存计划(养老保险)														3	0	4	0	0	0	0	
附件同 54 $\frac{2}{2}$ 张	合　　计																						

核　准：　　　复　核：　　　记　账：　　　出　纳：　　　制单：*刘洪凯*

记 账 凭 证

日期：*2019* 年 *6* 月 *30* 日 　　　　　　　　第 *53* $\frac{2}{2}$ 号

摘　　要	总账科目	明细科目	借方金额										贷方金额										记账√
			千	百	十	万	千	百	十	元	角	分	千	百	十	万	千	百	十	元	角	分	
计提五险一金	应付职工薪酬	设定提存计划(失业保险)																9	5	0	0	0	
		社会保险费(生育保险)															1	5	2	0	0	0	
		社会保险费(工伤保险)																3	8	0	0	0	
附件 1 张	合　　计					¥	4	7	5	0	0	0	0			¥	4	7	5	0	0	0	0	

核　准：　　　复　核：　　　记　账：　　　出　纳：　　　制单：*刘洪凯*

【业务 54】（共 1 张原始凭证，于 7 月 2 日取得）

54-1

住房公积金计算表

2019 年 6 月 30 日

应借账户		工资总额	住房公积金
生产成本	A 产品	93 750.00	9 375.00
	B 产品	31 250.00	3 125.00
	小计	125 000.00	12 500.00
制造费用		25 000.00	2 500.00
管理费用		40 000.00	4 000.00
合　计		190 000.00	19 000.00

编制：*赵小蕾*　　　　　　　　　　　审核：*丁小林*

54-1 是住房公积金计算表,此表应作为期末计算分配住房公积金的记账依据。该原始凭证注明的内容表明,本月应承担的住房公积金为 19 000.00 元,进行会计核算时,合计金额应记入"应付职工薪酬——住房公积金"科目的贷方;同时,生产 A、B 产品分别发生了住房公积金费用 9 375.00 元和 3 125.00 元,进行会计核算时,应分别记入"生产成本——A(直接人工)"和"生产成本——B(直接人工)"科目的借方;此外,车间管理人员和管理部门人员分别发生了住房公积金费用 2 500.00 元和 4 000.00 元,进行会计核算时,应分别记入"制造费用——五险一金"和"管理费用——五险一金"科目的借方。

因此,该笔业务应填制如下记账凭证:

记 账 凭 证

日期: *2019* 年 *6* 月 *30* 日　　　　　　　　　　　　第 *54* 号

摘　要	总账科目	明细科目	借方金额										贷方金额										记账√
			千	百	十	万	千	百	十	元	角	分	千	百	十	万	千	百	十	元	角	分	
计提住房公积金	生产成本	A(直接人工)					9	3	7	5	0	0											
		B(直接人工)					3	1	2	5	0	0											
	制造费用	五险一金					2	5	0	0	0	0											
	管理费用	五险一金					4	0	0	0	0	0											
	应付职工薪酬	住房公积金													1	9	0	0	0	0	0		
附件同 54 张	合　　计					￥	1	9	0	0	0	0	0		￥	1	9	0	0	0	0	0	

核　准:　　　　　复　核:　　　　　记　账:　　　　　出　纳:　　　　　制单: *刘洪凯*

【业务 55】　(共 1 张原始凭证,于 7 月 2 日取得)

55-1

原材料发出汇总表

2019 年 6 月 30 日

材料名称　用途	甲　材　料		乙　材　料		合　计
	数量(件)	金额(元)	数量(件)	金额(元)	
生产车间——A	8 000	80 000.00	2 000	16 000.00	96 000.00
生产车间——B	2 940	29 400.00	3 000	24 000.00	53 400.00
生产车间——一般消耗			1 412	11 296.00	11 296.00
管理部门			500	4 000.00	4 000.00
销售材料	60	570.45			570.45
合计	11 000	109 970.45	6 912	55 296.00	165 266.45

编制: *张晶宇*　　　　　　　　　　　　　审核: *刘林*

上述原始凭证中:

55-1 是原材料发出汇总表,此表应作为期末计算分配材料费用的记账依据。该原始凭证注明的内容表明,本月发出甲、乙材料的成本分别为 109 970.45 元和 55 296.00 元,其中,甲材料因已全部发出而无余额,由其出库单位成本保留 2 位小数而产生的尾差计入了销售材料的成本,进行会计核算时,应分别记入"原材料——甲"和"原材料——乙"科目的贷方;同时,生产 A、B 产品发生原材料费用分别为 96 000.00 元和 53 400.00 元,进行会计核算时,应分别记入"生产成本——A（直接材料）"和"生产成本——B（直接材料）"科目的借方;车间、管理部门一般耗用原材料费用分别为 11 296.00 元和 4 000.00 元,进行会计核算时,应记入"制造费用——材料"和"管理费用——材料"科目的借方;此外,应结转销售材料的成本为 570.45 元,进行会计核算时,应记入"其他业务成本——材料销售成本（甲）"科目的借方。

因此,该笔业务应填制如下记账凭证:

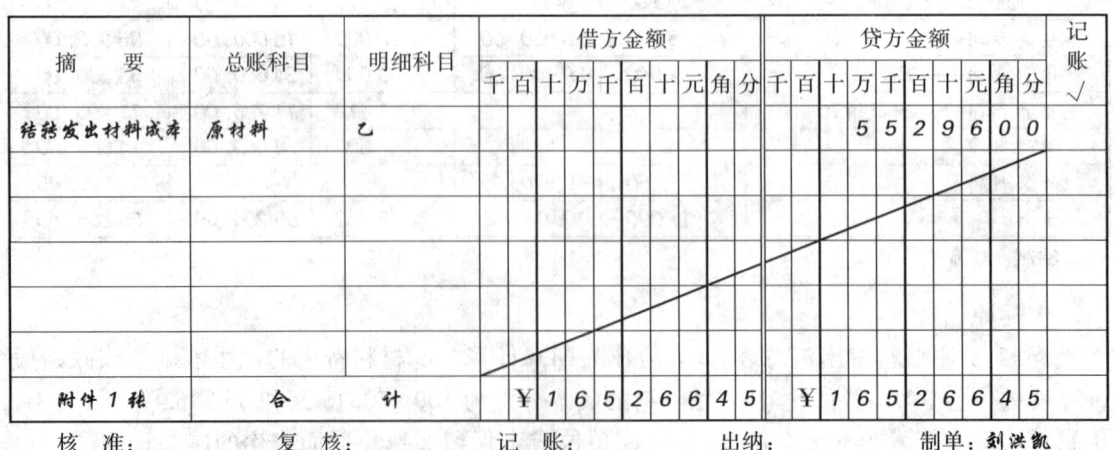

记 账 凭 证

日期：*2019* 年 *6* 月 *30* 日   第 55 $\frac{1}{2}$ 号

摘　　要	总账科目	明细科目	借方金额										贷方金额										记账√
			千	百	十	万	千	百	十	元	角	分	千	百	十	万	千	百	十	元	角	分	
结转发出材料成本	生产成本	A（直接材料）				9	6	0	0	0	0	0											
		B（直接材料）				5	3	4	0	0	0	0											
	制造费用	材料				1	1	2	9	6	0	0											
	管理费用	材料					4	0	0	0	0	0											
	其他业务成本	材料销售成本（甲）						5	7	0	4	5											
	原材料	甲											1	0	9	9	7	0	4	5		
附件同 55 $\frac{2}{2}$ 张	合　　计																						

核　准：   复　核：   记　账：   出　纳：   制单：*刘洪凯*

记 账 凭 证

日期：*2019* 年 *6* 月 *30* 日   第 55 $\frac{2}{2}$ 号

摘　　要	总账科目	明细科目	借方金额										贷方金额										记账√
			千	百	十	万	千	百	十	元	角	分	千	百	十	万	千	百	十	元	角	分	
结转发出材料成本	原材料	乙														5	5	2	9	6	0	0	
附件 1 张	合　　计		￥	1	6	5	2	6	6	4	5		￥	1	6	5	2	6	6	4	5		

核　准：   复　核：   记　账：   出　纳：   制单：*刘洪凯*

【业务 56】 （共 1 张原始凭证，于 7 月 2 日取得）

56-1

制造费用分配表

2019 年 6 月 30 日

产品名称	生产工时	分配率	分配金额（元）
A	6 000		50 137.50
B	2 000		16 712.50
合 计	8 000	8.356 25	66 850.00

编制：赵小蕾　　　　　　　　　　　审核：丁小林

上述原始凭证中：

56-1 是制造费用分配表，此表应作为期末计算分配制造费用的记账依据。该原始凭证注明的内容表明，本月生产 A、B 产品应承担的制造费用分别为 50 137.50 元和 16 712.50 元，进行会计核算时，应分别记入"生产成本——A（制造费用）"和"生产成本——B（制造费用）"科目的借方；同时，还表明本月发生的制造费用 66 850.00 元已分配结转，进行会计核算时，应记入"制造费用"各明细科目的贷方。

因此，该笔业务应填制如下记账凭证：

记 账 凭 证

日期：*2019 年 6 月 30 日*　　　　　　　　　第 56 $\frac{1}{2}$ 号

摘　要	总账科目	明细科目	借方金额										贷方金额										记账✓
			千	百	十	万	千	百	十	元	角	分	千	百	十	万	千	百	十	元	角	分	
结转制造费用	生产成本	A（制造费用）				5	0	1	3	7	5	0											
		B（制造费用）				1	6	7	1	2	5	0											
	制造费用	办公费																5	6	3	7	4	
		水费															1	3	0	0	0	0	
		电费															9	7	8	0	0	0	
		折旧费														1	0	1	6	0	2	6	
附件同 56 $\frac{2}{2}$ 张	合　计																						

核　准：　　　复　核：　　　记　账：　　　出　纳：　　　制单：刘洪凯

记账凭证

日期：*2019* 年 *6* 月 *30* 日

第 56 $\frac{2}{2}$ 号

摘　要	总账科目	明细科目	借方金额	贷方金额	记账√
			千百十万千百十元角分	千百十万千百十元角分	
结转制造费用	制造费用	工资		2 5 0 0 0 0 0	
		五险一金		8 7 5 0 0 0	
		材料		1 1 2 9 6 0 0	
附件 1 张	合　　计		¥ 6 8 8 5 0 0 0	¥ 6 8 5 0 0 0 0	

核准：　　　　复核：　　　　记账：　　　　出纳：　　　　制单：刘洪凯

【业务 57】　（共 3 张原始凭证，于 7 月 2 日取得）

57-1

产品产量明细表

2019 年 *6* 月 *30* 日

生产部门	产品名称	月初在产品数量	本月投产产品数量	本月完工产品数量	本月入库产品数量	月末在产品数量	投料率	期末在产品完工率
生产车间	A	125	275	3 000	3 000	0		
生产车间	B	800	1 600	0	0	2 400		

编制：张晶宇　　　　　　　　　　　　审核：刘林

57-2

产品成本计算单

产品：*A*　　　　　　　*2019* 年 *6* 月 *30* 日

完工产品　3 000 件
在产品　　　0 件

摘　　要	直接材料	直接人工	制造费用	合　　计
期初在产品成本	4 112.11	1 516.85	4 442.85	10 071.81
本月发生费用	96 000.00	126 562.50	50 137.50	272 700.00
生产费用合计	100 112.11	128 079.35	54 580.35	282 771.81
完工产品成本	100 112.11	128 079.35	54 580.35	282 771.81
月末在产品成本	0	0	0	0

编制：赵小蕾　　　　　　　　　　　　审核：丁小林

57-3

产品成本计算单

完工产品　0件

产品：B　　　　　　　　　2019 年 6 月 30 日　　　　　　在产品　2 400 件

摘　　要	直接材料	直接人工	制造费用	合　　计
期初在产品成本	27 398.95	16 636.57	3 828.17	47 863.69
本月发生费用	53 400.00	42 187.50	16 712.50	112 300.00
生产费用合计	80 798.95	58 824.07	20 540.67	160 163.69
完工产品成本	0	0	0	0
月末在产品成本	80 798.95	58 824.07	20 540.67	160 163.69

编制：赵小蕾　　　　　　　　　　　　　审核：丁小林

上述原始凭证中：

57-1 是产成品入库单第二联记账联，此联应作为完工产品验收入库的记账依据。该原始凭证注明的内容表明，本月有 3 000 件 A 产品已经完工验收入库，进行会计核算时，应记入"库存商品——A"科目的借方。

57-2 是产品成本计算单，此单应作为期末结转完工产品成本的记账依据。该原始凭证注明的内容表明，本月完工 A 产品的成本 282 771.81 元应予以结转，进行会计核算时，记入"生产成本——A"各明细科目的贷方。

57-3 是产品成本计算单，此单应作为期末结转完工产品成本的记账依据。该原始凭证注明的内容表明，本月 B 产品尚未完工，因此，不需要结转完工产品成本。

因此，该笔业务应填制如下记账凭证：

记 账 凭 证

日期：2019 年 6 月 30 日　　　　　　　　　　　　第 57 号

摘　　要	总账科目	明细科目	借方金额 千百十万千百十元角分	贷方金额 千百十万千百十元角分	记账 √
结转完工产品	库存商品	A	2 8 2 7 7 1 8 1		√
成本	生产成本	A（直接材料）		1 0 0 1 1 2 1 1	
		A（直接人工）		1 2 8 0 7 9 3 5	
		A（制造费用）		5 4 5 8 0 3 5	
附件 3 张	合　　计		￥2 8 2 7 7 1 8 1	￥2 8 2 7 7 1 8 1	

核　准：　　　复核：　　　记　账：　　　出纳：　　　制单：刘洪凯

【业务58】 （共 3 张原始凭证,于 7 月 2 日取得）

58-1

单位产品成本计算表

2019 年 6 月 30 日

产品名称	期初产成品		本月完工产品		加权平均单价
	数 量(件)	金 额(元)	数 量(件)	金 额(元)	
A	2 500	322 500.00	3 000	282 771.81	110.05
B	3 500	157 500.00			45.00

编制：*赵小蕾*　　　　　　　　　　　　审核：*丁小林*

58-2

产品销售成本计算表

2019 年 6 月 30 日

产品名称	销售数量(件)	单位成本(元)	总成本(元)
A	3 300	110.05	368 165.00
B	2 000	45.00	90 000.00

编制：*赵小蕾*　　　　　　　　　　　　审核：*丁小林*

58-3

产成品出库汇总表

2019 年 6 月 30 日

产品名称	发出数量(件)	单位成本(元)	总成本
A	3 300		
B	2 000		

编制：*张晶宇*　　　　　　　　　　　　审核：*刘林*

上述原始凭证中:

58-1 是单位产品成本计算表,此表应作为期末计算产品销售成本的记账依据。该原始凭证注明的内容表明,A、B 产品的单位销售成本分别为 110.05 元和 45.00 元。

58-2 是产品销售成本计算表,此表也应作为期末计算产品销售成本的记账依据。该原始凭证注明的内容表明,本公司本月销售的 A、B 产品总成本分别为 363 164.00 元和 90 000.00元,进行会计核算时,应分别记入"主营业务成本——A"和"主营业务成本——B"科目的借方。

58-3 是产成品出库汇总表,此表应作为确定本期发出产成品的记账依据。该原始凭证注明的内容表明,本公司本月发出了 A、B 产品。进行会计核算时,应分别记入"库存商品——A"和"库存商品——B"科目的贷方。

因此,该笔业务应填制如下记账凭证:

记 账 凭 证

日期：2019 年 6 月 30 日 第 58 号

摘 要	总账科目	明细科目	借方金额 千百十万千百十元角分	贷方金额 千百十万千百十元角分	记账√
结转已销产品成本	主营业务成本	A	3 6 3 1 6 5 0 0		
		B	9 0 0 0 0 0 0		
	库存商品	A		3 6 3 1 6 5 0 0	
		B		9 0 0 0 0 0 0	
附件 3 张	合 计		¥ 4 5 3 1 6 5 0 0	¥ 4 5 3 1 6 5 0 0	

核准： 复核： 记账： 出纳： 制单：刘洪凯

【业务59】(共 1 张原始凭证,于 2019 年 7 月 2 日取得)

59-1

合同履约成本结转表

2019 年 6 月 30 日

总账科目	明细科目	金额
合同履约成本	服务成本——运输装卸费——B	917.43
合计		917.43

编制：赵小磊 审核：丁小林

上述原始凭证中：

59-1 是合同履约成本结转表,总账科目是"合同履约成本",明细科目为"服务成本——运输装卸费——B",金额为"917.43",应转入 B 产品的主营业务成本。进行会计核算时,应记入"主营业务成本——B 产品"科目的借方。

因此,该笔业务应填制如下记账凭证：

记 账 凭 证

日期：2019 年 6 月 30 日 第 59 号

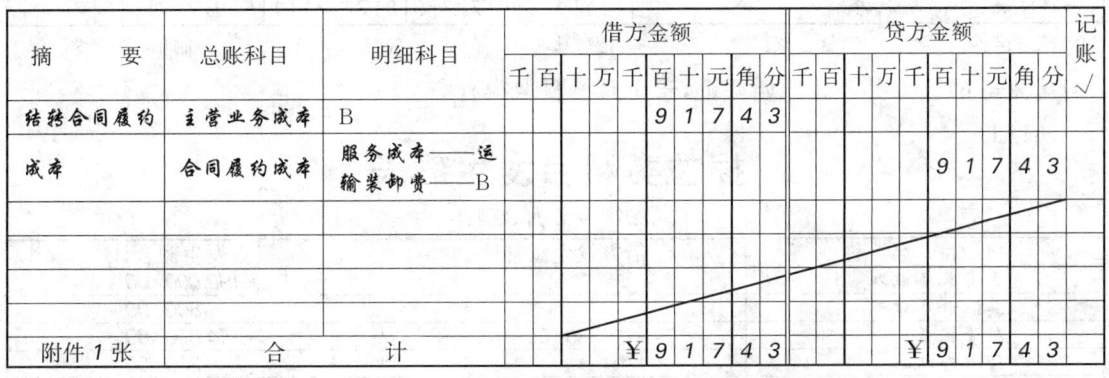

摘 要	总账科目	明细科目	借方金额 千百十万千百十元角分	贷方金额 千百十万千百十元角分	记账√
结转合同履约	主营业务成本	B	9 1 7 4 3		
成本	合同履约成本	服务成本——运输装卸费——B		9 1 7 4 3	
附件 1 张	合 计		¥ 9 1 7 4 3	¥ 9 1 7 4 3	

核准： 复核： 记账： 出纳： 制单：刘洪凯

【业务60】 （共1张原始凭证,于7月2日取得）

60-1

月度应交所得税计算表

2019 年 6 月 30 日

项　目	金　额(元)
营业收入	1 190 800.00
营业成本	454 652.88
利润总额	639 115.48
减:不征税收入	
免税收入	
弥补以前年度亏损	
实际利润额	639 115.48
税率(25%)	25%
应纳所得税额	159 778.87
减:减免所得税额	
减:实际已预缴所得税额	
应补(退)所得税额	159 778.87
减:以前年度多缴在本期抵缴所得税额	
本期实际应补(退)所得税额	159 778.87

编制:赵小蕾　　　　　　　　　　　　　　　　　审核:丁小林

上述原始凭证中:

60-1是月度应交所得税计算表,此表应作为期末计算本期应交所得税费用的记账依据。该原始凭证注明的内容表明,本公司本月发生了所得税费用159 778.87元,进行会计核算时,应记入"所得税费用"科目的借方;同时,本业务中没有上交企业所得税的原始凭证,进行会计核算时,应记入"应交税费——应交企业所得税"科目的贷方。

因此,该笔业务应填制如下记账凭证:

记　账　凭　证

日期: *2019 年 6 月 30 日*　　　　　　　　　　　　　　　　　第 59 号

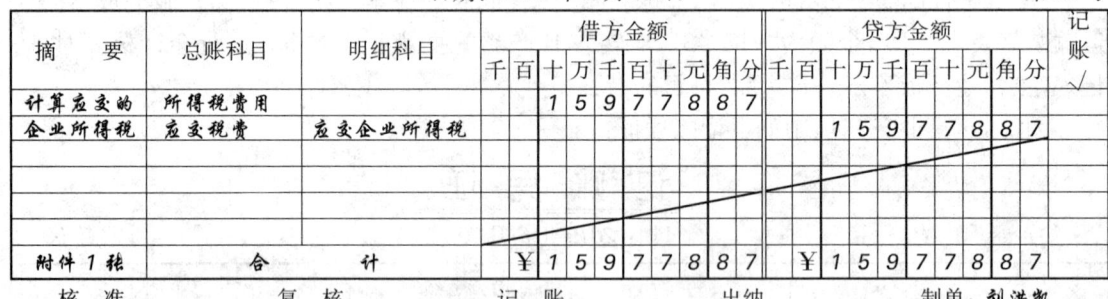

摘　要	总账科目	明细科目	借方金额 千 百 十 万 千 百 十 元 角 分	贷方金额 千 百 十 万 千 百 十 元 角 分	记账 √
计算应交的	所得税费用		1 5 9 7 7 8 8 7		
企业所得税	应交税费	应交企业所得税		1 5 9 7 7 8 8 7	
附件 1 张	合　　计		¥1 5 9 7 7 8 8 7	¥1 5 9 7 7 8 8 7	

核　准:　　　复　核:　　　记　账:　　　出　纳:　　　制单:刘洪凯

【业务61】 （共1张原始凭证,于7月2日取得）

61-1

损益类科目发生额表

2019 年 6 月 30 日　　　　　　　　　　　　　　　　单位:元

科　目　名　称	借方发生额合计	贷方发生额合计
主营业务收入		1 190 000.00
其他业务收入		800.00
投资收益	330.00	44 376.00
营业外收入		200.00
主营业务成本	454 082.43	

（续表）

科 目 名 称	借方发生额合计	贷方发生额合计
其他业务成本	570.45	
税金及附加	14 986.63	
管理费用	83 686.63	
财务费用	778.38	2 220.00
所得税费用	159 778.87	
合计	713 883.39	1 193 220.00

编制：赵小蕾　　　　　　　　　　　　　　　　　　　　审核：丁小林

上述原始凭证中：

61-1 是损益类账户发生额表，此表应作为期末结转损益类账户的记账依据。该原始凭证注明的内容表明，本公司本月收入类科目发生额合计为 1 193 220.00 元，期末结转时，应分别从"主营业务收入""其他业务收入""营业外收入"和"财务费用"各明细科目的借方分别转入"本年利润"科目的贷方。

同时，本公司本月费用类科目发生额合计为 713 883.39 元，期末结转时，应分别从"主营业务成本""其他业务成本""税金及附加""管理费用""销售费用""财务费用"和"所得税费用"各明细科目的贷方转入"本年利润"科目的借方。

因此，该笔业务应填制如下记账凭证：

记 账 凭 证

日期：2019 年 6 月 30 日　　　　　　　　　　　　　　　　第 60 $\frac{1}{5}$ 号

摘　要	总账科目	明细科目	借方金额 千百十万千百十元角分	贷方金额 千百十万千百十元角分	记账 √
结转至本年利润	主营业务收入	A	9 9 0 0 0 0 0 0		
		B	2 0 0 0 0 0 0 0		
	其他业务收入	销售材料收入（甲）	8 0 0 0 0 0		
	营业外收入	罚款收入	2 0 0 0 0		
	本年利润			1 1 9 1 0 0 0 0 0	
附件同 60 $\frac{5}{5}$ 张	合　　　计		¥ 1 1 9 1 0 0 0 0 0	¥ 1 1 9 1 0 0 0 0 0	

核准：　　　　复核：　　　　记账：　　　　出纳：　　　　制单：刘洪凯

记 账 凭 证

日期：2019 年 6 月 30 日　　　　　　　　　　　　　　　　第 60 $\frac{2}{5}$ 号

摘　要	总账科目	明细科目	借方金额 千百十万千百十元角分	贷方金额 千百十万千百十元角分	记账 √
结转至本年利润	本年利润		7 1 1 6 6 3 3 9		
	财务费用	利息收入	2 2 2 0 0 0		
	主营业务成本用	A		3 6 3 1 6 5 0 0	
		B		9 0 9 1 7 4 3	
	其他业务成本	材料销售成本（甲）		5 7 0 4 5	
附件同 60 $\frac{5}{5}$ 张	合　　　计				

核准：　　　　复核：　　　　记账：　　　　出纳：　　　　制单：刘洪凯

记 账 凭 证

日期：*2019* 年 *6* 月 *30* 日　　　　　　　　　　　第60 $\frac{3}{5}$ 号

摘　　要	总账科目	明细科目	借方金额 千	百	十	万	千	百	十	元	角	分	贷方金额 千	百	十	万	千	百	十	元	角	分	记账√
结转至本年利润	销售费用	办公费															1	5	9	1	3	5	
		差旅费																7	6	1	3	7	
		维修费														1	0	0	0	0	0	0	
		水电费															7	6	1	5	9	0	
		业务招待费																8	0	0	0	0	
		保险费																3	0	0	0	0	
附件同 60 $\frac{5}{5}$ 张	合　　计																						

核　准：　　复　核：　　记　账：　　出　纳：　　制单：*刘洪凯*

记 账 凭 证

日期：*2019* 年 *6* 月 *30* 日　　　　　　　　　　　第60 $\frac{4}{5}$ 号

摘　　要	总账科目	明细科目	借方金额 千	百	十	万	千	百	十	元	角	分	贷方金额 千	百	十	万	千	百	十	元	角	分	记账√
结转至本年利润	管理费用	折旧费															4	6	1	8	0	1	
		工资														4	0	0	0	0	0	0	
		五险一金														1	4	0	0	0	0	0	
		材料费																4	0	0	0	0	
	财务费用	工本及手续费																	1	3	3	8	
		利息支出																7	9	0	5	0	
附件同 60 $\frac{5}{5}$ 张	合　　计																						

核　准：　　复　核：　　记　账：　　出　纳：　　制单：*刘洪凯*

记 账 凭 证

日期：*2019* 年 *6* 月 *30* 日　　　　　　　　　　　第60 $\frac{5}{5}$ 号

摘　　要	总账科目	明细科目	借方金额 千	百	十	万	千	百	十	元	角	分	贷方金额 千	百	十	万	千	百	十	元	角	分	记账√
结转至本年利润	税金及附加	城市维护建设税															8	7	4	2	2	0	
		教育费附加															3	7	4	6	6	6	
		地方教育附加															2	4	9	7	7	7	
	所得税费用															1	5	9	7	7	8	8	7	
附件同 1 张	合　　计				¥	7	1	3	8	8	3	3	9			¥	7	1	3	8	8	3	3	9	

核　准：　　复　核：　　记　账：　　出　纳：　　制单：*刘洪凯*

四、记账凭证的审核

为了保证会计信息的质量,在记账之前应由有关稽核人员对记账凭证进行严格的审核。

（一）审核的主要内容

（1）内容是否真实。审核记账凭证是否有原始凭证为依据,所附原始凭证的内容与记账凭证的内容是否一致,记账凭证汇总表的内容与其所依据的记账凭证的内容是否一致等。

（2）项目是否齐全。审核记账凭证各项目的填写是否齐全,如日期、凭证编号、摘要、会计科目、金额、附原始凭证张数及有关人员签章等。

（3）科目是否正确。审核记账凭证的应借、应贷科目是否正确,是否有明确的账户对应关系,所使用的会计科目是否符合有关会计制度的规定。

（4）金额是否正确。审核记账凭证所记录的金额与原始凭证的有关金额是否一致,记账凭证汇总表的金额与记账凭证的金额合计是否相符,原始凭证中的数量、单价、金额计算是否正确等。

（5）书写是否正确。审核记账凭证中的记录是否文字工整、数字清晰,是否按规定使用蓝黑墨水,是否按规定进行更正等。

在审核过程中,如果发现差错,应及时查明原因,按规定办法及时处理和更正,只有经过审核无误的记账凭证,才能据以登记账簿。如果发现尚未入账的错误记账凭证,应当重新填制。

（二）审核实例

以上述常州东升有限公司 2019 年 6 月份经济业务中的［业务 1］为例,财务经理丁小林对记账凭证及所附原始凭证 1-1 及 1-2 审核无误后,在记账凭证的"复核"处签字如下:

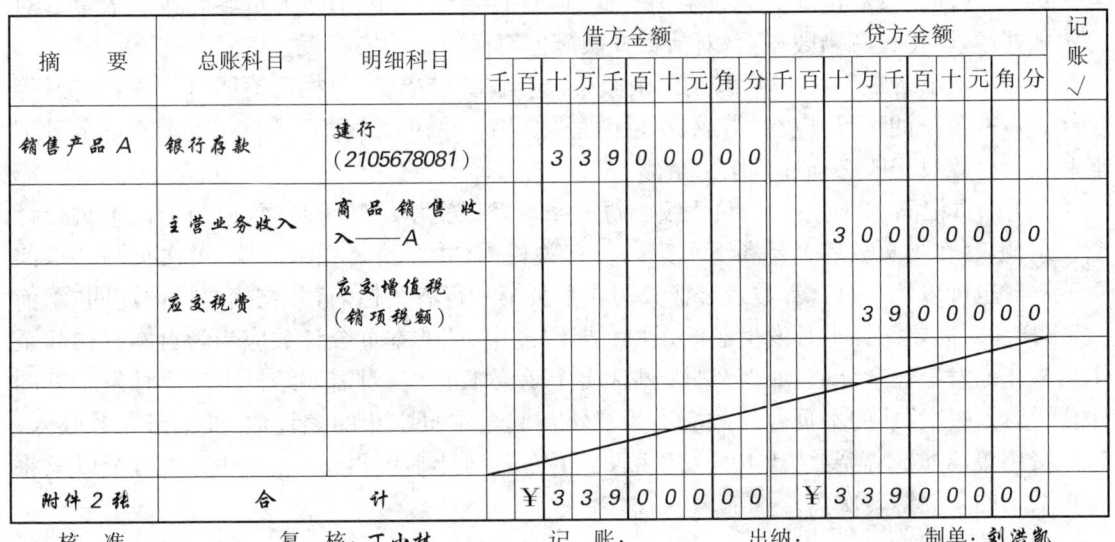

记 账 凭 证

日期：*2019* 年 *6* 月 *1* 日　　　　　　　　　　　　　　　　　　第 *1* 号

摘　要	总账科目	明细科目	借方金额										贷方金额										记账√
			千	百	十	万	千	百	十	元	角	分	千	百	十	万	千	百	十	元	角	分	
销售产品A	银行存款	建行（2105678081）			3	3	9	0	0	0	0	0											
	主营业务收入	商品销售收入——A													3	0	0	0	0	0	0	0	
	应交税费	应交增值税（销项税额）														3	9	0	0	0	0	0	
附件 2 张	合　　计		¥		3	3	9	0	0	0	0	0	¥		3	3	9	0	0	0	0	0	

核　准：　　　　复　核：*丁小林*　　　　记　账：　　　　出纳：　　　　制单：*刘洪凯*

第三章　会计账簿的登记

一、会计账簿的登记规则

账簿是编制会计报表,进行会计分析与检查的重要依据。为了保证账簿资料的真实可靠,会计人员在登记账簿时,必须严格遵守下列规则:

（1）登记会计账簿时,应当将会计凭证日期、编号、业务内容摘要、金额和其他有关资料逐项审核后记入账内,做到数字准确、摘要清楚、登记及时、字迹工整。

（2）登记完毕后,要在记账凭证上签名或者盖章,并注明已经登账的符号,表示已经记账。

（3）账簿中书写的文字和数字上面要留有适当空格,不要写满格,一般应占格距的1/2。

（4）为了使账簿记录清晰,防止涂改,记账时应使用蓝黑墨水或者碳素墨水书写,不得使用圆珠笔或者铅笔书写。

（5）下列情况,可以用红色墨水记账:①按照红字冲账的记账凭证,冲销错误记录;②在不设借、贷等栏的多栏式账页中,登记减少数;③在三栏式账户的余额栏前,如未印明余额方向的,在余额栏内登记负数余额;④根据国家统一的会计制度的规定可以用红字登记的其他会计记录。

（6）各种账簿应按页次顺序连续登记,不得跳行、隔页。如果发生跳行、隔页,应当将空行、空页划线注销,或者注明"此行空白""此页空白"字样,并由记账人员签名或者盖章。对订本式账簿,不得任意撕毁账页,对活页式账簿也不得任意抽换账页。

（7）凡需要结出余额的科目,结出余额后,应当在"借或贷"等栏内写明"借"或者"贷"等字样。没有余额的科目,应在"借或贷"栏内写"平"字,并在"余额"栏用"⊙"表示。现金日记账和银行存款日记账必须逐日结出余额。

（8）账页记满时,应办理转页手续。每一账页登记完毕结转下页时,应当结出本页合计数及余额,写在本页最后一行和下页第一行有关栏内,并在摘要栏内注明"过次页"和"承前页"字样;也可以将本页合计数及金额只写在下页第一行有关栏内,并在摘要栏内注明"承前页"字样。对需要结计本月发生额的账户,结计"过次页"的本页合计数应当为自本月初起至本页末止的发生额合计数,如现金日记账和银行存款日记账;对需要结计本年累计发生额的账户,结计"过次页"的本页合计数应当为自年初起至本页末止的累计数,如主营业务收入、管理费用等;对既不需要结计本月发生额,也不需要结计本年累计发生额的账户,可以只将每页页末的余额结转次页。

二、对账

在结账之前要做好对账工作。所谓对账,就是核对账目,定期将各类账簿记录进行核对,以做到账证相符、账账相符和账实相符。其目的在于使期末用于编制会计报表的数据真实、可靠。对账的主要内容一般包括:账证核对、账账核对和账实核对。

（一）账证核对

账证核对是指核对会计账簿记录与原始凭证、记账凭证的时间、凭证字号、内容、金额是否一致，记账方向是否相符。这种核对一般是在日常编制凭证和记账过程中进行，以检查所记账目是否正确。账证核对也是追查会计记录正确与否的最终途径。月终如果发现账账不符，也可以再将账簿记录与有关会计凭证进行核对，以保证账证相符。

（二）账账核对

账账核对是指核对不同会计账簿之间的账簿记录是否相符，包括：

（1）所有总账科目借方发生额合计与贷方发生额合计是否相符。

（2）所有总账科目借方余额合计与贷方余额合计是否相符。

（3）所有总账科目余额合计与其所属明细分类账余额合计是否相符。

（4）总分类账与序时账核对，如现金日记账和银行存款日记账的余额与其总账余额是否相符。

（5）明细分类账之间核对，如会计部门有关财产物资明细账余额与财产物资保管、使用部门的有关明细账是否相符。

（三）账实核对

账实核对是指各项财产物资、债权债务等账面余额与实有数额之间的核对。造成账实不符的原因是多方面的，如财产物资保管过程中发生的自然损耗；财产收发过程中由于计量或检验不准，造成的多收或少收的差错；由于管理不善、制度不严造成的财产损坏、丢失、被盗；在账簿记录中发生的重记、漏记、错记；由于未达账项造成的双方账实不符；发生意外灾害等。因此，各单位一般需要通过定期的财产清查来填补这方面的漏洞，保证会计信息的真实、可靠，提高会计主体的管理水平。账实核对的内容包括：

（1）现金日记账账面余额与库存现金数额是否相符。

（2）银行存款日记账账面余额与银行对账单的余额是否相符。

（3）各项财产物资明细账账面余额与财产物资的实有数额是否相符。

（4）有关债权债务明细账账面余额与对方单位的账面记录是否相符。

三、结账

（一）结账的程序

（1）将本期发生的经济业务事项全部登记入账。若发生漏账、错账，应及时补记、更正；既不能提前结账，也不能将本期发生的经济业务推至下期登账。

（2）根据权责发生制的要求，调整有关账项，合理确定本期应计的收入和应计的费用。

（3）将损益类科目转入"本年利润"科目，结平所有损益类科目。

（4）结算出资产、负债和所有者权益科目的本期发生额和余额，并结转下期。

（二）结账的方法

（1）对不需按月结计本期发生额的科目，每次记账以后，都要随时结出余额，每月最后一笔余额即月末余额。月末结账时，只需要在最后一笔经济业务事项记录之下画通栏单红线，不需要再结计一次余额。

（2）现金日记账、银行存款日记账和需要按月结计发生额的收入、费用等明细账，每月结账时，要结出本月发生额和余额，在摘要栏内注明"本月合计"字样，并在下面画通栏单红线。

(3) 需要结计本年累计发生额的某些明细科目，每月结账时，应在"本月合计"行下结出自年初起至本月末止的累计发生额，登记在月份发生额下面"本年累计"字样，并在下面画通栏单红线。12月末的"本年累计"就是全年累计发生额，全年累计发生额下画通栏双红线。

(4) 总账科目平时只需结出月末余额。年终结账时，将所有总账科目结出全年发生额和年末余额，在摘要栏内注明"本年合计"字样，并在合计数下画通栏双红线。

(5) 年度终了结账时，有余额的科目，要将其余额结转下年，并在摘要栏注明"结转下年"字样；在下一会计年度新建有关会计科目的第一行余额栏内填写上年结转的余额，并在摘要栏注明"上年结转"字样。

四、会计账簿登记实例

仍以上述常州东升有限公司2019年6月份经济业务为例，选有代表性的10个账簿，即银行存款日记账及总账、原材料明细账、固定资产明细账（专用格式）、应交税增值税明细账（专用格式）、应交税费——未交税增值税明细账（三栏式）、生产成本明细账（多栏式）、制造费用明细账（多栏式）和管理费用明细账（多栏式）进行登记，以详细说明日记账、总账及各类账簿主要明细账的登记方法。各类账簿具体登记如下所述。

(一) 银行存款日记账

银行存款日记账的登记，如表3-1和表3-2所示。

表3-1

银行存款日记账

二级会计科目名称____　基本户 2105678081　　3

2019年 月	日	凭证 号数	支票号	摘要	对方科目	收入(借方)金额 千	百	十	万	千	百	十	元	角	分	付出(贷方)金额 千	百	十	万	千	百	十	元	角	分	结存金额 千	百	十	万	千	百	十	元	角	分
5	25			承前页			1	8	0	7	2	9	6	6	8		1	2	0	6	2	4	0	9	1		1	0	7	3	2	2	5	3	6
	31			本月合计及余额			1	8	0	7	2	9	6	6	8		1	2	0	6	2	4	0	9	1		1	0	7	3	2	2	5	3	6
6	1	记1		销售产品A，款收	主营业务收入				3	3	9	0	0	0	0	0																				
	1	记4		将款项从银行结算户转到基本户	银行存款				1	8	0	0	0	0	0	0												1	5	9	2	2	5	3	6

（苏省财政 银行存款日记账 监制）

（续表）

2019年		凭证号数	支票号	对方科目	摘　要	收入（借方）金额										付出（贷方）金额										结存金额									
月	日					千	百	十	万	千	百	十	元	角	分	千	百	十	万	千	百	十	元	角	分	千	百	十	万	千	百	十	元	角	分
2		记5	12972222	其他货币资金	支付银行承兑汇票保证金															5	6	9	0	9	9		1	5	3	5	2	3	4	3	7
3		记9	12972223	应付职工薪酬	支付工资、扣社保、公积金、个人所得税													1	5	7	6	0	5	0	0										
3		记10	网银	原材料	购材料甲、款付、材料入库															2	8	5	0	0	0		1	3	4	9	3	7	9	3	7
4		记11		管理费用	支付电话费															1	4	7	2	9	7										
4		记12		财务费用	支付网银手续																		3	6	8		1	3	4	7	9	0	2	7	2
7		记13		应交税费	上交上月税费（增值税）													1	4	2	6	4	5	4	4										
7		记14		应交税费	上交上月税费（城建税、教育费等）														1	1	7	1	7	4	5										
7		记15		应交税费	上交上月税费（企业所得税）													1	3	1	5	6	4	5	6										
7		记16		应交税费	上交上月税费（个人所得税）															6	0	0	0	0	0										
7		记17		其他应付款	支付上月社会保险费														7	0	6	4	5	0	0			9	8	5	3	3	0	2	7
8		记18		其他货币资金	向银行申请银行汇票														4	5	2	0	0	0	0			9	4	0	1	3	0	2	7
9		记20		在途物资	购买甲、乙材料、款付、材料未入库														2	1	4	7	0	0	0										
9		记21		财务费用	支付电汇费																	1	0	5	0										
9		记22	12972224	其他应付款	支付住房公积金														3	9	8	0	0	0	0			8	7	8	8	4	9	7	7
10		记23		原材料	购入的甲、乙材料验收入库并支付运费																3	1	5	2	2			8	7	8	5	3	4	5	5
10					过次页			5	1	9	0	0	0	0	0			7	1	3	6	9	0	8	1			8	7	8	5	3	4	5	5

表 3-2

银行存款日记账

（印章）苏　省　财　政　监　制

二　级会计科目名称＿＿＿＿＿　基本户：2105678081

4

2019年 月	日	凭证号数	支票号	对方科目	摘　要	收入(借方)金额	付出(贷方)金额	结存金额
6	10				承前页			878534.55
	14	记25	现7697 2236	库存现金	提取现金		3000.00	
	14	记26		应收账款	收回常州黄河有限公司前欠货款	60000.00		934534.55
	14	记28	12972226	销售费用	支付销售运费		100.00	
	22	记31		财务费用	收到银行存款利息	2015.00		
	22	记33		预收账款	预收江苏新龙有限公司货款	80000.00		960049.55
	22	记34	12972227	固定资产	购入一台不需要安装的生产设备K，款付		56500.00	890049.55
	23	记38	12972228	预付账款	预付常州红景有限公司货款		7000.00	890953.55
	25	记40		库存现金	存入现金	904.00		879653.55
	28	记41	12972229	管理费用	支付车间设备修理费		1300.00	877418.10
	29	记43	12972230	制造费用	支付本月水费		2235.45	827418.10
	30	记48	12972231	应付账款	偿付前欠常州红山有限公司的货款		5000.00	827418.10
	30				本月合计及余额	661919.00	907726.26	

（二）科目汇总表及银行存款总账

1. 2019 年 6 月 1～10 日的科目汇总表

2019 年 6 月 1～10 日的科目汇总表，如表 3-3 所示。

表 3-3

科 目 汇 总 表

2019 年 6 月 1 日至 6 月 10 日

会计科目	总页	借方 增加 千百十万千百十元角分	贷方 减少 千百十万千百十元角分
库存现金	√	6900000 00	908 23
银行存款		10219099	89369081
其他货币资金		6945045	5200000 00
在途物资		15091982	6945045
原材料			
制造费用		56374	
预期借款			1800000000 00
应付票据			56990099

（右侧表）

编号：1	凭证号数	附件共 46 张
现金	第　号至　号共　张	
银行	第　号至　号共　张	
记账	第 1 号至 23 号共 25 张	

会计科目	总页	借方 增加 千百十万千百十元角分	贷方 减少 千百十万千百十元角分

(续表)

右表（空白续表）

会计科目	总页	借方 增加										贷方 减少									
		千	百	十	万	千	百	十	元	角	分	千	百	十	万	千	百	十	元	角	分

左表

会计科目	总页	借方 增加										贷方 减少									
		千	百	十	万	千	百	十	元	角	分	千	百	十	万	千	百	十	元	角	分
应付账款				3	1	1	7	3	7	1	5			1	8	2	7	6	6	4	0
应交税费				2	6	8	6	5	0	0	0			3	9	6	0	0	0	0	0
应付职工薪酬					4	0	7	9	5	0	0										
其他应付款					4	0	7	9	5	0	0				4	0	7	9	5	0	0
主营业务收入														3	0	0	0	0	0	0	0
管理费用						1	5	9	1	3	5										
财务费用								1	3	3	8										
合计			1	6	4	4	9	1	1	8	8		1	6	4	4	9	1	1	8	8

财务主管　丁小林　　记账　赵小蕾　　复核　丁小林　　制表　刘杰凯

2. 2019 年 6 月 11～20 日的科目汇总表

2019 年 6 月 11～20 日的科目汇总表，如表 3-4 所示。

表 3-4

科目汇总表

2019 年 6 月 11 日至 6 月 20 日

编号：2		
凭证号数	现金	第　号至　号共　张
	银行	第　号至　号共　张
	记账	第 24 号至 29 号共 6 张
附件共 9 张		

会计科目	总页	借方 增加（千百十万千百十元角分）	贷方 减少（千百十万千百十元角分）
库存现金	✓	3000000	98100
银行存款		6000000	4000000
应收票据		22600000	
应收账款		27218100	
合同负债		50850000	6000000
应交税费			
合同履约成本		8257	11570000
主营业务收入		91743	89000000
合计		¥107068100	¥107068100

财务主管 丁小林　记账 赵小蕾　复核 丁小林　制表 刘送凯

3. 2019年6月21～30日的科目汇总表

2019年6月21～30日的科目汇总表，如表3-5所示。

表3-5

科 目 汇 总 表

2019年6月21日至6月30日

凭证编号：3

凭证号数			附件
现金	第		共 51 张
银行	第	号至　号共　张
记账	第 30	号至 60 号共 38 张

（上半部分）

会计科目	总页	借方　增加	贷方　减少
承前页		¥214057119	¥332804903
主营业务收入			
其他业务收入		800000	800000
营业外收入		200000	200000
主营业务成本		45408243	45408243
其他业务成本		57045	57045
税金及附加		1498663	1498663
管理费用		8209528	8368663
财务费用		298500	299838
所得税费用		15977887	15977887
合同履约成本			91743
合计		¥404606985	¥404606985

（下半部分）

会计科目	总页	借方　增加	贷方　减少
库存现金	✓	130400	270400
银行存款		8312400	19054545
应收账款			400000
预付账款		7000000	1894500
其他应收款		100000	100000
坏账准备		400000	
原材料			16526645
库存商品			45316500
固定资产			
累计折旧			1477827
应付账款		28277181	
合同负债		500000	8000000
应付职工薪酬			25650000
应交税费		13491173	29975805
应付利息		51000	765000
应付股利			30000000
本年利润		71166339	11910000
利润分配		30000000	6685000
制造费用		6628626	28277181
生产成本		38500000	
合计		¥214057119	¥332804903
过次页		¥214057119	¥332804903

财务主管 丁小林　　记账 赵小蕾　　复核 丁小林　　制表 刘送凯

4. 银行存款总账

银行存款总账的登记，如表3-6所示。

表3-6

会计科目　银行存款

2019年		凭证号数	摘要	借方	贷方	借或贷	余额
月	日						
3	31		承前页　√			借	314 987.62
4	10	科汇 1	1—10 日累计数	260 000.00	217 000.51	借	357 987.11
	20	科汇 2	11—20 日累计数	445 800.00	383 600.00	借	414 328.71
	31	科汇 3	21—31 日累计数	376 584.70	302 003.51	借	488 910.41
	31		本月合计总金额	1 076 584.70		借	488 910.41
5	10	科汇 1	1—10 日累计数	400 206.68	306 000.91	借	582 970.09
	20	科汇 2	11—20 日累计数	205 070.00	500 300.91	借	287 766.18
	28	科汇 3	21—28 日累计数	120 202.00	400 000.01	借	1 089 786.18
	28		本月合计总金额	1 807 296.68	1 206 420.91	借	1 089 786.18
6	10	科汇 1	1—10 日累计数	699 000.00	893 690.81	借	895 095.37
	20	科汇 2	11—20 日累计数	600 000.00	400 000.00	借	951 095.37
	31	科汇 3	21—31 日累计数	831 240.00	190 545.45	借	843 673.92
	31		本月合计总金额	842 124.00	1 088 236.26	借	843 673.92

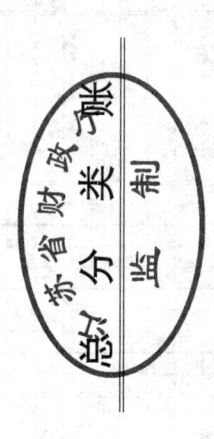

（印章：苏省财政类账　总分监制）

需要说明的是，总账在登记完毕后，登记账簿的人员应在科目汇总表上的"总页"栏处打勾，并在"记账"等处签字。

(三) 原材料明细账(多栏式)

原材料明细账的登记,如表3-7所示。

表3-7

原材料明细分类账

(苏省财政监制)

存储地点 原材料仓库　　最高存量 25 000　　最低存量 0　　计量单位 千克　　规格　　类别　　总页 200

名称 甲　　主要材料　　编号 01001　　页次 32

2019年 月	日	凭证 种类	凭证 号数	摘要	收入(借方) 数量	收入 单价	收入 金额	发出(贷方) 数量	发出 单价	发出 金额	结存 数量	结存 单价	结存 金额
5	12			承前页	16 500		161 700 00				20 400	9.655	196 962 00
	31	记	32	陆续发出材料成本				18 400	9.655	177 652 00	2 000	9.655	19 310 00
	31			本月合计及余额	16 500		161 700 00	18 400		177 652 00	2 000	9.655	19 310 00
6	3	记	7	购入的材料验收入库	5 000	10.030 1	50 450 45						
	3	记	10	购材料甲,暂付,材料入库	2 500	10	25 000 00				7 000		697 60 45
	10	记	23	甲、乙材料验收入库并付运费	1 500	10.14	15 210 0				9 500		947 60 45
	30	记	55	陆续发出材料成本				11 000	10	10 997 0 45	11 000	10	10 997 0 45
	30			本月合计及余额	9 000		90 660 45	11 000	10	10 997 0 45	0		0

（四）固定资产明细账（专用格式）

固定资产明细账的登记，如表 3-8 所示。

表 3-8

固定资产明细账

总页　　分页 20	类别 电子设备
使用部门：车间	固定资产编号：130001
存放地点：车间	固定资产名称：电脑
厂名型号：惠普 E	固定资产规格：
始用日期：	固定资产单位：台
耐用年限：3 年	残值：750 元
折旧率每年：31.667%　每月 2.6389%	折旧额每年：4750 元　每月 395.84 元
停止使用日期	恢复使用日期

日期（年 月 日）	凭证号数	摘要	数量	单价	原价或重置价值 借方	原价或重置价值 贷方	原价或重置价值 余额	已使用年数	折旧 借方	折旧 贷方	折旧 累计折旧额	净值
2018 9 14	记 43	购入电脑	5	3000	150000		150000					150000
10 31	记 55	计提折旧								395.84	3958.4	146041.6
11 30	记 54	计提折旧								395.84	7916.8	142083.2
12 31	记 52	计提折旧								395.84	11875.2	138124.8
2019 1 31	记 50	计提折旧								395.84	15833.6	134166.4
2 28	记 48	计提折旧								395.84	19792.0	130208.0
3 31	记 50	计提折旧								395.84	23750.4	126249.6
4 30	记 55	计提折旧								395.84	27708.8	122291.2
5 31	记 52	计提折旧								395.84	31667.2	118332.8
6 30	记 49	计提折旧								395.84	35625.6	114374.4

(六) 应交税费——未交税增值税明细账（三栏式）

应交税费明细账的登记，如表3-9所示。

表3-9

应交税费明细分类账

（苏省财政 应交税费监制）

总第 95 页 分第 1 页

二级科目编号及名称 未交增值税

三级科目编号及名称

2019年 月	日	凭证 种类	凭证 号数	摘要	借方	√	贷方	√	借或贷	余额	√
4				承前页					贷	174470.29	√
	7	记	20	上交上月税费	174470.29				平		
	30	记	50	结转未交增值税			13452.25		贷	13452.25	√
	30			本月合计及余额	174470.29		13452.25		贷	13452.25	
5	7	记	19	上交上月税费	13452.25				平		
	31	记	52	结转未交增值税			142645.44		贷	142645.44	√
	31			本月合计及余额	13452.25		142645.44		贷	142645.44	
6	7	记	13	上交上月税费	142645.44				平		
	30	记	50	结转未交增值税			124888.55		贷	124888.55	√
	30			本月合计及余额	142645.44		124888.55		贷	124888.55	

贷方				借或贷	余额
出口退税	进项税额转出	转出多交增值税			千百十万千百十元角分
				贷	1 4 2 6 4 5 4 4
				平	0
				平	0
				贷	3 9 0 0 0 0 0
				贷	3 8 8 9 5 5 1
				贷	3 2 3 5 4 9 7
				贷	3 0 2 5 8 7 5
				贷	2 7 0 0 8 7 5
				贷	2 6 8 8 7 1 3
				贷	2 6 8 8 6 9 2
				贷	2 1 6 8 6 9 2
				贷	1 9 2 1 6 9 2
				贷	1 9 2 1 6 3 3
				贷	1 9 1 9 0 3 0
				贷	5 0 3 9 0 3 0
				贷	7 6 3 9 0 3 0
				贷	7 6 3 9 0 3 0

贷方				借或贷	余额
出口退税	进项税额转出	转出多交增值税			千百十万千百十元角分
				贷	7 6 3 9 0 3 0
				贷	7 6 3 0 7 7 3
				贷	1 3 4 8 0 7 7 3
				贷	1 2 8 3 0 7 7 3
				贷	1 2 8 2 6 9 1 0
				贷	1 2 8 3 7 3 1 0
				贷	1 2 7 0 7 3 1 0
				贷	1 2 7 0 3 3 5 5
				贷	1 2 4 8 8 8 5 5
				平	0
				平	0

(五) 应交税费——应交增值税明细账(专用格式)

2019年 月	日	凭证号数	摘 要	合 计	进项税额	已交税费
5	26		承前页	4 4 3 0 3 5 6	4 4 3 5 4 5 6	
	31	记60	结转未交增值税	1 8 7 0 0 0 0 0		
	31		本月合计及余额	1 8 7 0 0 0 0 0	4 4 3 5 4 5 6	
6	1	记1	销售产品A，款收			
	1	记2	以现金购买办公用品	1 0 4 4 9	1 0 4 4 9	
	2	记6	购甲材料，开出银行承兑汇票，未入库	6 6 4 5 0 3	6 5 4 0 5 4	
	3	记8	购入材料乙，验收入库，款未付	8 7 4 1 2 5	2 0 9 6 2 2	
	3	记10	购材料甲，款付，材料入库	1 1 9 9 1 2 5	3 2 5 0 0 0	
	4	记11	支付电话费	1 2 1 1 2 8 7	1 2 1 6 2	
	4	记12	支付电子转账手续费	1 2 1 1 3 0 8	2 1	
	8	记19	用银行汇票结算方式购材料乙，料入库	1 7 3 1 3 0 8	5 2 0 0 0 0	
	9	记20	购买甲、乙材料，款付，材料未入库	1 9 7 8 3 0 8	2 4 7 0 0 0	
	9	记21	支付电子转账手续费	1 9 7 8 3 6 7	5 9	
	10	记23	购入的甲、乙材料验收入库并支付运费	1 9 8 0 9 7 0	2 6 0 3	
	14	记24	销售产品，并代垫运费，款未收			
	14	记27	销售产品B收到银行承兑汇票			
	14		过次页	1 9 8 0 9 7 0	1 9 8 0 9 7 0	

2019年 月	日	凭证号数	摘 要	合 计	进项税额	已交税费
6	14		承前页			
	14	记28	支付销售运费			
	18	记29	销售产品A，款已预收			
	22	记34	购入一台不需要安装的生产设备K，款付			
	23	记36	报销差旅费			
	25	记39	向列海销售材料，收到现金			
	28	记41	支付车间设备修理费			
	29	记43	支付本月水费			
	30	记46	支付本月电费			
	30	记50	结转未交的增值税			
	30		本月合计及余额			

应交税费(增值税)明细账

方

转出未交增值税	减免税款		合计	销项税额
			18700000	18700000
14264544				
14264544			18700000	18700000
			3900000	3900000
			7020000	3120000
			9620000	2600000
			9620000	9620000

应交税费(增值税)明细账

借 方

转出未交增值税	减免税款		合计	销项税额
			9620000	9620000
			15470000	5850000
			15480400	10400
12488855				
12488855			15480400	15480400

（七）生产成本明细账（多栏式）

生产成本明细账的登记，如表3-10所示。

表3-10

生产成本明细账

产品名称　A　　　总第 130 页　　　分第 1 页

2019年 月	日	凭证 号数	摘　要	借　方	√	贷　方	√	借或贷	余　额	直接材料	直接人工	制造费用
4	30		承前页					借	17718710	13679961	24185528	1620221
	30	记56	分配工资	9375000				借	27093710		9375000	
	30	记57	计提五险一金	4012500				借	31106210		4012500	
	30	记58	结转发出材料成本	5031684				借	36137894	5031684		
	30	记59	结转制造费用	5146687				借	41284581			5146687
	30	记62	结转完工产品成本			10400000		借	30884581	30686847	57299921	16014432
	30		本月合计及余额	23565871		10400000		借	30884581	15642998	10076107	5165476
5	31	记56	分配工资	9375000				借	40259581		9375000	
	31	记57	计提五险一金	4012500				借	44272081		4012500	
	31	记58	结转发出材料成本	16446764				借	60718845	16446764		
	31	记59	结转制造费用	5288336				借	66007181			5288336
	31	记62	结转完工产品成本			65000000		借	10071181	31678551	23311922	10009527
	31		本月合计及余额	35123600		65000000		借	10071181	41121211	15168515	444285
6	30	记52	分配工资	9375000				借	10382118		9375000	
	30	记53	计提社会保险费	2343750				借	12712593		2343750	
	30	记54	计提住房公积金	937500				借	13663431		937500	
	30	记55	结转发出材料成本	9600000				借	23263431	9600000		
	30	记56	结转制造费用	5013750				借	28277181			5013750
	30	记57	结转完工产品成本			28277181		平	0	10011211	12807935	5458035
	30		本月合计及余额	27270000		28277181		平	0	0	0	0

(九) 主营业务收入明细账(多栏式)

主营业务收入明细账的登记,如表3-11所示。

表3-11

主营业务收入明细账

（盖章：苏省财政厅 只发监收讫）

总第 160 页　　分第 2 页

2019年 月	日	凭证号数	摘要	借方		贷方		借或贷	余额	A	B
5	25		承前页			1 9 0 0 0 0 0 0 0	√	贷	1 1 0 0 0 0 0 0 0	9 0 0 0 0 0 0 0 0	2 0 0 0 0 0 0 0 0
	31	记60	结转至本利润	8 0 0 0 0 0 0 0 0				平	0	9 0 0 0 0 0 0 0 0	2 0 0 0 0 0 0 0 0
	31		本月合计及余额	1 1 0 0 0 0 0 0 0		1 1 0 0 0 0 0 0 0				0	0
	31		本年累计及余额	1 9 0 0 0 0 0 0 0		1 9 0 0 0 0 0 0 0		平	0	0	0
6	1	记1	销售A产品,款收			3 0 0 0 0 0 0 0 0		贷	3 0 0 0 0 0 0 0 0	3 0 0 0 0 0 0 0 0	
	14	记24	销售A产品,另代垫运费,款收			2 4 0 0 0 0 0 0 0		贷	5 4 0 0 0 0 0 0 0	2 4 0 0 0 0 0 0 0	
	14	记27	销售产品B款划转存未汇录			2 0 0 0 0 0 0 0 0		贷	7 4 0 0 0 0 0 0 0	4 5 0 0 0 0 0 0 0	2 0 0 0 0 0 0 0 0
	18	记29	销售产品A,款已预收			4 5 0 0 0 0 0 0 0			1 1 9 0 0 0 0 0 0 0	9 9 0 0 0 0 0 0 0	2 0 0 0 0 0 0 0 0
	30	记60	结转至本利润	1 1 9 0 0 0 0 0 0 0				平	0	0	0
	30		本月合计及余额	1 1 9 0 0 0 0 0 0 0		1 1 9 0 0 0 0 0 0 0		平			
	30		本年累计及余额	3 0 9 0 0 0 0 0 0 0		3 0 9 0 0 0 0 0 0 0		平			

（八）制造费用明细账（多栏式）

2019年 月	日	凭证号数	摘要	借方	√	贷方	√	借或贷	余额
5	31		承前页	7051114				借	7051114
	31	记56	结转制造费用			7051114		平	0
	31		本月合计及余额	7051114		7051114		平	0
6	1	记2	以现金购买办公用品	56374				借	56374
	29	记43	支付本月水费	130000				借	186374
	30	记46	支付本月电费	978000				借	1164374
	30	记49	计提固定资产折旧	1016026				借	2180400
	30	记52	分配职工工资	2500000				借	4680400
	30	记53	计提社会保险费	625000				借	5305400
	30	记54	计提住房公积金	250000				借	5555400
	30	记55	结转发出材料成本	1129600				借	6685000
	30	记56	结转制造费用			6685000		平	0
	30		本月合计及余额	6685000		6685000		平	0

制造费用明细账

办公费	原材料	水费	电费	差旅费	工资
百十元角分	百十万千百十元角分	百十万千百十元角分	百十万千百十元角分	百十万千百十元角分	百十万千百十元角分
89832	1220856	128000	991200	35200	2500000
89832	1220856	128000	991200	35200	2500000
0	0	0	0	0	0
56374					
		130000			
			978000		
					2500000
	1129600				
56374	1129600	130000	978000		2500000
0	0	0	0		0

险一金				折旧									百	十	万	千	百	十	元	角	分	百	十	万	千	百	十	元	角	分	百	十	万	千	百	十	元	角	分	百	十	万	千	百	十	元	角	分
元	角	分	百	十	万	千	百	十	元	角	分																																							
0	0	0			1	0	1	6	0	2	6																																						
0	0	0			1	0	1	6	0	2	6																																						
		0									0																																					
					1	0	1	6	0	2	6																																					
5	0	0																																														
0	0	0																																														
5	0	0			1	0	1	6	0	2	6																																					
		C									0																																					

折旧费	水电费	保险费	材料		
百十万千百十元角分	百十万千百十元角分	百十万千百十元角分	百十万千百十元角分	百十万千百十元角分	百十万千百十元角分
461801	770824	30000			
461801	770824	30000			
0	0	0			
0	0	0			
	89590				
	672000				
		30000			
461801					
			400000		
461801	761590	30000	400000		
0	0	0	0		
0	0	0	0		

管理费用明细账

	五险一金	福利费	办公费	差旅费	业务招待费	修理费
0 0	1712000	315000	200766	176543	168900	2 0
0 0	1712000	315000	200766	176543	168900	2 0
0	0	0	0	0	0	
0	0	0	0	0	0	
			24000			
			135135			
				76137		
					80000	
0						
	1000000					
	400000					
0 0	1400000		159135	76137	80000	C 0
		0		0	0	0
		0		0	0	0

（十）管理费用明细账（多栏式）

2019年 月	日	凭证号数	摘要	借方	√	贷方	√	借或贷	余额	工资
5	31		承前页	13005200		6157366		借	6847834	250
	31	记63	结转至本年利润			6847834		平	0	250
	31		本月合计及余额	6847834		6847834		平	0	
	31		本年累计及余额	13005200		13005200		平	0	
6	1	记2	以现金购买办公用品	24000				借	24000	
	4	记11	支付电话费	135135				借	159135	
	23	记36	王玉报销差旅费,退回多余现金	76137				借	235272	
	28	记41	支付车间设备修理费	1000000				借	1235272	
	29	记43	支付本月水费	89590				借	1324862	
	29	记44	张叶报销业务招待费,支付现金	80000				借	1404862	
	30	记46	支付本月的电费	672000				借	2076862	
	30	记47	摊销汽车保险费	30000				借	2106862	
	30	记49	计提固定资产折旧	461801				借	2568663	
	30	记51	分配职工工资	4000000				借	6568663	
	30	记53	计提社会保险费	1000000				借	7568663	
	30	记54	计提住房公积金	400000				借	7968663	
	30	记55	结转发出材料成本	400000				借	8368663	
	30	记60	结转至本年利润			8368663		平	0	
	30		本月合计及余额	8368663		8368663		平	0	
	30		本年累计及余额	21373863		21373863		平	0	

　　需要说明的是,日记账及各类明细账登账完毕后,登记账簿的人员应在记账凭证上的"记账√"栏处打钩,并在"记账"等处签字。仍以上述常州东升有限公司 2019 年 6 月份经济业务中的[业务 1]为例,出纳金文新在登记银行存款日记账后,应在记账凭证中总账科目为"银行存款"所在行的"记账√"栏处打钩,并在"出纳"处签字;会计赵小蕾在登记主营业务收入明细账和应交税费——应交增值税明细账后,应在记账凭证中总账科目为"主营业务收入"所在行及"应交税费"所在行的"记账√"栏处打钩,并在"记账"处签字后,如表 3-12 所示。

表 3-12

日期: *2019* 年 *6* 月 *1* 日　　　　　　　　　　第 *1* 号

摘　要	总账科目	明细科目	借方金额										贷方金额										记账√
			千	百	十	万	千	百	十	元	角	分	千	百	十	万	千	百	十	元	角	分	
销售产品 A 款收	银行存款	人民币(*2105678081*)			3	3	9	0	0	0	0	0											√
	主营业务收入	商品销售收入——A													3	0	0	0	0	0	0	0	√
	应交税费	应交增值税(销项税额)														3	9	0	0	0	0	0	√
附件 *2* 张	合　　　计			¥	3	3	9	0	0	0	0	0		¥	3	3	9	0	0	0	0	0	

核　准:　　　　复　核: *丁小林*　　　　记　账: *赵小蕾*　　　　出纳: *金文新*　　　　制单: *刘洪凯*

第四章　会计报表的编制

一、会计报表的编制要求

为了使会计报表能够最大限度地满足各有关方面的需要,实现编制会计报表的基本目的,充分发挥会计报表的作用,企业编制的会计报表应当真实可靠、相关可比、全面完整、编报及时、便于理解,符合国家统一的会计制度的有关规定。

1. 真实可靠

会计报表各项目的数据必须建立在真实可靠的基础上,使企业会计报表能够如实地反映企业的财务状况、经营成果和现金流量情况。因此,会计报表必须根据审核无误的账簿及相关资料编制,不得以任何方式弄虚作假。

2. 相关可比

会计报表所提供的财务会计信息,必须与报表使用者的决策需要相关,并且便于不同企业或同一企业不同时期之间相互比较。只有提供相关而且可比的信息,才能使报表使用者能够分析企业在整个社会特别是同行业中的地位,了解、判断企业过去、现在的情况,预测企业未来的发展趋势,进而为报表使用者的决策服务。

3. 全面完整

企业的会计报表应当全面披露企业的财务状况、经营成果和现金流量情况,完整地反映企业财务活动的过程和结果,以满足各有关方面对财务会计信息资料的需要。为了保证会计报表的全面完整,企业在编制会计报表时,应当按照《企业会计准则》规定的格式和内容填报。特别对某些重要事项,应当按要求在会计报表附注中进行说明,不得漏编漏报。

4. 编报及时

企业会计报表所提供的信息资料,应当具有很强的时效性。企业只有及时编制和报送会计报表,才能为使用者提供决策所需的信息。否则,即使会计报表的编制非常真实可靠、全面完整,且具有可比性,但由于编报不及时,也可能失去其应有的价值。随着市场经济和信息技术的迅速发展,会计报表的及时性要求将变得日益重要。

5. 便于理解

编制的会计报表应当清晰明了、便于理解。如果企业提供的会计报表晦涩难懂,不易理解,使用者就不能据以作出准确的判断,会计报表的作用也就大大降低。当然,这一要求是建立在会计报表使用者具有一定的财务报表阅读能力的基础上的。

二、会计报表的编制方法

(一)资产负债表的编制方法

通常,资产负债表的各项目均需填列"年初余额"和"期末余额"两栏。

"年初余额"栏内各项数字,应根据上年年末(12 月 31 日)资产负债表的"期末余额"栏内数字填列。如果本年度资产负债表各项目的名称和内容与上年相比发生变动,应对上年年末资产负债表各项目的名称和数字按本年度的规定进行调整,按调整后的数字填入本表的"年初余额"栏内。

"期末余额"栏内各项数字则可为月末、季末或年末的数字,应根据会计账簿记录填列。其中大多数项目可以直接根据科目余额填列,少数项目则要根据科目余额进行分析、计算后才能填列。具体填列方法归纳起来主要有以下几种。

1. 根据某个总账科目的期末余额直接填列

"其他权益工具投资""递延所得税资产""长期待摊费用""短期借款""应付票据""持有待售负债""递延所得税负债""实收资本(股本)""库存股""资本公积""其他综合收益""盈余公积"等项目,应根据有关总账账户的余额填列。其中,长期待摊费用年限有(或期限)只剩1年或不足1年的,或者预计在1年内(含1年)进行摊销的部分,仍在"长期待摊费用"项目中列示,不转入"一年内到期的非流动资产"项目。

有些项目应根据几个总账账户的期末余额分析计算填列,如"货币资金"项目,需根据"库存现金""银行存款""其他货币资金"三个总账账户的期末余额合计数填列;"其他应付款"项目,应根据"应付利息""应付股利"和"其他应付款"三个总账账户的期末余额合计数填列。

"未分配利润"项目,平时本项目应根据"本年利润"和"利润分配"账户的余额计算填列,未弥补的亏损,在本项目内以"一"号填列。"本年利润"和"未分配利润"的余额均在贷方的,用两者余额之和填列;余额均在借方的,将两者余额之和在本项目内以"一"号填列;两者余额一个在借方一个在贷方的,用两者余额互相抵减后的差额填列,如为借差则在本项目内以"一"号填列。年度终了,该项目可以只根据"利润分配"账户的期末余额填列。余额在贷方的直接填列,余额在借方的在本项目内以"一"号填列。

2. 根据明细账账户的期末余额分析计算填列

"交易性金融资产"项目,应根据"交易性金融资产"账户的相关明细账户期末余额分析填列。自资产负债表日起超过1年到期且预期持有超过1年的以公允价值计量且其变动计入当期损益的非流动金融资产的期末账面价值,在"其他非流动金融资产"项目中反映。

"债权投资"项目,应根据"债权投资"账户的相关明细账户期末余额,减去"债权投资减值准备"账户中相关减值准备的期末余额后的金额分析填列。自资产负债表日起1年内到期的长期债权投资的期末账面价值,在"一年内到期的非流动资产"项目中反映。企业购入的以摊余成本计量的1年内到期的债权投资的期末账面价值,在"其他流动资产"项目中反映。

"其他债权投资"项目,应根据"其他债权投资"账户的相关明细账户期末余额分析填列。自资产负债表日起1年内到期的长期债权投资的期末账面价值,在"一年内到期的非流动资产"项目中反映。企业购入的以公允价值计量且其变动计入其他综合收益的1年内到期的债权投资的期末账面价值,在"其他流动资产"项目中反映。

"开发支出"项目,应根据"研发支出"账户中所属的"资本化支出"明细账户期末余额填列。

"应付账款"项目,应根据"应付账款"和"预付账款"账户所属的相关明细账户的期末贷方余额合计数填列。

"应交税费"项目,应根据"应交税费"账户的明细账户期末余额分析计算填列,其中的借方余额,应当根据其流动性在"其他流动资产"或"其他非流动资产"项目中填列。

"一年内到期的非流动资产""一年内到期的非流动负债"项目,应根据有关非流动资产或负债项目的明细账户期末余额计算分析填列。

"应付职工薪酬"项目,应根据"应付职工薪酬"账户的明细账户期末余额计算分析填列。

"预计负债"项目,应根据"预计负债"账户的明细账户期末余额计算分析填列。

"未分配利润"项目,应根据"利润分配"账户中所属的"未分配利润"明细账户期末余额计算分析填列。

3. 根据有关总账及其明细账的期末余额分析计算填列

"长期借款"项目,应根据"长期借款"总账账户的期末余额扣除"长期借款"总账所属的明细账中将在资产负债表日起1年内到期,且企业不能自主地将清偿义务展期的长期借款后的金额分析计算填列;"其他流动资产""其他流动负债"项目,应根据有关总账账户及有关账户的明细账户期末余额计算分析填列;"其他非流动负债"项目,应根据有关总账账户的期末余额减去将于1年内(含1年)到期偿还后的金额计算分析填列。

4. 根据有关账户期末余额减去其备抵账户余额后的净额填列

"应收票据"项目,应根据"应收票据"账户的期末余额,减去"坏账准备"账户中相关坏账准备期末余额后的金额填列。

"应收账款"项目,应根据"应收账款"账户的期末余额,减去"坏账准备"账户中相关坏账准备期末余额后的金额填列。

"其他应收款"项目,应根据"应收利息""应收股利"和"其他应收款"账户的期末余额合计数,减去"坏账准备"账户中相关坏账准备期末余额后的金额填列。

"债权投资""长期股权投资""在建工程""商誉"等项目,应根据相关账户的期末余额填列,已计提减值准备的,还应扣减相应的减值准备。

"固定资产""无形资产""投资性房地产"项目,应根据相关账户的期末余额扣减相关的累计折旧或摊销填列,已计提减值准备的,还应扣减相应的减值准备,折旧或摊销年限只剩1年或不足1年的,或者预计在1年内(含1年)进行折旧或摊销的部分,仍在上述项目中列示,不转入"一年内到期的非流动资产"项目,采用公允价值计量的上述资产,应根据相关账户的期末余额填列。其中,"固定资产"项目,应根据"固定资产"账户的期末余额,减去"累计折旧"和"固定资产减值准备"账户的期末余额后的金额,以及"固定资产清理"账户的期末余额填列。

"长期应收款"项目,应根据"长期应收款"账户的期末余额,减去相应的"未实现融资收益"账户和"坏账准备"账户所属相关明细账户期末余额后的金额填列。

"长期应付款"项目,应根据"长期应付款"账户的期末余额,减去相关的"未确认融资费用"账户的期末余额后的金额,以及"专项应付款"账户的期末余额填列。

"在建工程"项目,应根据"在建工程"账户的期末余额,减去"在建工程减值准备"账户的期末余额后的金额,以及"工程物资"账户的期末余额,减去"工程物资减值准备"账户的期末余额后的金额填列。

5. 综合运用上述填列方法计算分析填列

"预付款项"项目,应根据"预付账款"和"应付账款"账户所属各明细账户的期末借方余额合计数,减去"坏账准备"账户中有关预付款项计提的坏账准备期末余额后的金额填列。

"合同资产"和"合同负债"项目,应根据"合同资产"账户和"合同负债"账户的明细账户期末余额计算分析填列,同一合同下的合同资产和合同负债应当以净额列示,其中净额为借方余额的,应当根据其流动性在"合同资产"或"其他非流动资产"项目中填列,已计提减值准备的,还应减去"合同资产减值准备"账户中相应的期末余额后的金额填列,其中净额为贷方余额的,应当根据其流动性在"合同负债"或"其他非流动负债"项目中填列。

"存货"项目,应根据"材料采购""在途物资""原材料""发出商品""库存商品""周转材料""委托加工物资""生产成本""受托代销商品"等账户的期末余额及"合同履约成本"账户的明细账户中初始确认时摊销期限不超过1年或一个正常营业周期的期末余额合计,减去"受托代销商品款""存货跌价准备"账户期末余额及"合同履约成本减值准备"账户中相应的期末余额后的金额填列。

"其他非流动资产"项目,应根据有关账户的期末余额减去将于1年内(含1年)收回后的金额,及"合同取得成本"账户和"合同履约成本"账户的明细账户中初始确认时摊销期限在1年或一个正常营业周期以上的期末余额,减去"合同取得成本减值准备"账户和"合同履约成本减值准备"账户中相应的期末余额后的金额填列。

（二）利润表的编制方法

利润表在形式上分为表头和表体两部分,表头部分主要反映报表名称、报表编制单位名称、报表编制日期和货币计量单位等内容,表体部分主要反映报表的各项指标内容。

1. 本期金额栏的填列

利润表中,"本期金额"栏内的各项数据,一般应根据期末结转前各损益类账户本期发生额分析计算填列,具体填列方法归纳起来有以下几种:

（1）收入类项目的填列。收入类项目大多是根据收入类账户期末结转前贷方发生额减去借方发生额后的差额填列,若差额为负数,以"－"号填列。如"其他收益""投资收益""公允价值变动收益""资产处置收益""营业外收入"等项目。但"营业收入"项目,应根据"主营业务收入"账户借贷发生额的差额,加上"其他业务收入"账户的借贷发生额的差额之和填列。

（2）费用类项目的填列。费用类项目大多是根据费用类账户期末结转前借方发生额减去贷方发生额后的差额填列,若差额为负数,以"－"号填列。如"税金及附加""销售费用""管理费用""财务费用""资产减值损失""信用减值损失""营业外支出""所得税费用"等项目。

但"营业成本"项目,应根据"主营业务成本"账户借贷发生额的差额,加上"其他业务成本"账户的借贷发生额的差额之和填列。

"研发费用"项目,反映企业进行研究与开发过程中发生的费用化支出。该项目应根据"管理费用"科目下的"研发费用"明细科目的发生额,以及"管理费用"科目下的"无形资产摊销"明细科目的发生额分析填列。

"其他权益工具投资公允价值变动"项目,应根据"其他综合收益"科目的相关明细科目的发生额分析填列。

"其他债权投资公允价值变动"项目,应根据"其他综合收益"科目下的相关明细科目的发生额分析填列。

（3）自然计算项目的填列。利润表中有些项目,应通过表中有关项目自然计算后的金额填列,如"营业利润""利润总额"和"净利润"等项目。需要指出的是"利润总额"项目如为亏损,以"-"号填列;"净利润"项目如为净亏损,也以"-"号填列。

(4)特殊项目的填列。利润表中的"基本每股收益"项目,仅仅考虑当期实际发行在外的普通股股份,应按照归属于普通股股东的当期净利润除以当期实际发行在外的普通股的加权平均数计算确定;"稀释每股收益"项目,在存在稀释性潜在普通股时,应根据其影响分别调整归属于普通股股东的当期净利润以及发行在外普通股的加权平均数计算。

月度利润表与年度利润表的编制方法有所不同。月度利润表的"本期金额"栏,反映各项目的本月实际发生数;在编报年度利润表时,"本期金额"栏,反映各项目自年初起至本月末止的累计发生数。

2. 上期金额栏的填列方法

利润表中"上期金额"栏的数字,应根据上年利润表中"本期金额"栏内所列数字填列。如果上年该期利润表规定的各个项目名称和内容与本期不相一致的,应对上年度的报表项目的名称和数字按本年度的规定进行调整,填入"上期金额"栏内。

三、会计报表的编制实例

仍以上述常州东升有限公司 2019 年 6 月份经济业务为例,编制该公司 2019 年 6 月 30 日资产负债表及 2019 年 6 月利润表,如表 4-1 和表 4-2 所示。

表 4-1

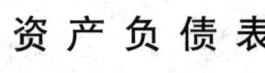

资 产 负 债 表

会企 01 表

编制单位:常州东升有限公司　　　　2019 年 06 月 30 日　　　　单位:元

资　产	期末余额	上年年末余额	负债及所有者权益	期末余额	上年年末余额
流动资产:			流动负债:		
货币资金	1 175 917.56	355 697.09	短期借款	180 000.00	
交易性金融资产			交易性金融负债		
衍生金融资产			衍生金融负债		
应收票据	386 000.00	10 000.00	应付票据		
应收账款	1 429 381.00	689 700.00	应付账款	1 115 363.20	582 098.71
应收款项融资			预收款项		
预付款项	120 628.03	101 397.11	合同负债	80 000.00	
其他应收款			应付职工薪酬	256 500.00	268 650.00
存货	486 472.87	637 784.46	应交税费	300 254.05	456 185.07
合同资产			其他应付款	300 255.00	
持有待售资产			持有待售负债		
一年内到期的非流动资产			一年内到期的非流动负债		

（续表）

资　产	期末余额	上年年末余额	负债及所有者权益	期末余额	上年年末余额
其他流动资产			其他流动负债		
流动资产合计	3 598 399.46	1 794 578.66	流动负债合计	2 232 372.25	1 306 933.78
非流动资产：			非流动负债：		
债权投资			长期借款		
其他债权投资			应付债券		
长期应收款			其中:优先股		
长期股权投资			永续债		
其他权益工具投资			租赁负债		
其他非流动金融资产			长期应付款		
投资性房地产			预计负债		
固定资产	1 596 249.94	1 590 584.75	递延收益		
在建工程			递延所得税负债		
生产性生物资产			其他非流动负债		
油气资产			非流动负债合计		
无形资产			负债合计	2 232 372.25	1 306 933.78
开发支出			所有者权益(或股东权益):		
商誉			实收资本(或股本)	500 000.00	500 000.00
长期待摊费用			其他权益工具		
递延所得税资产	9 075.00	9 075.00	其中:优先股		
其他非流动资产			永续债		
非流动资产合计	1 605 324.94	1 599 659.75	资本公积		
			减:库存股		
			其他综合收益		
			专项储备		
			盈余公积	323 848.34	304 003.64
			未分配利润	2 147 503.81	1 283 300.99
			所有者权益(或股东权益)合计	2 971 352.15	2 087 304.63
资产总计	5 203 724.40	3 394 238.41	负债和所有者权益(或股东权益)总计	5 203 724.40	3 394 238.41

单位负责人：李金峰　　　　　主管会计工作负责人：周海波　　　　　会计机构负责人：丁小林

利 润 表

表4-2

会企02表

编制单位：常州东升有限公司　　　2019 年06 月　　　　　　单位：元

项　　　目	本期金额	上期金额
一、营业收入	1 190 800.00	略
减：营业成本	454 652.88	
税金及附加	14 986.63	
销售费用		
管理费用	83 686.63	
研发费用		
财务费用	−1 441.62	
其中：利息费用	778.38	
利息收入	2 220.00	
加：其他收益		
投资收益(损失以"−"号填列)		
其中：对联营企业和合营企业的投资收益		
以摊余成本计量的金融资产终止确认收益(损失以"−"号填列)		
净敞口套期收益(损失以"−"号填列)		
公允价值变动收益(损失以"−"号填列)		
信用减值损失(损失以"−"号填列)		
资产减值损失(损失以"−"号填列)		
资产处置收益(损失以"−"号填列)		
二、营业利润(亏损以"−"号填列)	638 915.48	
加：营业外收入	200.00	
减：营业外支出		
三、利润总额(亏损总额以"−"号填列)	639 115.48	
减：所得税费用	159 778.87	
四、净利润(净亏损以"−"号填列)	479 336.61	
（一）持续经营净利润(净亏损以"−"号填列)		
（二）终止经营净利润(净亏损以"−"号填列)		
五、其他综合收益的税后净额		
（一）不能重分类进损益的其他综合收益		
1. 重新计量设定受益计划变动额		
2. 权益法下不能转损益的其他综合收益		
3. 其他权益工具投资公允价值变动		
4. 企业自身信用风险公允价值变动		
……		
（二）将重分类进损益的其他综合收益		
1. 权益法下可转损益的其他综合收益		
2. 其他债权投资公允价值变动		
3. 金融资产重分类计入其他综合收益的金额		
4. 其他债权投资信用减值准备		
5. 现金流量套期储备		
6. 外币财务报表折算差额		
……		
六、综合收益总额	479 336.61	
七、每股收益：		
（一）基本每股收益		
（二）稀释每股收益		

单位负责人：李金峰　　　　主管会计工作负责人：周海波　　　　会计机构负责人：丁小林

附录1 会计基本业务操作模拟试卷(一)

实务操作题一

(一) 企业基本资料

1. 名称:北京三辉食品有限公司
2. 企业增值税类型:一般纳税人
3. 社会信用代码:911101053526240116
4. 企业地址:北京市朝阳区阎新街冯春路52号
5. 企业电话号码:010-69021784
6. 企业基本户开户行:中国工商银行北京市朝阳区支行41601434013414
7. 预留银行印鉴:北京三辉食品有限公司财务专用章和法定代表人私章
8. 企业一般存款户:交通银行北京市朝阳区支行4192499623823
9. 证券交易结算资金账户:2775875989

(二) 业务内容及要求

业务1:2019-05-12,办公室员工汪宇报销业务招待费,请根据相关资料填制报销申请单。(报销人签章请选择经办人签章;部门审核:汪宇,财务审核:杨明浩,审批:邓学宝)

1-1

1-2

报销申请单

填报日期：　　年　　月　　日

姓名			所属部门		
报销项目	摘　要		金额		备注：
合　计					

金额大写：　　拾　万　仟　佰　拾　元　角　分

报销人：　　　　部门审核：　　　　　财务审核：　　　　　审批：

业务2:2019-05-16,浙江天山制造有限公司张军交来材料编号 YCL001 的 A(1 200 千克)、材料编号 YCL002 的 B(1 300 千克),仓管员卓之力实收 A(1 200 千克)、B(1 300 千克),请填制收料单。

2-1

 3304161140　　浙江增值税专用发票　　NO.66991697　3304161140
66991697

开票日期:2019 年 05 月 16 日

购买方	名　　称:北京三辉食品有限公司 纳税人识别号:911101053526240116 地址、电话:北京市朝阳区园新街冯春路 52 号 010-69021784 开户行及账号:中国工商银行北京市朝阳区支行 41601434013414				密码区	79＊3187＜4/＋7814＜＋95－59＋7＜ 1795762＜0－－>>－6>525＜547492－> 7＊787＊3187＜4/＋8490＜＋977864104044 ＋＜712/＜1＋9016>5573＋＋>84>020		
货物或应税劳务、服务名称	规格型号	单位	数量	单价	金额	税率	税额
A		千克	1 200	20.00	24 000.00	13%	3 120.00
B		千克	1 300	30.00	39 000.00	13%	5 070.00
合　计					¥63 000.00		¥8 190.00
价税合计(大写)		⊗柒万壹仟壹佰玖拾元整				(小写)¥71 190.00	
销售方	名　　称:浙江天山制造有限公司 纳税人识别号:913304022490955116 地址、电话:浙江省嘉兴市南湖区王吝街专志路 33 号 0573-47361244 开户行及账号:中国建设银行嘉兴市南湖区支行 41622124216106				备注			

税总函[××××]　　×××号　　××××××××公司

第二联　抵扣联　购买方扣税凭证

收款人:　　　　复核:　　　　开票人:宋卫东　　　销售方:(章)

2-2

 3304161140

浙江增值税专用发票

NO.66991697 3304161140
66991697

开票日期:**2019** 年 **05** 月 **16** 日

购买方	名　　称:北京三辉食品有限公司 纳税人识别号:911101053526240116 地　址 、电话:北京市朝阳区阖新街冯春路 52 号 010-69021784 开户行及账号:中国工商银行北京市朝阳区支行 41601434013414		密码区	79＊3187＜4/＋7814＜＋95－59＋7＜ 1795762＜0－－＞＞－6＞525＜547492－＞ 7＊787＊3187＜4/＋8490＜＋977864104044 ＋＜712/＜1＋9016＞5573＋＋＞84＞020

货物或应税劳务、服务名称	规格型号	单位	数量	单价	金额	税率	税额
A		千克	1 200	20.00	24 000.00	13%	3 120.00
B		千克	1 300	30.00	39 000.00	13%	5 070.00
合　计					¥63 000.00		¥8 190.00

价税合计(大写)	⊗柒万壹仟壹佰玖拾元整	(小写) ¥71 190.00

销售方	名　　称:浙江天山制造有限公司 纳税人识别号:913304022490955116 地　址、电话:浙江省嘉兴市南湖区王杏街李志路 33 号 0573-47361244 开户行及账号:中国建设银行嘉兴市南湖区支行 41622124216106	备注	浙江天山制造有限公司 913304022490955116 发票专用章

收款人:　　　　复核:　　　　开票人:宋卫东　　　　销售方:(章)

第三联 发票联 购买方记账凭证

2-3-1

收　料　单

供应单位:　　　　　　　年　月　日　　　　　　编号:SL070

材料编号	名　称	单位	规格	数　量		实　际　成　本			
				应收	实收	单价	发票价格	运杂费	总　价
备　注:									

收料人:　　　　　　　　　交料人:张军

第一联 存根联

2-3-2

收 料 单

供应单位：　　　　　　　　年　月　日　　　　　　　　编号：SL070

材料编号	名　称	单位	规格	数　　量		实　际　成　本			
				应 收	实 收	单价	发票价格	运杂费	总　价
备　注：									

收料人：　　　　　　　　　　交料人：张 军

第二联　记账联

2-3-3

收 料 单

供应单位：　　　　　　　　年　月　日　　　　　　　　编号：SL070

材料编号	名　称	单位	规格	数　　量		实　际　成　本			
				应 收	实 收	单价	发票价格	运杂费	总　价
备　注：									

收料人：　　　　　　　　　　交料人：张 军

第三联　交料人留存

业务3：2019-05-22，北京三辉食品有限公司将收到的银行汇票办理进账，请办理进账手续。（银行预留印鉴：北京三辉食品有限公司财务专用章＋法定代表人私章：汪宇）

3-1

北京增值税专用发票　　　　NO.01794266　　1101161140
01794266

此联不作报销、扣税凭证使用

1101161140

开票日期：2019 年 05 月 22 日

购买方	名　　称：天津宇通股份有限公司 纳税人识别号：911201112983070721 地址、电话：天津市西青区王喽街董凯路 56 号 022-56978286 开户行及账号：中国建设银行天津市西青区支行 416221247333319	密码区	83＊3187＜4/＋3257＜＋95－59＋7＜ 6881638＜0－－＞＞－6＞525＜450995－＞ 7＊787＊3187＜4/＋8490＜＋983382342636 ＋＜712/＜1＋9016＞2524＋＋＞84＞289

货物或应税劳务、服务名称	规格型号	单位	数量	单价	金额	税率	税额
乙		件	230	150.00	34 500.00	13%	4 485.00
合　计					￥34 500.00		￥4 485.00

价税合计（大写）	⊗叁万捌仟玖佰捌拾伍元整	（小写）￥38 985.00

销售方	名　　称：北京三辉食品有限公司 纳税人识别号：911101053526240116 地址、电话：北京市朝阳区间新街冯春路 52 号 010-69021784 开户行及账号：中国工商银行北京市朝阳区支行 41601434013414	备注

收款人：　　　　复核：　　　　开票人：龚亚娟　　　　销售方：（章）

第一联　记账联　销售方记账凭证

3-2-1

中国建设银行　　　2　　10501241
20538240

银 行 汇 票

出票日期（大写）	贰零壹玖年伍月贰拾贰日	代理付款行：　　行号：

收款人：北京三辉食品有限公司

出票金额	人民币（大写）	叁万捌仟玖佰捌拾伍元整	￥38 985.00

实际结算金额	人民币（大写）	亿 千 百 十 万 千 百 十 元 角 分

申请人：天津宇通股份有限公司 出票行：中国建设银行天津市西青区支行 备注： 凭票付款	账号：41622124733319 行号：105005411920

密押：

多余金额

亿 千 百 十 万 千 百 十 元 角 分

出票行签章　105005411920　汇票专用章　赵惠

复核　记账

提示付款期限自出票之日起壹个月

此联代理付款行付款后作联行往账借方凭证附件

3-2-2

被背书人：	被背书人：
背书人签章： 年　月　日	背书人签章： 年　月　日
持票人向银行 提示付款签章：	身份证件名称：　　　发证机关： 号码　|||||||||||||||

3-3

银行汇票(解讫通知)

3

10501241
20538240

出票日期
(大写)　贰零壹玖年伍月贰拾贰日　　　　　　　　代理付款行：　　　行号：

收款人：北京三辉食品有限公司

出票金额
(大写)　人民币　叁万捌仟玖佰捌拾伍元整　　　　　　¥38 985.00

实际结算金额	人民币(大写)	亿	千	百	十	万	千	百	十	元	角	分

申请人：天津宇通股份有限公司　　　　　　账号：41622124733319

出票行：中国建设银行天津市西青区支行　　行号：105005411920

备注：

密押：

多余金额

亿	千	百	十	万	千	百	十	元	角	分

代理付款行签章

中国建设银行天津市西青区支行
105005411920
汇票专用章

赵惠

复核　记账

复核

提示付款期限自出票之日起壹个月

此联代理付款行兑付后随报单寄出票行　由出票行作多余款贷方凭证

3-4-1

ICBC　中国工商银行　进账单(贷方凭证)

年　　月　　日　　　　No 66520229

出票人	全　　称		收款人	全　　称	
	账　　号			账　　号	
	开户银行			开户银行	

金额	人民币(大写)		亿	千	百	十	万	千	百	十	元	角	分

票据种类		票据张数	
票据号码			
备注：			

复核：　　　记账：

此联由收款人开户银行作贷方凭证

3-4-2

ICBC 中国工商银行 进账单(回单)

年 月 日 No66520229

出票人	全 称		收款人	全 称	
	账 号			账 号	
	开户银行			开户银行	

金额	人民币 (大写)			亿	千	百	十	万	千	百	十	元	角	分

票据种类		票据张数	
票据号码			

复核   记账

开户银行签章

此联是开户银行交给持(出)票人的回单

3-4-3

ICBC 中国工商银行 进账单(收账通知)

年 月 日 No66520229

出票人	全 称		收款人	全 称	
	账 号			账 号	
	开户银行			开户银行	

金额	人民币 (大写)			亿	千	百	十	万	千	百	十	元	角	分

票据种类		票据张数	
票据号码			

复核   记账

开户银行签章

此联是收款人开户银行交给收款人的收账通知

实务操作题二

(一) 企业基本资料

企业名称:天津吉祥股份有限公司

企业增值税类型:一般纳税人

社会信用代码:911201026776469382

企业地址:天津市河东区董凯街杨秋路37号

企业电话号码:022-87262512

企业基本户开户行:中国建设银行天津市河东区支行41622124973131

预留银行印鉴:天津吉祥股份有限公司财务专用章和法定代表人私章

企业一般存款户:中国建设银行天津市河东区支行41622124973131

(二) 企业政策及相关说明

1. 天津吉祥股份有限公司为股份有限公司,是增值税一般纳税人。企业下设办公室、财务部、采购部、销售门市、生产车间、生产车间和工程部,执行《企业会计准则》。公司对外报送财务报告相关负责人如下:单位负责人为史流冲;主管会计工作负责人为薛贝潇;会计机构负责人为陈颂谊。

2. 会计期间:公司的会计期间分为年度和中期,会计年度为自公历1月1日起至12月31日,中期包括月度、季度和半年度。

3. 公司以人民币为记账本位币。

4. 公司采用科目汇总表账务处理程序进行账务处理。

5. (1) 存货按实际成本法核算,原材料及包装物发出计价采用月末一次加权平均法,材料的共同运费按数量分配,分配率保留6位小数,尾差计入最后一个对象。库存商品发出计价采用月末一次加权平均法,工程物资发出计价采用月末一次加权平均法。发出存货单位成本保留2位小数,如有尾差计入结存存货成本。周转材料摊销采用一次摊销法。原材料及周转材料发生盘盈时,按最近一次不含税买价作为入账价值;库存商品发生盘盈时,按当月完工入库的该库存商品的单位成本作为入账价值。

(2) 公司主要生产甲、乙产品,生产每件甲、乙产品需耗用A、B材料。本月投产产品均按照生产耗用数量领用原材料,未发生损耗。

6. 产品成本计算采用品种法,设置直接材料、直接人工、制造费用三个成本项目。其中:

(1) 原材料在生产开始时一次性投入;共同耗用的材料采用按产品产量分配进行分配,分配率保留6位小数,尾差计入最后一个对象。

(2) 工资及五险一金分配采用实际生产工时进行分配,分配率保留6位小数,尾差计入最后一个对象。

(3) 五险一金的承担和计提比例如下:企业承担部分为养老保险金16%,医疗保险金8%,失业保险金1.5%,工伤保险金1%,生育保险金1%,住房公积金12%。

(4) 个人承担部分为养老保险金8%,医疗保险金2%,失业保险金0.5%,住房公积金12%。

7. 制造费用按生产工时比例在各种产品之间分配,分配率保留 6 位小数,尾差计入最后一个对象。

8. 生产费用在完工产品与在产品之间的分配采用约当产量法,分配率保留 6 位小数,尾差计入月末在产品成本。

9. 企业发生的福利费能分清部门的则根据部门记入相应的科目,如果不能分清的则全部计入管理费用。

10. 计提工会费、计提职工教育经费,根据不同部门分别记入相应的科目。

11. 固定资产不包括研发用固定资产。固定资产折旧采用年限平均法,净残值率为 4%,折旧年限分别为:房屋及建筑物 20 年,生产设备 10 年,电子设备 3 年,折旧率保留 4 位小数(采用小数点的形式),月折旧额保留 2 位小数。

12. 期间费用(电费等)按实际用量进行分摊,分配率保留 6 位小数,尾差计入最后一个对象。

13. 企业适用的增值税税率为 13%,会计处理时各期确认的应交税费应交增值税(进项税额)应当与当期增值税纳税申报表保持口径一致;当期取得的增值税专用发票已在取得发票当天全部办妥认证手续。

14. 城市维护建设税税率为 7%;教育费附加征收率为 3%;地方教育附加征收率为 2%。

15. 企业所得税税率为 25%,月度按照实际利润额计算预缴企业所得税。截至 2018 年 12 月 31 日,以前各年度应纳税所得额均大于零,不存在不征税收入、免税收入、减免所得税额,且截至 2019 年 5 月 30 日无欠缴及多缴所得税情况。

16. 企业每月月末按照实际天数计算提取贷款利息,银行于每月 20 日收取其发放贷款的利息,涉及同一银行同日扣取多笔利息支出的,编制一张复合记账凭证。

17. 应收款项(应收账款及其他应收款)的坏账准备按年计提,应收款项(应收账款及其他应收款)按照相当于整个存续期内预计信用损失的金额计量其损失准备,即预期信用损失为企业应收取的合同现金流量与预期收取的现金流量之间差额的现值。本公司基于历史信用损失经验,考虑有关过去事项、当前状况以及对未来经济状况的预测,在资产负债表日根据应收款项的账龄与损失率预计坏账准备。本公司应收款项账龄均在 1 年以内,预计损失率为 5%。

18. 假设所有销售不考虑退货等情况。

19. 公司员工薪酬考核办法规定:员工薪酬每月按岗位工资预发,全年一次性奖金经考核评定后在次年春节前发放。

20. 假设月社会保险费、住房公积金缴费基数与月工资应发数一致。

(三) 期初余额

期初余额表

总账科目	明细账科目	借方余额	贷方余额
库存现金		4 021.00	
银行存款	中国建设银行天津市河东区支行——41622124973131	438 391.32	
银行存款	交行一般户(41924996862594)	50 000.00	
应收票据	南京明发有限公司	500 000.00	
应收票据	江苏未来股份有限公司生物科技有限公司	141 250.00	
应收账款	江苏通旺有限公司	200 000.00	
应收账款	常州西铁有限公司	310 000.00	
坏账准备	应收账款坏账准备		25 500
坏账准备	其他应收款坏账准备		
预付账款	天津供电公司	6 552.00	
其他应收款	吴鹏英	2 500.00	
原材料	A材料(5 700千克)	695 400.00	
原材料	B材料(2 100千克)	94 500.00	
库存商品	甲(750件)	375 000.00	
库存商品	乙(600件)	360 000.00	
生产成本	甲(直接材料)	192 996.00	
生产成本	甲(直接人工)	20 980.00	
生产成本	甲(制造费用)	17 466.00	
生产成本	乙(直接材料)	209 954.40	
生产成本	乙(直接人工)	27 854.00	
生产成本	乙(制造费用)	22 711.00	
固定资产		7 715 000.00	
累计折旧			2 385 704.7
在建工程	w设备——成本	100 000.00	
短期借款	合同号010		200 000
应付利息	短期借款——合同号010		50
应付账款	南京联力有限公司		200 000

（续表）

总账科目	明细账科目	借方余额	贷方余额
应交税费	未交增值税		105 127.4
应交税费	应交城市维护建设税		7 358.92
应交税费	应交教育费附加		3 153.82
应交税费	应交地方教育附加		2 102.55
应交税费	应交企业所得税		26 281.85
应交税费	应交个人所得税		27.83
应付职工薪酬	工资		119 800
应付职工薪酬	社会保险费——医疗保险		9 584
应付职工薪酬	设定提存计划——养老保险		19 168
应付职工薪酬	设定提存计划——失业保险		1 797
应付职工薪酬	社会保险费——生育保险		1 198
应付职工薪酬	社会保险费——工伤保险		1 198
应付职工薪酬	住房公积金		14 376
应付职工薪酬	职工教育经费		45 310
应付职工薪酬	工会经费		10 930
实收资本	天津福联股份有限公司		1 500 000
实收资本	天津建业有限公司		1 500 000
资本公积	资本溢价		723 672.05
本年利润			1 291 205.6
盈余公积	法定盈余公积		329 103.00
利润分配	未分配利润		2 961 927
合计		11 484 575.72	11 484 575.72

(四)业务内容

业务1：2019-06-03，取得原始凭证4张。

1-1

 1201198140  NO.74672538 　1201198140
　74672538

天津增值税专用发票
抵　扣　联

开票日期：*2019* 年 *06* 月 *03* 日

购买方	名　　称：天津吉祥股份有限公司 纳税人识别号：*91120102677646938* 地址、电话：天津市河东区董凯街杨秋路37号 022-87262512 开户行及账号：中国建设银行天津市河东区支行 41622124973131	密码区	29＊3187＜4/＋8015＜＋95－59＋7＜ 3361982＜0－－＞＞－6＞525＜688127－＞ 7＊787 3187＜4/＋8490＜＋563674671757 ＋＜712/＜1＋9016＞0571＋＋＞84＞050

货物或应税劳务、服务名称	规格型号	单位	数量	单价	金额	税率	税额
不动产维修服务		*次*	*1*	*7 500.00*	*7 500.00*	*9%*	*675.00*
合　计					￥*7 500.00*		￥*675.00*

价税合计(大写)	⊗捌仟壹佰柒拾伍元整	(小写)￥*8 175.00*

销售方	名　　称：*通达工程有限公司* 纳税人识别号：*91120103670276955* 地址、电话：*天津市和平区黄阁街耘翠路07号 022-37167671* 开户行及账号：*中国建设银行天津市和平区支行 41622124883840*	备注	通达工程有限公司 911201013670276955 发票专用章

收款人：　　　复核：　　　开票人：*曹志文*　　　销售方：(章)

第二联　抵扣联　购买方扣税凭证

1-2

 1201198140  NO.74672538 　1201198140
　74672538

天津增值税专用发票
抵　扣　联

开票日期：*2019* 年 *06* 月 *03* 日

购买方	名　　称：天津吉祥股份有限公司 纳税人识别号：*91120102677646938* 地址、电话：天津市河东区董凯街杨秋路37号 022-87262512 开户行及账号：中国建设银行天津市河东区支行 41622124973131	密码区	29＊3187＜4/＋8015＜＋95－59＋7＜ 3361982＜0－－＞＞－6＞525＜688127－＞ 7＊787＊3187＜4/＋8490＜＋563674671757 ＋＜712/＜1＋9016＞0571＋＋＞84＞050

货物或应税劳务、服务名称	规格型号	单位	数量	单价	金额	税率	税额
不动产维修服务		*次*	*1*	*7 500.00*	*7 500.00*	*9%*	*675.00*
合　计					￥*7 500.00*		￥*675.00*

价税合计(大写)	⊗捌仟壹佰柒拾伍元整	(小写)￥*8 175.00*

销售方	名　　称：*通达工程有限公司* 纳税人识别号：*91120103670276955* 地址、电话：*天津市和平区黄阁街耘翠路07号 022-37167671* 开户行及账号：*中国建设银行天津市和平区支行 41622124883840*	备注	通达工程有限公司 911201013670276955 发票专用章

收款人：　　　复核：　　　开票人：*曹志文*　　　销售方：(章)

第三联　发票联　购买方记账凭证

1-3

费用分配表

2019-06-03

单位:元

部门	分摊金额
办公室	7 500.00
合计	7 500.00

审核:陈颂谊

编制:金鹏音

1-4

中国建设银行客户专用回单

币别:人民币   2019 年 06 月 03 日   流水号 120120027J0500810035

付款人	全 称	天津吉祥股份有限公司	收款人	全 称	通达工程有限公司
	账 号	41622124973131		账 号	41622124883840
	开户行	中国建设银行天津市河东区支行		开户行	中国建设银行天津市和平区支行
金 额	(大写)人民币 捌仟壹佰柒拾伍元整			(小写)¥8 175.00	
凭证种类	网银		凭证号码		
结算方式	转账		用 途	支付不动产维修费	
			打印柜员:120125584257 打印机构:中国建设银行天津市河东区支行 打印卡号:41622124973131		

打印时间:2019-06-03   交易柜员:120125584268   交易机构:120110556

第一联 借方(回单)

业务2: 2019-06-05,取得原始凭证4张。

2-1

江苏增值税专用发票　　NO.21729789

3200161140
21729789

开票日期:*2019* 年 *06* 月 *05* 日

购买方	名　　称:天津吉祥股份有限公司 纳税人识别号:911201026776469382 地　址、电话:天津市河东区董凯街杨秋路 37 号 022-87262512 开户行及账号:中国建设银行天津市河东区支行 41622124973131				密码区	55 * 3187＜4/＋5960＜＋95－59＋7＜ 2525690＜0－－＞＞－6＞525＜427741－＞ 7 * 787 * 3187＜4/＋8490＜＋614571481784 ＋＜712/＜1＋9016＞3511＋＋＞84＞191		
货物或应税劳务、服务名称	规格型号	单位	数量	单价	金额	税率	税额
A		千克	1 250	100.00	125 000.00	13%	16 250.00
合　计					￥125 000.00		￥16 250.00
价税合计(大写)	⊗壹拾肆万壹仟贰佰伍拾元整				(小写)￥141 250.00		
销售方	名　　称:南京新城有限公司 纳税人识别号:913201053069036967 地　址、电话:江苏省南京市建邺区高林街刘研路 20 号 025-64030429 开户行及账号:中国建设银行南京市建邺区支行 41622124985384			备注	南京新城有限公司 913201053069036967 财务专用章 (销售方:(章)		

收款人:　　　复核:　　　　　开票人:安雪梅　　　　(销售方:(章)

2-2

江苏增值税专用发票　　NO.21729789

3200161140
21729789

开票日期:*2019* 年 *06* 月 *05* 日

购买方	名　　称:天津吉祥股份有限公司 纳税人识别号:911201026776469382 地　址、电话:天津市河东区董凯街杨秋路 37 号 022-87262512 开户行及账号:中国建设银行天津市河东区支行 41622124973131				密码区	55 * 3187＜4/＋5960＜＋95－59＋7＜ 2525690＜0－－＞＞－6＞525＜427741－＞ 7 * 787 * 3187＜4/＋8490＜＋614571481784 ＋＜712/＜1＋9016＞3511＋＋＞84＞191		
货物或应税劳务、服务名称	规格型号	单位	数量	单价	金额	税率	税额
A		千克	1 250	100.00	125 000.00	13%	16 250.00
合　计					￥125 000.00		￥16 250.00
价税合计(大写)	⊗壹拾肆万壹仟贰佰伍拾元整				(小写)￥141 250.00		
销售方	名　　称:南京新城有限公司 纳税人识别号:913201053069036967 地　址、电话:江苏省南京市建邺区高林街刘研路 20 号 025-64030429 开户行及账号:中国建设银行南京市建邺区支行 41622124985384			备注	南京新城有限公司 913201053069036967 财务专用章 (销售方:(章)		

收款人:　　　复核:　　　　　开票人:安雪梅　　　　(销售方:(章)

2-3

收 料 单

供应单位：南京新城有限公司　　　　2019 年 06 月 05 日　　　　　　　编号：SL075

材料编号	名 称	单位	规格	数 量		实 际 成 本			
				应收	实收	单价	发票价格	运杂费	总 价
YCL001	A	千克		1 250	1 250				

备 注：

收料人：黄鉴郎　　　　　　　　　　　　　　交料人：高宏飞

第二联 记账联

2-4-1(复印件)

银行承兑汇票　　2

10503257
29678970

出票日期
（大写）　贰零壹玖年伍月壹拾壹日

出票人全称	江苏未来股份有限公司生物科技有限公司	收款人	全 称	天津吉祥股份有限公司										
出票人账号	41622124602699		账 号	41622124973131										
付款行名称	中国建设银行南京市玄武区支行		开户行	中国建设银行天津市河东区分行										
出票金额	人民币（大写）壹拾肆万壹仟贰佰伍拾元整				亿	千	百	十	万	千	百	十	元	角	分
							￥	1	4	1	2	5	0	0	0
汇票到期日（大写）	贰零壹玖年捌月壹拾壹日	付款行	行号	105005411544										
承兑协议编号	YHCD1306		地址	江苏省南京市玄武区彭怀街盖立路 29 号										

凭此汇票请向行承兑,到期无条件付款。

（财务专用章）★

赵凯

本汇票已经承兑,到期日由本行付款。

105005411544
承兑行签章
承兑日期 2019 年 05 月 11 日

赵惠

密押

复核　记账

出票人签章

此联收款人开户行随托收凭证寄付款行作借方凭证附件

2-4-2

被背书人：南京新城有限公司	被背书人：	被背书人：
		（贴粘单处）
天津吉祥股份有限公司 财务专用章 ★ 史流冲 背书人签章： 2019 年 06 月 05 日	背书人签章： 年 月 日	背书人签章： 年 月 日

业务 **3**：2019-06-06，取得原始凭证 5 张。

3-1

1201161140

天津增值税专用发票

NO.43856976

1201161140
43856976

开票日期：*2019* 年 *06* 月 *06* 日

购买方	名　　称：天津吉祥股份有限公司 纳税人识别号：911201026776469382 地址、电话：天津市河东区董凯街杨秋路 37 号 022-87262512 开户行及账号：中国建设银行天津市河东区支行 41622124973131				密码区	83 * 3187＜4/＋3207＜＋95－59＋7＜ 3573217＜0－－＞＞－6＞525＜747130－＞ 7 * 787 * 3187＜4/＋8490＜＋87929197759 7＋＜712/＜1＋9016＞2572＋＋＞84＞494		

货物或应税劳务、服务名称	规格型号	单位	数量	单价	金额	税率	税额
交强险		年	1	950.00	950.00	6%	57.00
合　计					￥950.00		￥57.00

价税合计(大写)	⊗壹仟零柒元整	(小写) ￥1 007.00

| 销售方 | 名　　称：天津平安保险股份有限公司
纳税人识别号：911201021449279991
地址、电话：天津市河东区李博街王军路 37 号 022-8923481
开户行及账号：中国建设银行天津市河东区支行 41671222228637 | 备注 | 保单号：7601985930351201917406 车牌号：津 09854 车船税：210 受益期限：2019年 01 月 01 日至 2019 年 12 月 31 日 |

收款人：　　　　复核：　　　　开票人：司敬新　　　　销售方：(章)

第二联　抵扣联　购买方扣税凭证

3-2

1201161140

天津增值税专用发票

NO.43856976

1201161140
43856976

开票日期：*2019* 年 *06* 月 *06* 日

购买方	名　　称：天津吉祥股份有限公司 纳税人识别号：911201026776469382 地址、电话：天津市河东区董凯街杨秋路 37 号 022-87262512 开户行及账号：中国建设银行天津市河东区支行 41622124973131				密码区	83 * 3187＜4/＋3207＜＋95－59＋7＜ 3573217＜0－－＞＞－6＞525＜747130－＞ 7 * 787 * 3187＜4/＋8490＜＋879291977597 ＋＜712/＜1＋9016＞2572＋＋＞84＞494		

货物或应税劳务、服务名称	规格型号	单位	数量	单价	金额	税率	税额
交强险		年	1	950.00	950.00	6%	57.00
合　计					￥950.00		￥57.00

价税合计(大写)	⊗壹仟零柒元整	(小写) ￥1 007.00

| 销售方 | 名　　称：天津平安保险股份有限公司
纳税人识别号：911201021449279991
地址、电话：天津市河东区李博街王军路 37 号 022-8923481
开户行及账号：中国建设银行天津市河东区支行 41671222228637 | 备注 | 保单号：7601985930351201917406 车牌号：津 09854 车船税：210 受益期限：2019年 01 月 01 日至 2019 年 12 月 31 日 |

收款人：　　　　复核：　　　　开票人：司敬新　　　　销售方：(章)

第三联　发票联　购买方记账凭证

3-3

 1201161140

 **天津增值税专用发票**　　NO.43856977　1201161140　43856977

抵扣联

开票日期:*2019* 年 *06* 月 *06* 日

| 购买方 | 名　　称:天津吉祥股份有限公司
纳税人识别号:911201026776469382
地址、电话:天津市河东区董凯街杨秋路 37 号 022-87262512
开户行及账号:中国建设银行天津市河东区支行 41622124973131 | | | | 密码区 | 56 * 3187＜4/＋9364＜＋95－59＋7＜
3631258＜0－－＞＞－6＞525＜214636－＞
7 * 787＋3187＜4/＋8490＜＋44954696217
1＋＜712/＜1＋9016＞2001＋＋＞84＞039 | |

货物或应税劳务、服务名称	规格型号	单位	数量	单价	金额	税率	税额
机动车辆综合险		年	1	5 050.00	5 050.00	6%	303.00
合　计					￥5 050.00		￥303.00
价税合计(大写)	⊗伍仟叁佰伍拾叁元整				(小写)￥5 353.00		

| 销售方 | 名　　称:天津平安保险股份有限公司
纳税人识别号:911201021449279991
地址、电话:天津市河东区李博街王军路 37 号 022-89234561
开户行及账号:中国建设银行天津市河东区支行 41671222228637 | 备注 | 天津平安保险股份有限公司
911201021449279991
发票专用章 |

收款人:　　　复核:　　　开票人:*胡正青*　　　销售方:(章)

第二联　抵扣联　购买方扣税凭证

3-4

 1201161140

 **天津增值税专用发票**　　NO.43856977　1201161140　43856977

发票联

开票日期:*2019* 年 *06* 月 *06* 日

| 购买方 | 名　　称:天津吉祥股份有限公司
纳税人识别号:911201026776469382
地址、电话:天津市河东区董凯街杨秋路 37 号 022-87262512
开户行及账号:中国建设银行天津市河东区支行 41622124973131 | | | | 密码区 | 56 * 3187＜4/＋9364＜＋95－59＋7＜
3631258＜0－－＞＞－6＞525＜214636－＞
7 * 787＋3187＜4/＋8490＜＋449546962171
＋＜712/＜1＋9016＞2001＋＋＞84＞039 | |

货物或应税劳务、服务名称	规格型号	单位	数量	单价	金额	税率	税额
机动车辆综合险		年	1	5 050.00	5 050.00	6%	303.00
合　计					￥5 050.00		￥303.00
价税合计(大写)	⊗伍仟叁佰伍拾叁元整				(小写)￥5 353.00		

| 销售方 | 名　　称:天津平安保险股份有限公司
纳税人识别号:911201021449279991
地址、电话:天津市河东区李博街王军路 37 号 022-89234561
开户行及账号:中国建设银行天津市河东区支行 41671222228637 | 备注 | 天津平安保险股份有限公司
911201021449279991
发票专用章 |

收款人:　　　复核:　　　开票人:*胡正青*　　　销售方:(章)

第三联　发票联　购买方记账凭证

3-5

中国建设银行客户专用回单

币别：人民币　　　　　　　　　　2019 年 06 月 06 日　　　　流水号 120120027J0500810092

付款人	全　称	天津吉祥股份有限公司	收款人	全　称	天津平安保险股份有限公司
	账　号	41622124973131		账　号	41671222228637
	开户行	中国建设银行天津市河东区支行		开户行	中国建设银行天津市河东区支行

金　额	（大写）人民币 陆仟伍佰柒拾伍元整	（小写）￥6 570.00

凭证种类	网银	凭证号码	
结算方式	转账	用　途	预付交强险,机动车辆综合险

打印柜员:120125584257
打印机构:中国建设银行天津市河东区支行
打印卡号:41622124973131

打印时间:2019-06-06　　　交易柜员:120125584268　　　交易机构:120110553

第一联　借方(回单)

业务 4:2019-06-09,取得原始凭证 1 张。

4-1

中国建设银行　　　（收账通知）3
2019 年 06 月 09 日

出票人	全　称	常州西铁有限公司	收款人	全　称	天津吉祥股份有限公司
	账　号	41622124561036		账　号	41622124973131
	开户银行	中国建设银行常州市天宁区支行		开户银行	中国建设银行天津市河东区支行

金额 人民币（大写）	叁拾壹万元整	亿	千	百	十	万	千	百	十	元	角	分
			￥	3	1	0	0	0	0	0	0	0

票据种类	银行汇票	票据张数	2
票据号码	1050322665688348		

中国建设银行
天津市河东区支行
2019-06-09
办讫
(01)

复核　　　　记账　　　　　　　　　　　　　　　　开户银行签章

此联是收款人开户银行交给收款人的收账通知

业务5:2019-06-10,取得原始凭证2张。

5-1

工资发放明细表

2019-06-10 单位:元

姓名	部门	职位	应付工资	养老保险	医疗保险	失业保险	住房公积金	三险一金扣款合计	个税	扣款合计	实发工资
史流冲	办公室	法人代表	7 500.00	600.00	150.00	37.50	900.00	1 687.50	24.38	1 711.88	5 788.12
薛贝潇	办公室	总经理	6 600.00	528.00	132.00	33.00	792.00	1 485.00	3.45	1 488.45	5 111.55
李月	办公室	办公室主任	4 800.00	384.00	96.00	24.00	576.00	1 080.00	0	1 080.00	3 720.00
黄鉴郎	办公室	仓管	3 800.00	304.00	76.00	19.00	456.00	855.00	0	855.00	2 945.00
张感妃	办公室	职员	3 300.00	264.00	66.00	16.50	396.00	742.50	0	742.50	2 557.50
陈颂谊	财务部	财务经理	6 000.00	480.00	120.00	30.00	720.00	1 350.00	0	1 350.00	4 650.00
金鹃音	财务部	会计	4 400.00	352.00	88.00	22.00	528.00	990.00	0	990.00	3 410.00
张备莉	财务部	出纳	4 600.00	368.00	92.00	23.00	552.00	1 035.00	0	1 035.00	3 565.00
唐雪贞	采购部	采购经理	4 400.00	352.00	88.00	22.00	528.00	990.00	0	990.00	3 410.00
易阳玮	采购部	采购人员	4 000.00	320.00	80.00	20.00	480.00	900.00	0	900.00	3 100.00
蒋玲雪	销售门市	经理	5 100.00	408.00	102.00	25.50	612.00	1 147.50	0	1 147.50	3 952.50
文咏缨	销售门市	销售人员	4 300.00	344.00	86.00	21.50	516.00	967.50	0	967.50	3 332.50
吴鹏英	生产车间	生产经理	5 400.00	432.00	108.00	27.00	648.00	1 215.00	0	1 215.00	4 185.00
孙昆霏	生产车间	车间核算员	3 700.00	296.00	74.00	18.50	444.00	832.50	0	832.50	2 867.50
李斯奇	生产车间	生产工人	4 100.00	328.00	82.00	20.50	492.00	922.50	0	922.50	3 177.50
李克明	生产车间	生产工人	3 600.00	288.00	72.00	18.00	432.00	810.00	0	810.00	2 790.00
付东海	生产车间	生产工人	4 600.00	368.00	92.00	23.00	552.00	1 035.00	0	1 035.00	3 565.00
周美	生产车间	生产工人	3 900.00	312.00	78.00	19.50	468.00	877.50	0	877.50	3 022.50
郭飞	生产车间	生产工人	4 100.00	328.00	82.00	20.50	492.00	922.50	0	922.50	3 177.50
赵晓光	生产车间	生产工人	4 200.00	336.00	84.00	21.00	504.00	945.00	0	945.00	3 255.00
陆四海	生产车间	生产工人	4 100.00	328.00	82.00	20.50	492.00	922.50	0	922.50	3 177.50
张文明	生产车间	生产工人	4 200.00	336.00	84.00	21.00	504.00	945.00	0	945.00	3 255.00
胡力科	生产车间	生产工人	3 800.00	304.00	76.00	19.00	456.00	855.00	0	855.00	2 945.00
刘冬冬	生产车间	生产工人	3 800.00	304.00	76.00	19.00	456.00	855.00	0	855.00	2 945.00
陈荣发	生产车间	生产工人	3 900.00	312.00	78.00	19.50	468.00	877.50	0	877.50	3 022.50
李长荣	生产车间	生产工人	3 800.00	304.00	76.00	19.00	456.00	855.00	0	855.00	2 945.00
郑和	生产车间	生产工人	3 800.00	304.00	76.00	19.00	456.00	855.00	0	855.00	2 945.00
合计			119 800.00	9 584.00	2 396.00	599.00	14 376.00	26 955.00	27.83		92 817.17

5-2

中国建设银行
转账支票存根
54757873
01560911

附加信息

出票日期 *2019* 年 *6* 月 *10* 日

收款人：*天津吉祥有限公司*
金　　额：*￥92 817.17*
用　　途：*支付工资*
备　　注：（*41622124973131*）

单位主管　　　　　　　　　　　会计

业务6：2019-06-12,取得原始凭证2张。

6-1

销　售　单

购货单位：*南京业华有限公司*　　　　地址和电话：*江苏省南京市秦淮区张哲街赵雪路 25 号 025-86685132*

单据编号：*XS034*　　　　　　　　　　纳税识别号：*913201047012257873*

开户行及账号：*中国建设银行南京市秦淮区支行 41622124714733*　　　　制单日期：*2019-06-12*

编码	产品名称	规格	单位	单价	数量	金额	备注
KCSP001	甲		件	565.00	1 000	565 000.00	含税价
KCSP002	乙		件	678.00	500	339 000.00	含税价
合计	人民币(大写)：*玖拾万肆仟元整*				—	￥904 000.00	

会计联

销售经理：*钟国钊*　　　　经手人：*赵爱东*　　　　会计 *金鹏音*　　　　签收人：*崔运生*

6-2

1201161140

天津增值税专用发票

NO.01794266

1201161140
01794266

此联不作报销、扣税凭证使用

开票日期：2019 年 06 月 12 日

购买方	名　称：南京业华有限公司 纳税人识别号：913201047012257873 地　址、电　话：江苏省南京市秦淮区秣陵街赵营路25号 025-86685132 开户行及账号：中国建设银行南京市秦淮区支行 41622124714733	密码区	58 * 3187＜4/＋1914＜＋95－59＋7＜ 0408035＜0－－>>－6>525＜058170－> 7 * 787 * 3187＜4/＋8490＜＋973586052630 ＋＜712/＜1＋9016>4889＋＋>84>675

货物或应税劳务、服务名称	规格型号	单位	数量	单价	金额	税率	税额
甲		件	1 000	500.00	500 000.00	13%	65 000.00
乙		件	500	600.00	300 000.00	13%	39 000.00
合　计					¥800 000.00		¥104 000.00

价税合计(大写)	⊗玖拾万肆仟元整	(小写) ¥904 000.00

销售方	名　称：天津吉祥股份有限公司 纳税人识别号：911201026776469382 地　址、电　话：天津市河东区董凯街杨秋路 37 号 022-87262512 开户行及账号：中国建设银行天津市河东区支行 41622124973131	备注	

收款人：　　　　复核：　　　　开票人：刘　宁　　　　销售方：(章)

第一联　记账联　销售方记账凭证

业务7：2019-06-12，取得原始凭证2张。

7-1

3210161140

江苏增值税专用发票

NO.14675061

3210161140
14675061

抵　扣　联

开票日期：2019 年 06 月 12 日

购买方	名　称：天津吉祥股份有限公司 纳税人识别号：911201026776469382 地　址、电　话：天津市河东区董凯街杨秋路 37 号 022-87262512 开户行及账号：中国建设银行天津市河东区支行 41622124973131	密码区	82 * 3187＜4/＋0650＜＋95－59＋7＜ 8331660＜0－－>>－6>525＜430932－> 7 * 787 * 3187＜4/＋8490＜＋457807885653 ＋＜712/＜1＋9016>1507＋＋>84>332

货物或应税劳务、服务名称	规格型号	单位	数量	单价	金额	税率	税额
B		千克	1 000	60.00	6 000.00	13%	7 800.00
合　计					¥60 000.00		¥7 800.00

价税合计(大写)	⊗陆万柒仟捌佰元整	(小写) ¥67 800.00

销售方	名　称：扬州西子有限公司 纳税人识别号：913210035506663866 地　址、电　话：江苏省扬州市邗江区扬勇街鑫园路 12 号 0514-37172301 开户行及账号：中国建设银行扬州市邗江区支行 41622124217272	备注	扬州西子有限公司 913210035506663866 发票专用章

收款人：　　　　复核：　　　　开票人：孟　珊　　　　(销售方：章)

第二联　抵扣联　购买方扣税凭证

7-2

3210161140

江苏增值税专用发票　　NO.14675061

3210161140
14675061

发联联

开票日期：*2019* 年 *06* 月 *12* 日

购买方	名　　　　　称：天津吉祥股份有限公司 纳税人识别号：911201026776469382 地址、电话：天津市河东区董凯街杨秋路 37 号 022-87262512 开户行及账号：中国建设银行天津市河东区支行 41622124973131	密码区	82＊3187＜4/＋0650＜＋95－59＋7＜ 8331660＜0－－＞＞－6＞525＜430932－＞ 7＊787＊3187＜4/＋8490＜＋457807885653 ＋＜712/＜1＋9016＞1507＋＋＞84＞332

货物或应税劳务、服务名称	规格型号	单位	数量	单价	金额	税率	税额
B		千克	1 000	60.00	6 000.00	13%	7 800.00
合　计					¥60 000.00		¥7 800.00

价税合计(大写)	⊗ 陆万柒仟捌佰元整		(小写) ¥67 800.00

销售方	名　　　　　称：扬州西子有限公司 纳税人识别号：913210035506663866 地址、电话：江苏省扬州市邗江区扬勇张国路 12 号 0514-37172301 开户行及账号：中国建设银行扬州市邗江区支行 41622124217272	备注	扬州西子有限公司 913210035506663866 发票专用章 (销售方：章)

收款人：　　　　复核：　　　　　　　开票人：孟　珊　　　　　　（销售方：章）

第三联　发票联　购买方记账凭证

业务 8：2019-06-13，取得原始凭证 1 张。

8-1

收　料　单

供应单位：**扬州西子有限公司**　　　　*2019* 年 *06* 月 *13* 日　　　　　编号 SL076

材料编号	名　称	单位	规格	数　　量		实　际　成　本			
				应收	实收	单价	发票价格	运杂费	总　价
YCL002	B	千克		1 000	1 000				
备　注：									

第二联　记账联

收料人：黄鳌郎　　　　　　　　　　交料人：贾立国

业务9：2019-06-14，取得原始凭证1张。

9-1

中国建设银行客户专用回单

转账日期：*2019 年 06 月 14 日*

凭证字号：*2019061435023055*

纳税人全称及纳税人识别号：天津吉祥股份有限公司 911201026776469382	
付款人全称：天津吉祥股份有限公司	
付款人账号：*41622124973131*	征收机关名称：*国家税务总局天津市河东区税务局*
付款人开户银行：*中国建设银行天津市河东区支行*	收缴国库(银行)名称：*国家金库天津市河东区支库*
小写(合计)金额￥105 127.40	缴款书交易流水号：*201906141490658*
大写(合计)金额人民币 壹拾万伍仟壹佰贰拾柒元肆角整	税票号码：*042019684227494169*
税(费)种名称　　　　　　　所属时期	实缴金额
增值税　　　　　　20190501—20190531	￥105 127.40

电子回单
专用章

业务10：2019-06-14，取得原始凭证1张。

10-1

中国建设银行客户专用回单

转账日期：*2019 年 06 月 14 日*

凭证字号：*2019061435023074*

纳税人全称及纳税人识别号：天津吉祥股份有限公司 911201026776469382	
付款人全称：天津吉祥股份有限公司	
付款人账号：*41622124973131*	征收机关名称：*国家税务总局天津市河东区税务局*
付款人开户银行：*中国建设银行天津市河东区支行*	收缴国库(银行)名称：*国家金库天津市河东区支库*
小写(合计)金额￥26 281.85	缴款书交易流水号：*201906146871206*
大写(合计)金额人民币 贰万陆仟贰佰捌拾壹元捌角伍分	税票号码：*042019530245676332*
税(费)种名称　　　　　　　所属时期	实缴金额
企业所得税　　　　　　20190501—20190531	￥26 281.85

电子回单
专用章

业务 11:2019-06-14,取得原始凭证 1 张。

11-1

中国建设银行客户专用回单

转账日期: *2019 年 06 月 14 日*

凭证字号: *2019061435023055*

纳税人全称及纳税人识别号:天津吉祥股份有限公司 911201026776469382	
付款人全称:天津吉祥股份有限公司	
付款人账号:41622124973131	征收机关名称:国家税务总局天津市河东区税务局
付款人开户银行:中国建设银行天津市河东区支行	收缴国库(银行)名称:国家金库天津市河东区支库
小写(合计)金额¥12 615.29	缴款书交易流水号:201906148818077
大写(合计)金额人民币 壹万贰仟陆佰壹拾伍元贰角玖分	税票号码:042019336891552858

税(费)种名称	所属时期	实缴金额
城市维护建设税	20190501—20190531	¥7 358.92
教育费附加	20190501—20190531	¥3 153.82
地方教育附加	20190501—20190531	¥2 102.55

电子回单
专用章

业务 12:2019-06-14,取得原始凭证 1 张。

12-1

中国建设银行客户专用回单

转账日期: *2019 年 06 月 14 日*

凭证字号: *2019061435023067*

纳税人全称及纳税人识别号:天津吉祥股份有限公司 911201026776469382	
付款人全称:天津吉祥股份有限公司	
付款人账号:41622124973131	征收机关名称:国家税务总局天津市河东区税务局
付款人开户银行:中国建设银行天津市河东区支行	收缴国库(银行)名称:国家金库天津市河东区支库
小写(合计)金额¥27.83	缴款书交易流水号:201906140798654
大写(合计)金额人民币 贰拾柒元捌角叁分	税票号码:04201851321038920

税(费)种名称	所属时期	实缴金额
个人所得税	20190501—20190531	¥27.83

电子回单
专用章

业务 13：2019-06-14，取得原始凭证 1 张。

13-1

中国建设银行客户专用回单

转账日期：*2019 年 06 月 14 日*

凭证字号：*2019061374655457*

纳税人全称及纳税人识别号：*天津吉祥股份有限公司 911201026776469382*	
付款人全称：*天津吉祥股份有限公司*	
付款人账号：*41622124973131*	征收机关名称：*国家税务总局天津市河东区税务局*
付款人开户银行：*中国建设银行天津市河东区支行*	收缴国库(银行)名称：*国家金库天津市河东区支库*
小写(合计)金额￥*45 524.00*	缴款书交易流水号：*201906147126832*
大写(合计)金额人民币 肆万伍仟伍佰贰拾肆元整	税票号码：*042019061465221533 7974*

税(费)种名称	所属时期	实缴金额
医疗保险本金	2019-06-01 至 2019-06-30	￥11 580.20
养老保险本金	2019-06-01 至 2019-06-30	￥28 752.40
失业保险本金	2019-06-01 至 2019-06-30	￥2 396.40
生育保险本金	2019-06-01 至 2019-06-30	￥1 198.00
工伤保险本金	2019-06-01 至 2019-06-30	￥1 198.00

业务 14：2019-06-14，取得原始凭证 1 张。

14-1

中国建设银行客户专用回单

币别：人民币 　　　2019 年 06 月 14 日　　　流水号 120120027J0500810031

付款人	全 称	天津吉祥股份有限公司	收款人	全 称	天津市住房公积金管理中心
	账 号	41622124973131		账 号	41622124600941
	开户行	中国建设银行天津市河东区支行		开户行	同城实时借记业务
金 额		(大写)人民币 贰万捌仟柒佰伍拾贰元整		(小写)￥28 752.00	
凭证种类		其他凭证	凭证号码		00009926
结算方式		转账	用 途		WFP 公积金:00004122 20190614
			打印柜员：120125584257		
			打印机构：中国建设银行天津市河东区支行		
			打印卡号：105850772555		

第一联 借方(回单)

打印时间：*2019-06-14*　　　交易柜员：*120125584268*　　　交易机构：*120110500541195341*

业务 15: 2019-06-16,取得原始凭证 3 张。

15-1

中国建设银行客户专用回单

币别:人民币　　　　2019 年 06 月 16 日　　　流水号120120027J0500810004

付款人	全　称	天津吉祥股份有限公司	收款人	全　称	江苏应天保有限公司
	账　号	41622124973131		账　号	41622124710138
	开户行	中国建设银行天津市河东区支行		开户行	中国建设银行南京市白下区支行
金　额		(大写)人民币 叁仟贰佰柒拾元整		(小写)¥3 270.00	
凭证种类		网银	凭证号码		
结算方式		转账	用　途		安装费

打印柜员:120125584257
打印机构:中国建设银行天津市河东区支行
打印卡号:0563369133352288

打印时间:2019-06-16　　　交易柜员:120125584268　　　交易机构:1201105005411195335

第一联　借方(回单)

15-2

　3201161140

江苏增值税专用发票

NO.82437878　　　3201161140
82437878

开票日期:2019 年 06 月 16 日

购买方	名　　称:天津吉祥股份有限公司	密码区	56＊3187＜4/＋4359＜＋95－59＋7＜
	纳税人识别号:911201026776469382		7236970＜0－－＞＞－6＞525＜223693－＞
	地址、电话:天津市河东区董凯街杨秋路 37 号 022-87262512		7＊787＊3187＜4/＋8490＜＋718076313416
	开户行及账号:中国建设银行天津市河东区支行 41622124973131		＋＜712/＜1＋9016＞6009＋＋＞84＞495

货物或应税劳务、服务名称	规格型号	单位	数量	单价	金额	税率	税额
W 安装费		次	1	3 000.00	3 000.00	9%	270.00
合　计					¥3 000.00		¥270.00
价税合计(大写)		⊗叁仟贰佰柒拾元整				(小写)¥3 270.00	

销售方	名　　称:江苏应天保有限公司	备注	
	纳税人识别号:913201038682158957		
	地址、电话:江苏省南京市白下区董剑街澈郡澈路 20 号 025-32197374		
	开户行及账号:中国建设银行南京市白下区支行 41622124710138		

收款人:　　　　复核:　　　　　　开票人:刘景阳　　　　　　销售方:(章)

第二联　抵扣联　购买方扣税凭证

15-3

江苏增值税专用发票

发　票　联

3201161140

NO.82437878　　3201161140
82437878

开票日期：2019 年 06 月 16 日

购买方	名　　称：天津吉祥股份有限公司 纳税人识别号：911201026776469382 地址、电话：天津市河东区董凯街杨秋路 37 号 022-87262512 开户行及账号：中国建设银行天津市河东区支行 41622124973131	密码区	56 * 3187＜4/＋4359＜＋95－59＋7＜ 7236970＜0－－＞＞－6＞525＜223693－＞ 7 * 787 * 3187＜4/＋8490＜＋718076313416 ＋＜712/＜1＋9016＞6009＋＋＞84＞495

货物或应税劳务、服务名称	规格型号	单位	数量	单价	金额	税率	税额
W 安装费		次	1	3 000.00	3 000.00	9%	270.00
合　计					￥3 000.00		￥270.00

价税合计(大写)	⊗叁仟贰佰柒拾元整		(小写)￥3 270.00

销售方	名　　称：江苏应天保有限公司 纳税人识别号：913201038682158957 地址、电话：江苏省南京市白下区董剑街郭淑路 20 号 025-32197374 开户行及账号：中国建设银行南京市白下区支行 41622124710138	备注	江苏应天保有限公司 913201038682158957 发票专用章 (1)

收款人：　　　　复核：　　　　开票人：刘景阳　　　　销售方：(章)

业务 16：2019-06-16，取得原始凭证 2 张。

16-1

新增固定资产登记表

2019 年 06 月 16 日

资产名称	种　类	单位	数量	购入日期	投入使用日期	使用部门
W	生产设备	1	1	2018-05-01	2019-06-16	生产车间

制表人：金鹏音　　　　　　　　　复核人：陈颁谊

16-2

固定资产竣工决算表

2019 年 06 年 16 日

名称	买价	安装成本	决算总金额
W	100 000.00	3 000.00	103 000.00

财务部门意见： 　　　　　　　同意　陈颁谊 2019 年 06 月 16 日	公司领导意见： 　　　　　　　同意　薛贝潇 2019 年 06 月 16 日

编制人：刘泽军　　　　　　使用部门负责人：吴鹏英

业务 17:2019-06-17,取得原始凭证 2 张。

17-1

公益性单位接受捐赠统一收据

UNIFIED INVOICE OF DONATION FOR PUBLIC WELFARE ORGANIZATION

2019 年 天 06 月 17 日 (04)No 57158683
D

国财 019001

捐 赠 者 Donor	天津吉祥股份有限公司
捐赠项目 For Purpose	定向捐赠

捐赠金额(实物价值) Total Amount	大写 in Words	零 佰零 拾贰 万零 仟零 佰零 拾零 元零 角零 分

	小写 in Figures	佰 拾 万 仟 佰 拾 元 角 分
		¥ 2 0 0 0 0 0

货币(实物种类) Currency (Maopri Objects)	货币资金
备注 Notes	

接收单位(签章)   审核   经手人 杨玉芹   支票号
Receiver's Seal   Verified by   Handling Person   Cheque No

感谢您的慷慨捐赠!   Thank you for your generous donation!

第二联 捐赠者
Second Donor

财政部监制(XX)XXXX本 XXXXXX

17-2

中国建设银行客户专用回单

币别:人民币   2019 年 06 月 17 日   流水号 120120027J0500810064

付款人	全 称	天津吉祥股份有限公司	收款人	全 称	天津红十字会
	账 号	41622124973131		账 号	41622124194458
	开户行	中国建设银行天津市河东区支行		开户行	中国建设银行天津市和平区支行

金 额	(大写)人民币贰万元整	(小写)¥ 20 000.00

凭证种类	网银	凭证号码	
结算方式	转账	用 途	对外捐赠

打印柜员:120125584257
打印机构:中国建设银行天津市河东区支行
打印卡号:41622124973131

第一联 借方(回单)

打印时间:2019-06-17   交易柜员:120125584268   交易机构:120125434

业务18：2019-06-19,取得原始凭证7张。

18-1

借 款 单

2019 年 05 月 31 日

No 02856

借款人：吴鹏英	所属部门：生产车间
借款用途：出差借款	
借款金额：人民币(大写) 贰仟伍佰元整	￥2 500.00
部门负责人审批：吴鹏英 2019-05-31	借款人(签章)：吴鹏英 2019-05-31
财务部门审核：陈颁谊 2019-05-31	
单位负责人批示：同意	签字：薛贝潇 2019-05-31
核销记录：退回 280.00	

18-2

收 款 收 据

2019 年 06 月 19 日

NO 000821

今收到 吴鹏英	
交来：还款	**现金收讫**
金额(大写) 零佰 零拾 零万 零仟 零佰 零拾 零元 零解 零分	
￥208.00　　☑现金 □转账支票 □其他	收款单位(盖章)

核准　　　会计　　　记账　　　出纳 张备莉　　　经手 吴鹏英

18-3

差旅费报销单

2019 年 06 月 19 日　　　　　　　　　　附原始单据3张

姓　名	吴鹏英	工作部门		生产车间		出差事由	洽谈商务				
日期		地点		车船费			深夜补贴	途中补贴	住勤费			旅馆费	公交费		金额合计

日期		地点		车船费			深夜补贴	途中补贴	住勤费			旅馆费	公交费		金额合计
起	讫	起	讫	车次或船名	时间	金额			地区	天数	补贴				
06月14日	06月16日	天津市	苏州市			1 590.00			苏州市	3	330.00	300.00			2 220.00
					现金收讫										
报销金额(大写)人民币 贰仟贰佰贰拾元整								合计(小写)￥2 220.00							
补付金额：					退回金额：￥280.00										

领导批准 薛贝潇　　会计主管 陈颁谊　　部门负责人 吴鹏英　　审核 金鹏音　　报销人 吴鹏英

18-3-1

航空运输电子客票行程单
INTINERARY/RECEIPT OF E-TICKET FOR AIR TRANSPORT

印刷序号:
SERIAL NUMBER:11739 15828 5

旅客姓名 NAME OF PASSENGER 吴鹏英	有效身份证件号码 ID.NO. 120102198903220685					签注 ENDORSEMENTS/RESTRICTIONS (CARBON) 不得签转 LIYU 140586960				
NFPCTY	承运人 CARRIER	航班号 FLIGHT	座位等级 CLASS	日期 DATE	时间 TIME	客票级别/客票类别 FARE BASIS	客票生效日期 NOTVALID BEFORE	有效截止日期 NOTVALID AFTER	免费行李 ALLOW	
自 FROM 天津市	东航	MU6767	E	2019-06-14	8:25	ETD00			20K	
至 TO 苏州市										
至 TO										
至 TO										
至 TO	票价 FARE CNY685.00	机场建设费 AIRPORT TAX CNY50.00		燃油附加费 FUEL SURCHARGE CNY60.00		其他税费 OTHER TAXES CNY0.00	合计 TOTAL		CNY795.00	

电子客票号码 7312380871778 E-TICKET NO. CONJ67/68	验证码4848 CK.	提示信息 东航进出天津市在2号候机楼 INFORATION	保险费 CNY0.00 INSURANCE
销售单位代号 BJNO28 AGENTCODE. 11055109	填开单位东方航空有限公司天津市营业部 ISSUEDBY		填开日期2019-06-14 DATE OF ISSUE

查真网址: WWW.TRAVELSKY.COM 服务热线: 400-813-8888 短信验真: 发送JP至10669018 请旅客登机前认真阅读《旅客须知》及承运人的运输总条件内容
The Important Notice and the general conditions of carriage must be read before travelling.

付款凭证 RECEIPT
手写无效 INVALID IN HANDWRITING

18-3-2

航空运输电子客票行程单
INTINERARY/RECEIPT OF E-TICKET FOR AIR TRANSPORT

印刷序号:
SERIAL NUMBER:12488 16829 6

旅客姓名 NAME OF PASSENGER 吴鹏英	有效身份证件号码 ID.NO. 120102198903220685					签注 ENDORSEMENTS/RESTRICTIONS (CARBON) 不得签转 GUORUI 161077680				
	承运人 CARRIER	航班号 FLIGHT	座位等级 CLASS	日期 DATE	时间 TIME	客票级别/客票类别 FARE BASIS	客票生效日期 NOTVALID BEFORE	有效截止日期 NOTVALID AFTER	免费行李 ALLOW	
自 FROM 苏州市	东航	MU6806	E	2019-06-16	20:35	EID00			20K	
至 TO 天津市										
至 TO										
至 TO										
至 TO	票价 FARE CNY685.00	机场建设费 AIRPORT TAX CNY50.00		燃油附加费 FUEL SURCHARGE CNY60.00		其他税费 OTHER TAXES CNY0.00	合计 TOTAL		CNY795.00	

电子客票号码 6313360682588 E-TICKET NO. CONT85/86	验证码6105 CK.	提示信息 东航进出苏州市在4号候机楼 INFORATION	保险费 CNY0.00 INSURANCE
销售单位代号 DKJT055 AGENTCODE. 12053106	填开单位东方航空有限公司苏州市营业部 ISSUEDBY		填开日期2019-06-16 DATE OF ISSUE

查真网址: WWW.TRAVELSKY.COM 服务热线: 400-8158888 短信验真: 发送JP至10669018 请旅客登机前认真阅读《旅客须知》及承运人的运输总条件内容
The Important Notice and the general conditions of carriage must be read before travelling.

付款凭证 RECEIPT
手写无效 INVALID IN HANDWRITING

18-3-3

3205161140

江苏增值税专用发票

发　票　联

NO.18166680　3205161140
18166680

开票日期:*2019* 年 *06* 月 *16* 日

购买方	名　　称:天津吉祥股份有限公司 纳税人识别号:911201026776469382 地址、电话:天津市河东区董凯街杨秋路 37 号 022-87262512 开户行及账号:中国建设银行天津市河东区支行 41622124973131				密码区	52 * 3187＜4/＋6600＜＋95－59＋7＜ 3100039＜0－－＞＞－6＞525＜752558－＞ 7 * 787　3187＜4/＋8490＜＋258161792087 ＋＜712/＜1＋9016＞0421＋＋＞84＞745	
货物或应税劳务、服务名称	规格型号	单位	数量	单价	金额	税率	税额
住宿费		天	2	141.51	283.02	6%	16.98
合　计					￥283.02		￥16.98
价税合计(大写)	⊗叁佰元整				(小写)￥300.00		
销售方	名　　称:苏州斯科宾馆有限公司 纳税人识别号:913205069059248883 地址、电话:江苏省苏州市吴中区杨维街玉湫路 28 号 0512-74979431 开户行及账号:中国建设银行苏州市吴中区支行 41622124467064				备注		

收款人:　　　　复核:　　　　　　开票人:卢　俊　　　　　　销售方:(章)

税总函[×××] ×××号 ××××××××公司

第三联　发票联　购买方记账凭证

18-4

3205161140

江苏增值税专用发票

抵　扣　联

NO.18166680　3205161140
18166680

开票日期:*2019* 年 *06* 月 *16* 日

购买方	名　　称:天津吉祥股份有限公司 纳税人识别号:911201026776469382 地址、电话:天津市河东区董凯街杨秋路 37 号 022-87262512 开户行及账号:中国建设银行天津市河东区支行 41622124973131				密码区	52 * 3187＜4/＋6600＜＋95－59＋7＜ 3100039＜0－－＞＞－6＞525＜752558－＞ 7 * 787　3187＜4/＋8490＜＋258161792087 ＋＜712/＜1＋9016＞0421＋＋＞84＞745	
货物或应税劳务、服务名称	规格型号	单位	数量	单价	金额	税率	税额
住宿费		天	2	141.51	283.02	6%	16.98
合　计					￥283.02		￥16.98
价税合计(大写)	⊗叁佰元整				(小写)￥300.00		
销售方	名　　称:苏州斯科宾馆有限公司 纳税人识别号:913205069059248883 地址、电话:江苏省苏州市吴中区杨维街玉湫路 28 号 0512-74979431 开户行及账号:中国建设银行苏州市吴中区支行 41622124467064				备注		

收款人:　　　　复核:　　　　　　开票人:卢　俊　　　　　　销售方:(章)

税总函[×××] ×××号 ××××××××公司

第二联　抵扣联　购买方扣税凭证

业务 19:2019-06-21,取得原始凭证 1 张。

19-1

中国建设银行（存款)利息清单

币别：人民币　　　　　　　　　2019 年 06 月 21 日

户名：天津吉祥股份有限公司			账号：41622124973131		
计息项目	起息日	结息日	积数	利率(％)	利息金额
活期存款	2019.03.21	2019.06.21	略	略	1 942.02
合计(大写)壹仟玖佰肆拾贰元零贰分					

中国建设银行股份有限公司常州
新 北 区 支 行
2019.06.21
银行签章
(1)

第二联　客户回单

上述原始凭证中：

业务 20:2019-06-21,取得原始凭证 2 张。

20-1

交通银行股份有限公司贷款还息凭证

打印日期 2019 年 06 月 21 日

客户号：05277561			机构代码：105
借款单位：天津吉祥股份有限公司			
产生利息账号	还息金额	Osp 现有余额	备　注
56917524678574	550.00 元		合同号：010
金额合计	(大写）人民币 伍佰伍拾元整 (小写）CNY＊＊＊550.00		
付款账号：41924996862594			交通银行 天津市河东区支行 2019-06-21 转讫 (01)
合同编号：010			
交易业务号：105LAA110089008			

开票：宗建梅　　　　记账　　　　复核　　　　(盖章)

20-2

01201971202

天津增值税普通发票

NO.94082594

01201971202
94082594

检验码 41834 31966 23988 02026

开票日期：*2019* 年 *06* 月 *21* 日

购买方	名　　　称：天津吉祥股份有限公司 纳税人识别号：911201026776469382 地　址、电话：天津市河东区量凯街杨秋路 37 号 022-87262512 开户行及账号：中国建设银行天津市河东区支行 41622124973131			密码区	66＊3187＜4/＋8522＜＋95－59＋7＜ 7291391＜0－－>>－6>525＜749000－> 7＊787＊3187＜4/＋8490＜＋099092472605 ＋＜712/＜1＋9016>3116＋＋>84>664		
货物或应税劳务、服务名称	规格型号	单位	数量	单价	金额	税率	税额
货款服务			1	518.87	518.87	6%	31.13
合　　计					￥518.87		￥31.13
价税合计（大写）	⊗伍佰伍拾元整					（小写）￥550.00	
销售方	名　　　称：交通银行股份有限公司天津市分行 纳税人识别号：911201026005494699 地　址、电话：天津市河东区宋春街文志路 34 号 022-025687764 开户行及账号：交通银行股份有限公司天津市营业部 12010272883680472606			备注	交通银行股份有限公司天津市分行 911201026005494699 发票专用章		

收款人：　　　复核：　　　　　　　开票人：解 红　　　　销售方：(章)

业务 21：2019-06-25，取得原始凭证 2 张。

21-1

中国建设银行客户专用回单

币别：人民币　　　　2019 年 06 月 25 日　　　流水号 120120027J0500810051

付款人	全　称	天津吉祥股份有限公司	收款人	全　称	天津和平酒店有限公司
	账　号	41622124973131		账　号	41622124747535
	开户行	中国建设银行天津市河东区支行		开户行	中国建设银行天津市和平区支行
金　额	（大写）人民币 壹仟伍佰元整			（小写）￥1 500.00	
凭证种类	网银		凭证号码		
结算方式	转账		用　途	支付招待客户费用	
		打印柜员：120125584257 打印机构：中国建设银行天津市河东区支行 打印卡号：41622124973131		中国建设银行 电子回单 专用章	

打印时间：2019-06-25　　　交易柜员：120125584268　　　交易机构：120110592

21-2

012011611402

天津增值税普通发票　NO.91830848

012011611402
91830848

检验码 36203 26550 81212 34069

开票日期:2019 年 06 月 23 日

| 购买方 | 名　　称:天津吉祥股份有限公司
纳税人识别号:911201026776469382
地址、电话:天津市河东区董凯街杨秋路 37 号 022-87262512
开户行及账号:中国建设银行天津市河东区支行 41622124973131 | | 密码区 | 30＊3187＜4/＋8047＜＋95－59＋7＜
1260510＜0－－＞＞－6＞525＜629060－＞
7＊787＊3187＜4/＋8490＜＋680125983296
＋＜712/＜1＋9016＞3910＋＋＞84＞714 |

货物或应税劳务、服务名称	规格型号	单位	数量	单价	金额	税率	税额
餐费		桌	1	1 456.31	1 456.31	3%	43.69
合　计					￥1 456.31		￥43.69

| 价税合计(大写) | ⊗壹仟伍佰元整 | (小写) ￥1 500.00 |

| 销售方 | 名　　称:天津和平酒店有限公司
纳税人识别号:911201017982735134
地址、电话:天津市和平区邱长街李建路 72 号 022-14756784
开户行及账号:中国建设银行天津市和平区支行 41622124747535 | 备注 | 天津和平酒店有限公司
911201017982735134
发票专用章 |

收款人:　　　复核:　　　开票人:吴梅娟　　　销售方:(章)

第二联 发票联 购买方记账凭证

税总函〔××××〕××××号 ×××××××公司

业务 22:2019-06-27,取得原始凭证 2 张。

22-1

<h1 style="text-align:center">销　售　单</h1>

购货单位:南京天茂有限公司　　　地址和电话:江苏省南京市玄武区刘永街王峻路 40 号 025-47336974

单据编号:XS035　　　纳税识别号:913201029060756634

开户行及账号:中国建设银行南京市玄武区支行 41622124135630　　　制单日期:2019-06-27

编码	产品名称	规格	单位	单价	数量	金额	备注
KCSP001	甲		件	508.50	500	254 250.00	含税价
KCSP002	乙		件	734.50	500	367 250.00	含税价
合计	人民币(大写):陆拾贰万壹仟伍佰元整				—	￥621 500.00	

销售经理:钟国钊　　　经手人:赵爱东　　　会计　金鹏音　　　签收人:刘泽军

会计联

22-2

 1201161140

天津增值税专用发票

此联不作报销、扣税凭证使用

NO.01794271　1201161140
01794271

开票日期：2019 年 06 月 27 日

购买方	名　　称：南京天茂有限公司 纳税人识别号：913201029060756634 地　址、电话：江苏省南京市玄武区刘永衡王峻路 40 号 025-47336974 开户行及账号：中国建设银行南京市玄武区支行 41622124135630				密码区	02 * 3187＜4/＋7133＜＋95－59＋7＜ 6890591＜0－－＞＞－6＞525＜837728－＞ 7 * 787 * 3187＜4/＋8490＜＋412637541820 ＋＜712/＜1＋9016＞1150＋＋＞84＞500		

货物或应税劳务、服务名称	规格型号	单位	数量	单价	金额	税率	税额
甲		件	500	450.00	225 000.00	13%	29 250.00
乙		件	500	650.00	325 000.00	13%	42 250.00
合　计					￥550 000.00		￥71 500.00

价税合计（大写）	⊗陆拾贰万壹仟伍佰元整	（小写）￥621 500.00

销售方	名　　称：天津吉祥股份有限公司 纳税人识别号：911201026776469382 地　址、电话：天津市河东区董凯街杨秋路 37 号 022-87262512 开户行及账号：中国建设银行天津市河东区支行 41622124973131	备注

收款人：　　　　复核：　　　　开票人：刘　宁　　　　销售方：（章）

第一联　记账联　销售方记账凭证

业务 23：2019-06-28，取得原始凭证 5 张。

23-1

 1201180140

天津增值税专用发票

NO.73627453　1201180140
73627453

开票日期：2019 年 06 月 28 日

购买方	名　　称：天津吉祥股份有限公司 纳税人识别号：911201026776469382 地　址、电话：天津市河东区董凯街杨秋路 37 号 022-87262512 开户行及账号：中国建设银行天津市河东区支行 41622124973131				密码区	69 * 3187＜4/＋0536＜＋95－59＋7＜ 7342713＜0－－＞＞－6＞525＜223649－＞ 7 * 787 * 3187＜4/＋8490＜＋344615416754 ＋＜712/＜1＋9016＞3005＋＋＞84＞401		

货物或应税劳务、服务名称	规格型号	单位	数量	单价	金额	税率	税额
水费		吨	1 200	1.85	2 220.00	3%	66.60
合　计					￥2 220.00		￥66.60

价税合计（大写）	⊗贰仟贰佰捌拾陆元陆角整	（小写）￥2 286.60

销售方	名　　称：天津水务股份有限公司 纳税人识别号：911201021167476863 地　址、电话：天津市河东区解红街胡春路 01 号 022-246439372 开户行及账号：中国建设银行天津市河东区支行 41621526485817	备注

收款人：　　　　复核：　　　　开票人：张其良　　　　销售方：（章）

第二联　抵扣联　购买方扣税凭证

23-2

 1201180140

天津增值税专用发票

NO.73627453 1201180140
73627453

开票日期：2019 年 06 月 28 日

购买方	名　称：天津吉祥股份有限公司 纳税人识别号：911201026776469382 地址、电话：天津市河东区董凯街杨秋路 37 号 022-87262512 开户行及账号：中国建设银行天津市河东区支行 41622124973131	密码区	69＊3187＜4/＋0536＜＋95－59＋7＜ 7342713＜0－－＞＞－6＞525＜223649－＞ 7＊787＊3187＜4/＋8490＜＋344615416754 ＋＜712/＜1＋9016＞3005＋＋＞84＞401

货物或应税劳务、服务名称	规格型号	单位	数量	单价	金额	税率	税额
水费		吨	1 200	1.85	2 220.00	3%	66.60
合　计					￥2 220.00		￥66.60

价税合计（大写）	⊗ 贰仟贰佰捌拾陆元陆角整		（小写）￥2 286.60

销售方	名　称：天津水务股份有限公司 纳税人识别号：911201021167476863 地址、电话：天津市河东区解红街胡春路 01 号 022-246439372 开户行及账号：中国建设银行天津市河东区支行 41621526485817	备注	天津水务股份有限公司 911201021167476863 发票专用章

收款人：　　　　复核：　　　　开票人：张其良　　　　销售方：（章）

右侧竖排：第三联 发票联 购买方记账凭证

23-3

 012011801202

天津增值税普通发票

NO.73626193 012011801202
73626193

检验码 74732 19794 30865 11503

开票日期：2019 年 06 月 06 日

购买方	名　称：天津吉祥股份有限公司 纳税人识别号：911201026776469382 地址、电话：天津市河东区董凯街杨秋路 37 号 022-87262512 开户行及账号：中国建设银行天津市河东区支行 41622124973131	密码区	20＊3187＜4/＋7602＜＋95－59＋7＜ 7593936＜0－－＞＞－6＞525＜747877－＞ 7＊787＊3187＜4/＋8490＜＋478192040779 ＋＜712/＜1＋9016＞2413＋＋＞84＞722

货物或应税劳务、服务名称	规格型号	单位	数量	单价	金额	税率	税额
污水处理费		吨	1 200	1.15	1 380.00	0%	＊＊＊
合　计					￥1 380.00		￥0

价税合计（大写）	⊗ 壹仟叁佰捌拾元整		（小写）￥1 380.00

销售方	名　称：天津水务股份有限公司 纳税人识别号：911201021167476863 地址、电话：天津市河东区解红街胡春路 01 号 022-246439372 开户行及账号：中国建设银行天津市河东区支行 41621526485817	备注	天津水务股份有限公司 911201021167476863 发票专用章

收款人：　　　　复核：　　　　开票人：姜惠莉　　　　销售方：（章）

右侧竖排：第三联 发票联 购买方记账凭证

23-4

中国建设银行客户专用回单

币别:人民币   2019 年 06 月 28 日   流水号 120120027J0500810010

付款人	全 称	天津吉祥股份有限公司	收款人	全 称	天津水务股份有限公司
	账 号	41622124973131		账 号	41621526485817
	开户行	中国建设银行天津市河东区支行		开户行	中国建设银行天津市河东区支行

金 额	(大写)人民币 叁仟陆佰陆拾陆元陆角整	(小写)¥3 666.00
凭证种类	网银	凭证号码
结算方式	转账	用 途 支付水费

打印柜员:120125584257
打印机构:中国建设银行天津市河东区支行
打印卡号:41622124973131   电子回单
专用章

第一联 借方(回单)

打印时间:2019-06-28   交易柜员:120125584268   交易机构:120110504

23-5

水费分配表

2019 年 6 月 28 日   单位:元

部门	实际用量	水费分摊金额	污水处理费分摊金额	合计
办公室	30			
财务部	20			
采购部	20			
销售门市	40			
生产车间	1 090			
合计	1 200			

编制: 审核:

业务 24： 2019-06-28，取得原始凭证 3 张。

24-1

天津增值税专用发票

NO.60386460　　1201180140
　　　　　　　　　60386460

开票日期：*2019 年 06 月 28 日*

购买方	名　称：天津吉祥股份有限公司 纳税人识别号：911201026776469382 地址、电话：天津市河东区董凯街杨秋路 37 号 022-87262512 开户行及账号：中国建设银行天津市河东区支行 41622124973131

密码区	46 * 3187＜4/＋9737＜＋95－59＋7＜ 3594151＜0－－＞＞－6＞525＜460732－＞ 7 * 787 * 3187＜4/＋8490＜＋445851787163 ＋＜712/＜1＋9016＞5827＋＋＞84＞476

货物或应税劳务、服务名称	规格型号	单位	数量	单价	金额	税率	税额
电					*2 700.00*	*13%*	*351.00*
合　计					￥2 700.00		￥351.00

价税合计（大写）	⊗叁仟零伍拾壹元整	（小写）￥3 051.00

销售方	名　称：天津市电力股份有限公司天津市分公司 纳税人识别号：911201020645002233 地址、电话：天津市河东区韩春街剑海路 39 号 022-73049758 开户行及账号：中国建设银行天津市河东区支行 4124765053 9318	备注	911201020645002233 发票专用章

收款人：　　　　　复核：　　　　　开票人：王　刚　　　　　销售方：（章）

第二联　抵扣联　购买方扣税凭证

24-2

天津增值税专用发票

NO.60386460　　1201180140
　　　　　　　　　60386460

开票日期：*2019 年 06 月 28 日*

购买方	名　称：天津吉祥股份有限公司 纳税人识别号：911201026776469382 地址、电话：天津市河东区董凯街杨秋路 37 号 022-87262512 开户行及账号：中国建设银行天津市河东区支行 41622124973131

密码区	46 * 3187＜4/＋9737＜＋95－59＋7＜ 3594151＜0－－＞＞－6＞525＜460732－＞ 7 * 787 * 3187＜4/＋8490＜＋445851787163 ＋＜712/＜1＋9016＞5827＋＋＞84＞476

货物或应税劳务、服务名称	规格型号	单位	数量	单价	金额	税率	税额
电					*2 700.00*	*13%*	*351.00*
合　计					￥2 700.00		￥351.00

价税合计（大写）	⊗叁仟零伍拾壹元整	（小写）￥3 051.00

销售方	名　称：天津市电力股份有限公司天津市分公司 纳税人识别号：911201020645002233 地址、电话：天津市河东区韩春街剑海路 39 号 022-73049758 开户行及账号：中国建设银行天津市河东区支行 4124765053 9318	备注	911201020645002233 发票专用章

收款人：　　　　　复核：　　　　　开票人：王　刚　　　　　销售方：（章）

第三联　发票联　购买方记账凭证

24-3

电费分配表

2019 年 6 月 28 日 　　　　　　　　　　　　　　　　　　单位:元

部门	度数	分配率	金额
办公室	40		
财务部	40		
采购部	60		
销售门市	140		
生产车间	1 520		
合计	1 800		

审核:陈颂谊 　　　　　　　　　　　　　　　　　　　　编制:金鹏音

业务 25:2019-06-30,取得原始凭证 1 张。

25-1

汽车保险费摊销计算表

2019 年 6 月 30 日

部门	金额	摊销期限	本期金额
管理部门	6 000	12	500
合计			500

审核:陈颂谊 　　　　　　　　　　　　　　　　　　　　编制:金鹏音

业务 26:2019-06-30,取得原始凭证 1 张。

26-1

银行借款利息计算单

2019 年 6 月 30 日

借款种类	借款金额	年贷款利率	月利息额	备注
4 个月周转借款	200 000	4.5%		2019 年 5 月 30 日借入 (合同号:010)
合计				

审核:陈颂谊 　　　　　　　　　　　　　　　　　　　　编制:金鹏音

业务 27：2019-06-30，取得原始凭证 3 张。

27-1

生产工时明细表

2019 年 6 月 30 日

部　门	产　品	生产工时(小时)
生产车间	甲	2 100
生产车间	乙	1 600
合　计		3 700

审核：陈颂谊　　　　　　　　　　　　　　　编制：金鹏音

27-2

工资计算表

2019 年 6 月 30 日

姓名	部门	职位	应付工资
史流冲	办公室	法人代表	7 500.00
薛贝潇	办公室	总经理	6 600.00
李月	办公室	办公室主任	4 800.00
黄鉴郎	办公室	仓管	3 800.00
张感妃	办公室	职员	3 300.00
陈颂谊	财务部	财务经理	6 000.00
金鹏音	财务部	会计	4 400.00
张备莉	财务部	出纳	4 600.00
唐雪贝	采购部	采购经理	4 400.00
易阳玮	采购部	采购人员	4 000.00
蒋玲雪	销售门市	经理	5 100.00
文咏缨	销售门市	销售人员	4 300.00
吴鹏英	生产车间	生产经理	5 400.00
孙昆霖	生产车间	车间核算员	3 700.00
李斯奇	生产车间	生产工人	4 100.00

（续表）

姓名	部门	职位	应付工资
李克明	生产车间	生产工人	3 600.00
付东海	生产车间	生产工人	4 600.00
周美	生产车间	生产工人	3 900.00
郭飞	生产车间	生产工人	4 100.00
赵晓光	生产车间	生产工人	4 200.00
陆四海	生产车间	生产工人	4 100.00
张文明	生产车间	生产工人	4 200.00
胡力科	生产车间	生产工人	3 800.00
刘冬冬	生产车间	生产工人	3 800.00
陈荣发	生产车间	生产工人	3 900.00
李长荣	生产车间	生产工人	3 800.00
郑和	生产车间	生产工人	3 800.00
合计			119 800.00

审核：陈颂谊　　　　　　　　　　　　　　编制：金鹏音

27-3

工资费用分配表

2019 年 6 月 30 日

应借账户	直接计入	分配计入			合计
		生产工时	分配率	分配金额	
生产成本——甲					
——乙					
小计					
制造费用					
管理费用					
销售费用					
合计					

审核：陈颂谊　　　　　　　　　　　　　　编制：金鹏音

业务 28：2019-06-30,取得原始凭证 2 张。

28-1

生产工时明细表

2019 年 6 月 30 日

部 门	产 品	生产工时（小时）
生产车间	甲	2 100
生产车间	乙	1 600
合计		3 700

审核：陈颂谊　　　　　　　　　　　　　　　　编制：金鹏音

28-2

五险计算表

2019 年 6 月 30 日

应借账户		医疗保险	养老保险	失业保险	生育保险	工伤保险	合计
生产成本	甲产品						
	乙产品						
	小计						
制造费用							
管理费用							
销售费用							
合 计							

审核：陈颂谊　　　　　　　　　　　　　　　　编制：金鹏音

业务 29：2019-06-30,取得原始凭证 2 张。

29-1

生产工时明细表

2019 年 6 月 30 日

部 门	产 品	生产工时（小时）
生产车间	甲	2 100
生产车间	乙	1 600
合计		3 700

审核：陈颂谊　　　　　　　　　　　　　　　　编制：金鹏音

29-2

住房公积金计算表

2019 年 6 月 30 日

应借账户		住房公积金
生产成本	甲产品	
	乙产品	
	小计	
制造费用		
管理费用		
销售费用		
合　计		

审核：陈颂谊　　　　　　　　　　　　　　　编制：金鹂音

业务 30：2019-06-30，取得原始凭证 2 张。

30-1

生产工时明细表

2019 年 6 月 30 日

部　门	产品	生产工时（小时）
生产车间	甲	2 100
生产车间	乙	1 600
合计		3 700

审核：陈颂谊　　　　　　　　　　　　　　　编制：金鹂音

30-2

职工教育经费计算表

2019 年 6 月 30 日

应借账户		职工教育经费
生产成本	甲产品	
	乙产品	
	小计	
制造费用		
管理费用		
销售费用		
合　计		

审核：陈颂谊　　　　　　　　　　　　　　　编制：金鹂音

业务 **31**:2019-06-30,取得原始凭证 2 张。

31-1

生产工时明细表

2019 年 6 月 30 日

部　门	产　品	生产工时(小时)
生产车间	甲	2 100
生产车间	乙	1 600
合计		3 700

审核:陈颂谊　　　　　　　　　　　　　　　　编制:金鹂音

31-2

工会经费计算表

2019 年 6 月 30 日

应借账户		工会经费
生产成本	甲产品	
	乙产品	
	小计	
制造费用		
管理费用		
销售费用		
合　计		

审核:陈颂谊　　　　　　　　　　　　　　　　编制:金鹂音

业务 **32**:2019-06-30,取得原始凭证 1 张。

32-1

原材料发出汇总表

2019 年 6 月 30 日

材料名称＼用途	A 材料		B 材料		合计
	数量	金额	数量	金额	
生产车间——甲	3 000		1 500		
生产车间——乙	2 625		1 155		
合计	5 625		2 655		

审核:陈颂谊　　　　　　　　　　　　　　　　编制:金鹂音

业务 33：2019-06-30,取得原始凭证 1 张。

33-1

固定资产类别	使用部门	品名	单位	数量	原价	预计使用年限	月折旧率	月折旧额
房屋建筑物	管理部门	办公楼	幢	1	2 800 000.00	20		
	车间	厂房	幢	1	1 800 000.00	20		
机器设备	车间	机器设备 K	台	1	740 000.00	10		
		机器设备 M	台	2	210 000.00	10		
		机器设备 P	台	2	880 000.00	10		
		机器设备 N	台	2	800 000.00	10		
运输工具	管理部门	Volvo 轿车	辆	1	280 000.00	4		
电子设备	车间	空调 ZG	台	10	53 000.00	3		
		电脑 DELL	台	5	42 000.00	3		
	管理部门	空调 IP	台	10	60 000.00	3		
		电脑 LE	台	8	40 000.00	3		
	销售门市	电脑 LE	台	2	10 000.00	3		
合计					7 715 000.00	3		

业务 34：2019-06-30,取得原始凭证 2 张。

34-1

生产工时明细表

2019 年 6 月 30 日

部 门	产 品	生产工时(小时)
生产车间	甲	2 100
生产车间	乙	1 600
合计		3 700

审核:陈颂谊　　　　　　　　　　　　　　编制:金鹂音

34-2

制造费用分配表

2019 年 6 月 30 日

产品名称	生产工时	分配率	分配金额（元）
甲			
乙			
合计			

审核：陈颂谊　　　　　　　　　　　　　　编制：金鹍音

业务 35：2019-06-30，取得原始凭证 3 张。

35-1

产成品入库单

2019 年 6 月 30 日　　　　　　　　　编号：09032001

产品编号	名称	规格	计量单位	数量	单价	金额	备注
50001	甲			1 500			
50002	乙			1 000			

审核：陈颂谊　　　　　　　　　　　　　　编制：金鹍音

第二联　记账联

35-2

产品成本计算单

2019 年 6 月 30 日

完工产品：1 500
产品名称：甲　　　　　　　　　在产品：1 400　　　　　　　　完工程度：80%

摘要	直接材料	直接人工	制造费用	合计
期初在产品成本				
本月发生费用				
生产费用合计				
完工产品成本				
月末在产品成本				

审核：陈颂谊　　　　　　　　　　　　　　编制：金鹍音

35-3

产品成本计算单

2019 年 6 月 30 日

完工产品：1 000

产品名称：乙　　　　　　　　　　在产品：650　　　　　　　　完工程度：50%

摘　要	直接材料	直接人工	制造费用	合计
期初在产品成本				
本月发生费用				
生产费用合计				
完工产品成本				
月末在产品成本				

审核：陈颂谊　　　　　　　　　　　　　　　　　　编制：金鹏音

业务 36：2019-06-30，取得原始凭证 3 张。

36-1

单位产品成本计算表

2019 年 6 月 30 日

产品名称	期初产成品		本月完工产品		加权平均单价
	数量	金额	数量	金额	
甲					
乙					

审核：陈颂谊　　　　　　　　　　　　　　　　　　编制：金鹏音

36-2

产品销售成本计算表

2019 年 6 月 30 日

产品名称	销售数量	单位成本	总成本
甲			
乙			

审核：陈颂谊　　　　　　　　　　　　　　　　　　编制：金鹏音

36-3

产成品出库汇总表

2019 年 6 月 30 日

产品名称	发出数量	单位成本	总成本
甲			
乙			

审核:陈颂谊   编制:金鹛音

业务 37:2019-06-30,取得原始凭证 1 张。

37-1

应交增值税计算表

2019 年 6 月 30 日

项目	金额
销项税额	
进项税额	
上期留抵税额	
进项税额转出	
应纳税额	
期末留抵税额	
按简易征收办法计算的应纳税额	
应纳税额减征额	
应纳税额合计	

审核:陈颂谊   编制:金鹛音

业务 38:2019-06-30,取得原始凭证 1 张。

38-1

城市维护建设税、教育费附加、地方教育附加计算表

2019 年 6 月 30 日   单位:元

税(费)种	增值税	税率(征收率)	本期应纳税费	本期已缴税费	本期应补(退)税费
城市维护建设税		7%			
教育费附加		3%			
地方教育附加		2%			
合计					

审核:陈颂谊   编制:金鹛音

业务 39:2019-06-30,取得原始凭证 1 张。

39-1

月度应交所得税计算表

2019 年 6 月 30 日

项目	金额
营业收入	
营业成本	
利润总额	
减:不征税收入	
免税收入	
弥补以前年度亏损	
实际利润额	
税率(25%)	
应纳所得税额	
减:减免所得税额	
减:实际已预缴所得税额	
应补(退)所得税额	
减:以前年度多缴在本期抵缴所得税额	
本期实际应补(退)所得税额	

审核:陈颂谊　　　　　　　　　　　　　　编制:金鹏音

业务 40:2019-06-30,取得原始凭证 1 张。

40-1

损益类账户发生额表

2019 年 6 月 30 日

总账科目名称	本期借方发生额	本期贷方发生额
合　计		

审核:陈颂谊　　　　　　　　　　　　　　编制:金鹏音

业务操作题三

(一) 题目要求

请根据本套试卷"编制记账凭证"相关资料登记银行存款日记账。

(二) 登账要求

开设并登记银行存款——中国建设银行天津市河东区支行,账号 41622124973131 的人民币户日记账(登记银行存款日记账,不做每日合计)。

所给定账页第 1 行"年月日"栏为"2019 年 05 月 30 日","摘要"栏为"承前页","借方金额"为"643 332.23","贷方金额"为"504 639.21","余额"为"435 391.32"。

第 2 行略。

第 3 行略。

所给定账页第 4 行"年月日"栏为" 2019 年 05 月 31 日","摘要"栏为"本月合计及余额""借方金额"为"646 332.23""贷方金额"为"504 639.21""余额"为"438 391.32"。

请先将上述数据过入账页的相应行次,并接着登记 2019 年 06 月份中国建设银行天津市河东区支行,账号 41622124973131 的人民币户日记账,并要求月度结账。

业务操作题四

业务 1:根据本套试卷"编制记账凭证"编制 2019 年 06 月科目汇总表。

科目汇总表
年 月 日

科目名称	借方发生额	贷方发生额

审核:陈颂谊　　　　　　　　　　编制:金鹏音

业务2:请根据本套试卷"编制记账凭证""编制科目汇总表""登记账簿"等相关资料编制2019年6月资产负债表。

资 产 负 债 表

会企01表

编制单位:　　　　　　　　　　年　月　日　　　　　　　　　　单位:元

资产	期末余额	上年年末余额	负债及所有者权益	期末余额	上年年末余额
流动资产:			流动负债:		
货币资金			短期借款		
交易性金融资产			交易性金融负债		
衍生金融资产			衍生金融负债		
应收票据			应付票据		
应收账款			应付账款		
应收款项融资			预收款项		
预付款项			合同负债		
其他应收款			应付职工薪酬		
存货			应交税费		
合同资产			其他应付款		
持有待售资产			持有待售负债		
一年内到期的非流动资产			一年内到期的非流动负债		
其他流动资产			其他流动负债		
流动资产合计			流动负债合计		
非流动资产:			非流动负债:		
债权投资			长期借款		
其他债权投资			应付债券		
长期应收款			其中:优先股		
长期股权投资			永续债		
其他权益工具投资			租赁负债		

（续表）

资产	期末余额	上年年末余额	负债及所有者权益	期末余额	上年年末余额
其他非流动金融资产			长期应付款		
投资性房地产			预计负债		
固定资产			递延收益		
在建工程			递延所得税负债		
生产性生物资产			其他非流动负债		
油气资产			非流动负债合计		
无形资产			负债合计		
开发支出			所有者权益(或股东权益):		
商誉			实收资本(或股本)		
长期待摊费用			其他权益工具		
递延所得税资产			其中:优先股		
其他非流动资产			永续债		
非流动资产合计			资本公积		
			减:库存股		
			其他综合收益		
			专项储备		
			盈余公积		
			未分配利润		
			所有者权益(或股东权益)合计		
资产总计			负债和所有者权益(或股东权益)总计		

单位负责人:　　　　　　　主管会计工作负责人:　　　　　　　会计机构负责人:

业务3:请根据本套试卷"编制记账凭证""编制科目汇总表""登记账簿"等相关资料编制 2019 年 6 月利润表。

利 润 表

会企 02 表

编制单位：　　　　　　　　　　　年　月　　　　　　　　　　　单位:元

项 目	本期金额	上数金额
一、营业收入		略
减:营业成本		
税金及附加		
销售费用		
管理费用		
研发费用		
财务费用		
其中:利息费用		
利息收入		
加:其他收益		
投资收益(损失以"－"号填列)		
其中:对联营企业和合营企业的投资收益		
净敞口套期收益(损失以"－"号填列)		
公允价值变动收益(损失以"－"号填列)		
资产减值损失		
信用减值损失		
资产处置收益(损失以"－"号填列)		
二、营业利润(亏损以"－"号填列)		
加:营业外收入		
减:营业外支出		
三、利润总额(亏损总额以"－"号填列)		
减:所得税费用		
四、净利润(净亏损以"－"号填列)		
(一)持续经营净利润(亏损以"－"号填列)		
(二)终止经营净利润(亏损以"－"号填列)		

(续表)

项　目	本期金额	上期金额
五、其他综合收益税后净额		
（一）以后不能重分类进损益的其他综合收益		
1. 重新计量设定受益计划净负债或净资产的变动		
2. 权益法下在被投资单位不能重分类进损益的其他综合收益中享有的份额		
3. 其他权益工具投资公允价值变动		
4. 企业自身信用风险公允价值变动		
……		
（二）以后将重分类进损益的其他综合收益		
1. 权益法下可转损益的其他综合收益		
2. 其他债权投资公允价值变动		
3. 金融资产重分类计入其他综合收益的金额		
4. 其他债权投资信用减值准备		
5. 现金流量套期储备		
6. 外币财务报表折算差额		
……		
六、综合收益总额		
七、每股收益：		
（一）基本每股收益		
（二）稀释每股收益		

单位负责人：　　　　　主管会计工作负责人：　　　　　会计机构负责人：

附录2　会计基本业务操作模拟试卷(二)

实务操作题一

(一) 企业基本资料

1. 名称:扬州隆创有限公司
2. 企业增值税类型:一般纳税人
3. 社会信用代码:913210023819681878
4. 企业地址:江苏省扬州市广陵区傅保街刘保路41号
5. 企业电话号码:0514-16334776
6. 企业基本户开户行:中国建设银行扬州市广陵区支行41622124125741
7. 预留银行印鉴:扬州隆创有限公司财务专用章和法定代表人私章
8. 企业一般存款户:交通银行扬州市广陵区支行419249966939911
9. 证券交易结算资金账户:2778031816

(二) 业务内容及要求

业务1:2019-06-03,扬州隆创有限公司支付货款,请根据付款申请书填制转账支票。(支付密码:0188-6609-7704-8730,付款银行:中国建设银行扬州市广陵区支行,付款账号:41622124125741,银行预留印鉴:扬州隆创有限公司财务专用章＋法定代表人私章:张栋梁)

1-1

付款申请书

2019 年 06 月 03 日

用途及情况	金额											收款单位(人):扬州德聚有限公司
支付货款	亿	千	百	十	万	千	百	十	元	角	分	账号:41622124113498
				￥	8	0	0	0	0	0	0	开户行:中国建设银行扬州市邗江区支行
金额(大写)合计:	人民币捌万元整											结算方式:转账支票

总经理	朱旭红	财务部门	经理	朱胜利	业务部门	经理	高飞
			会计	李勇		经办人	李津

1-2-1

1-2-2

附加信息：	被背书人：	被背书人：	（贴粘单处）	根据《中华人民共和国票据法》等法律、法规的规定,签发空头支票由中国人民银行处以票面金额5%但不低于1 000元的罚款。
	背书人签章： 年　月　日	背书人签章： 年　月　日		

业务2：2019-06-10,销售部员工赵爱东向公司预借差旅费3 000元,请以借款人的身份填制个人借款单(备注:签章请选择经办人签章)。

2-1

借　款　单

年　月　日　　　　　　　　　　No 02857

借款人：		所属部门：
借款用途：		
借款金额：人民币(大写)		———
部门负责人审批：		借款人(签章)：
财务部门审核：		
单位负责人批示：		签字：
核销记录：		

第一联　付款联(付款人记账)

2-2

借 款 单

年　月　日

No 02857

借款人：		所属部门：	
借款用途：			
借款金额：人民币(大写)		————	
部门负责人审批：		借款人(签章)：	
财务部门审核：			
单位负责人批示：		签字：	
核销记录：			

第二联　结算联(结算后记账)

2-3

借 款 单

年　月　日

No 02857

借款人：		所属部门：	
借款用途：			
借款金额：人民币(大写)		————	
部门负责人审批：		借款人(签章)：	
财务部门审核：			
单位负责人批示：		签字：	
核销记录：			

第三联　回执联(结算后交借款人留存)

业务3:2019-06-22,收到李秋花交来变卖废品款1 200元,请填制收款收据(交款方式:现金)。

3-1

收 款 收 据

年　　月　　日　　　　　　　NO.000820

今收到_____

交来:_____

金额(大写)　佰　拾　万　仟　佰　拾　元　角　分

¥_____　□现金　□转账支票　□其他　　　　　收款
　　　　　　　　　　　　　　　　　　　　　　单位(盖章)

核准　　　　　会计　　　　　记账　　　　　出纳　　　　　经手人

第一联　存根联

3-2

收 款 收 据

年　　月　　日　　　　　　　NO.000820

今收到_____

交来:_____

金额(大写)　佰　拾　万　仟　佰　拾　元　角　分

¥_____　□现金　□转账支票　□其他　　　　　收款
　　　　　　　　　　　　　　　　　　　　　　单位(盖章)

核准　　　　　会计　　　　　记账　　　　　出纳　　　　　经手人

第二联　交对方

3-3

收 款 收 据

年　　月　　日　　　　　　　NO.000820

今收到_____

交来:_____

金额(大写)　佰　拾　万　仟　佰　拾　元　角　分

¥_____　□现金　□转账支票　□其他　　　　　收款
　　　　　　　　　　　　　　　　　　　　　　单位(盖章)

核准　　　　　会计　　　　　记账　　　　　出纳　　　　　经手人

第三联　交财务

实务操作题二

(一) 企业基本资料

企业名称:扬州隆创有限公司

企业增值税类型:一般纳税人

社会信用代码:913210023819681878

企业地址:江苏省扬州市广陵区傅保街刘保路 41 号

企业电话号码:0514-16334776

企业基本户开户行:中国建设银行扬州市广陵区支行 41622124125741

预留银行印鉴:扬州隆创有限公司财务专用章和法定代表人私章

企业一般存款户:交通银行扬州市广陵区支行 419924996693911

(二) 企业政策及相关说明

1. 扬州隆创有限公司为有限责任公司,是增值税一般纳税人。企业下设办公室、财务部、采购部、销售门市、生产车间,执行《企业会计准则》。公司对外报送财务报告相关负责人如下:单位负责人为朱旭红;主管会计工作负责人为朱旭红;会计机构负责人为朱胜利。

2. 会计期间:公司的会计期间分为年度和中期,会计年度为自公历 1 月 1 日起至 12 月 31 日,中期包括月度、季度和半年度。

3. 公司以人民币为记账本位币。

4. 公司采用科目汇总表账务处理程序进行账务处理。

5. (1) 存货按实际成本法核算,原材料及包装物发出计价采用月末一次加权平均法,材料的共同运费按数量分配,分配率保留 6 位小数,尾差计入最后一个对象。库存商品发出计价采用月末一次加权平均法,工程物资发出计价采用月末一次加权平均法。发出存货单位成本保留 2 位小数,如有尾差计入结存存货成本。原材料及周转材料发生盘盈时,按最近一次不含税买价作为入账价值;库存商品发生盘盈时,按当月完工入库的该库存商品的单位成本作为入账价值。

(2) 公司主要生产 X08、Y08 产品,生产每件 X08、Y08 产品需耗用 E101、F201 材料。本月投产产品均按照生产耗用数量领用原材料,未发生损耗。

6. 产品成本计算采用品种法,设置直接材料、直接人工、制造费用三个成本项目。

其中:(1) 原材料在生产开始时一次性投入;共同耗用的材料采用按产品产量分配进行分配,分配率保留 2 位小数,尾差计入最后一个对象。

(2) 工资及五险一金分配采用实际生产工时进行分配,分配率保留 6 位小数,尾差计入最后一个对象。

(3) 五险一金的承担和计提比例如下:企业承担部分为养老保险金 20%,医疗保险金 10%(4 月份需另上交重大疾病保险 5 元),失业保险金 1.5%,工伤保险金 1%,生育保险金 1%,住房公积金 12%。

(4) 个人承担部分为养老保险金 8%,医疗保险金 2%,失业保险金 0.5%,住房公积金 12%。

7. 制造费用按生产工时比例在各种产品之间分配,分配率保留 6 位小数,尾差计入最后一个对象。

8. 生产费用在完工产品与在产品之间的分配采用约当产量法,分配率保留 2 位小数,尾差计入月末在产品成本。

9. 企业发生的福利费能分清部门的则根据部门记入相应的科目,如果不能分清的则全部计入管理费用。

10. 计提工会费、计提职工教育经费,根据不同部门分别记入相应的科目。

11. 固定资产不包括研发用固定资产。固定资产折旧采用年限平均法,净残值率为4%,折旧年限分别为:房屋及建筑物 20 年,生产设备 10 年,电子设备 3 年,折旧率保留 4 位小数(采用小数点的形式),月折旧额保留 2 位小数。

12. 期间费用(电费等)按实际用量进行分摊,分配率保留 6 位小数,尾差计入最后一个对象。

13. 企业适用的增值税税率为 13%,会计处理时各期确认的应交税费——应交增值税(进项税额)应当与当期增值税纳税申报表保持口径一致;当期取得的增值税专用发票已在取得发票当天全部办妥认证手续。

14. 城市维护建设税税率为 7%,教育费附加征收率为 3%,地方教育附加征收率为 2%。

15. 企业所得税税率为 25%,月度按照实际利润额计算预缴企业所得税。截至 2018 年12 月 31 日,以前各年度应纳税所得额均大于 0,不存在不征税收入、免税收入、减免所得税额,且截至 2019 年 3 月 31 日无欠缴及多缴所得税情况。

16. 企业每月月末按照实际天数计算提取贷款利息,银行于每月 20 日收取其发放贷款的利息,涉及同一银行同日扣取多笔利息支出的,编制一张复合记账凭证。

17. 应收款项(应收账款及其他应收款)的坏账准备按年计提,应收款项(应收账款及其他应收款)按照相当于整个存续期内预计信用损失的金额计量其损失准备,即预期信用损失为企业应收取的合同现金流量与预期收取的现金流量之间差额的现值。本公司基于历史信用损失经验,考虑有关过去事项、当前状况以及对未来经济状况的预测,在资产负债表日根据应收款项的账龄与损失率预计坏账准备。本公司应收款项账龄均在 1 年以内,预计损失率为 5%。

18. 假设所有销售不考虑退货等情况。

19. 公司员工薪酬考核办法规定:员工薪酬每月按岗位工资预发,全年一次性奖金经考核评定后在次年春节前发放。

20. 假设月社会保险费、住房公积金缴费基数与月工资应发数一致。

(三) 期初余额

期初余额表

总账科目	明细账科目	借方余额	贷方余额
库存现金		28 537.00	
银行存款	中国建设银行扬州市广陵区支行——41622124125741	9 985 866.17	
应收票据	徐州鼎德有限公司	200 000.00	
应收账款	南京南硕有限公司	500 000.00	
应收账款	江苏速迅有限公司	300 000.00	
预付账款	江苏省电力股份有限公司扬州市分公司	2180.80	
原材料	E101	240 000.00	
原材料	F201	90 000.00	
库存商品	X08	400 000.00	
库存商品	Y08	375 000.00	
固定资产	房屋建筑物——A	2 000 000.00	
固定资产	房屋建筑物——B	980 000.00	
固定资产	机器设备——C	95 000.00	
固定资产	机器设备——E	800 000.00	
固定资产	电子设备——D	27 500.00	
固定资产	电子设备——G	12 000.00	
固定资产	运输设备——F	200 000.00	
固定资产	工具器具及家具——H	4 000.00	
累计折旧			1 378 565.20
应付账款	扬州德聚有限公司		135 000.00
应付账款	无锡财风有限公司		232 000.00
预收账款			
应付职工薪酬	工资		159500.00
应付职工薪酬	职工福利		
应付职工薪酬	社会保险费——医疗保险		15 950.00
应付职工薪酬	设定提存计划——养老保险		31 900.00

（续表）

总账科目	明细账科目	借方余额	贷方余额
应付职工薪酬	设定提存计划——失业保险		2 392.50
应付职工薪酬	社会保险费——生育保险		1 595.00
应付职工薪酬	社会保险费——工伤保险		1 595.00
应付职工薪酬	住房公积金		19 140.00
应付职工薪酬	工会经费		4 200.00
应付职工薪酬	职工教育经费		16 800.00
应交税费	未交增值税		93 361.00
应交税费	应交企业所得税		89 445.00
应交税费	应交城市维护建设税		6 535.27
应交税费	应交教育费附加		2 800.83
应交税费	应交地方教育附加		1 867.22
应交税费	应交个人所得税		334.18
实收资本	柳田		5 000 000.00
实收资本	张章		3 000 000.00
本年利润			2 733 592.00
利润分配	提取法定盈余公积		387 560.00
利润分配	未分配利润		3 566 950.77
生产成本	基本生产成本——X08——直接材料	312 000.00	
生产成本	基本生产成本——X08——直接人工	78 000.00	
生产成本	基本生产成本——X08——制造费用	26 000.00	
生产成本	基本生产成本——Y08——直接材料	150 000.00	
生产成本	基本生产成本——Y08——直接人工	60 000.00	
生产成本	基本生产成本——Y08——制造费用	15 000.00	
合计		16 881 083.97	16 881 083.97

(四)业务内容

业务1:2019-04-01,取得原始凭证6张。

1-1

差旅费报销单

2019 年 04 月 01 日 　　　　　　　　　　附原始单据4张

姓　名	张栋梁	工作部门		办公室			出差事由		洽谈商务			
日期		地点		车船费			深夜补贴	途中补贴	住勤费			旅馆费	公交费	金额合计

起	讫	起	讫	车次或船名	时间	金额	深夜补贴	途中补贴	地区	天数	补贴	旅馆费	公交费	金额合计
03月29日	03月31日	扬州市	合肥市			480.00			合肥市	3	330.00	560.00		1 370.00
							银行付讫							

报销金额(大写)人民币	壹仟叁佰柒拾元整	合计(小写)¥1 370.00
补付金额:		退回金额:

领导批准　朱旭红　会计主管　朱胜利　部门负责人　张栋梁　审核　李勇　报销人　张栋梁

1-1-1

R130890　　　　　　　　检票:二层3号检票口

扬州 站 D3247次 合肥 站
Yangzhou　　→　　Hefei
2019 年 03 月 29 日 8:00 开　09 车16C号
¥240.00 元　　网折　　二等座
限乘当日当次车
3210021979****1565张栋梁

买票请到12306 发货请到95306
中国铁路祝您旅途愉快

238192102505R22523661　　扬州北售

1-1-2

R279593		检票：二层8号检票口

合肥　站 D3027次 扬州 站
Hefei　　　　　　　Yangzhou
2019 年03月31日 16:10开　08 车 15E号
¥240.00 元　　网折　　　二等座
限乘当日当次车
3210021979****1565张栋梁

买票请到12306 发货请到95306
中国铁路祝您旅途愉快

238192102505R22379780　　合肥北售

1-1-3

安徽增值税专用发票　　NO.69933220　3401161140
3401161140　　　　　　　　　　　　　　　69933220
发　票　联

开票日期：2019 年 03 月 31 日

购买方	名　　称：扬州隆创有限公司 纳税人识别号:913210023819681878 地址、电话:江苏省扬州市广陵区傅保衡割保路41号 0514-16334776 开户行及账号:中国建设银行扬州市广陵区支行 41622124125741	密码区	02＊3187＜4/＋8945＜＋95－59＋7＜ 3297793＜0－－＞＞－6＞525＜150291－＞ 7＊787＊3187＜4/＋8490＜＋325456674091 ＋＜712/＜1＋9016＞3285＋＋＞84＞585

货物或应税劳务、服务名称	规格型号	单位	数量	单价	金额	税率	税额
住宿费		天	2	264.15	528.30	6%	31.70
合　计					¥528.30		¥31.70

价税合计(大写)	⊗伍佰陆拾元整		(小写)¥560.00

销售方	名　　称:安徽明峰酒店有限公司 纳税人识别号:913401021464539553 地址、电话:安徽省合肥市瑶海区陈保衡程海路45号 0551-44354582 开户行及账号:中国建设银行合肥市瑶海区支行 41622124000807	备注	安徽明峰酒店有限公司 913401021464539553 发票专用章

收款人：　　　复核：　　　开票人：李兰　　　销售方(章)

税总函〔××××〕××××号　×××××××××公司

第三联　发票联　购买方记账凭证

1-2

中国建设银行客户专用回单

币别：人民币　　　　　2019 年 04 月 01 日　　　流水号 321020027J0500810084

付款人	全　称	扬州隆创有限公司	收款人	全　称	张栋梁
	账　号	41622124125741		账　号	6222020404009952595
	开户行	中国建设银行扬州市广陵区支行		开户行	中国建设银行扬州市广陵区支行

金　额	(大写)人民币　壹仟叁佰柒拾元整	(小写)￥1 370.00
凭证种类	网银	凭证号码
结算方式	转账	用　途　差旅费

打印柜员：321025584257
打印机构：中国建设银行扬州市广陵区支行
打印卡号：41622124125741

电子回单
专用章

第一联　借方(回单)

打印时间：2019-04-01　　　交易柜员：321025584268　　　交易机构：321010533

1-3

安徽增值税专用发票

 3401161140　　　　　　　　　　NO.69933220　　3401161140
69933220

抵扣联

开票日期：2019 年 03 月 31 日

购买方	名　称：扬州隆创有限公司 纳税人识别号：913210023819681878 地址、电话：江苏省扬州市广陵区傅衡剑保路 41 号 0514-16334776 开户行及账号：中国建设银行扬州市广陵区支行 41622124125741	密码区	02＊3187＜4/＋8945＜＋95－59＋7＜ 3297793＜0－－＞＞－6＞525＜150291－＞ 7＊787＊3187＜4/＋8490＜＋325456674091 ＋＜712/＜1＋9016＞3285＋＋＞84＞585

货物或应税劳务、服务名称	规格型号	单位	数量	单价	金额	税率	税额
住宿费		天	2	264.15	528.30	6%	31.70
合　计					￥528.30		￥31.70

价税合计(大写)	⊗伍佰陆拾元整	(小写)￥560.00

销售方	名　称：安徽明峰酒店有限公司 纳税人识别号：913401021464539553 地址、电话：安徽省合肥市瑶海区陈衡程海路 45 号 0551-44354582 开户行及账号：中国建设银行合肥市瑶海区支行 41622124000807	备注	安徽明峰酒店有限公司 913401021464539553 发票专用章

收款人：　　　　复核：　　　　　　开票人：李兰　　　　　　销售方：(章)

第二联　抵扣联　购买方扣税凭证

业务2：2019-04-02，取得原始凭证3张。

2-1

销　售　单

购货单位：*南京南硕有限公司*　　地址和电话：*江苏省南京市玄武区李彦街李红路08号 025-18671957*

单据编号：*XS034*　　　　　　　纳税识别号：*913201029671106997*

开户行及账号：*中国建设银行南京市玄武区支行 41622124403989*　　　　制单日期：*2019-04-02*

编码	产品名称	规格	单位	单价	数量	金额	备注
02002	X08		件	904.00	600	542 400.00	含税价
TYSP001	Y08		件	565.00	700	395 500.00	含税价
合计	人民币(大写)：玖拾叁万柒仟玖佰元整				—	￥937 900.00	

销售经理：*钟国创*　　　　经手人：*赵爱东*　　　　会计 *李勇*　　　　签收人：*马建民*

会计联

2-2

江苏增值税专用发票

3200161140

此联不作报销扣税凭证使用

NO.01794292　3200161140　01794292

开票日期：*2019 年 04 月 02 日*

购买方	名　　　称：南京南硕有限公司 纳税人识别号：913201029671106997 地　址、电　话：江苏省南京市玄武区李彦街李红路08号 025-18671957 开户行及账号：中国建设银行南京市玄武区支行 41622124403989	密码区	12 * 3187＜4/＋7469＜＋95－59＋7＜ 4621684＜0－－＞＞－6＞525＜318366－＞ 7 * 787 * 3187＜4/＋8490＜＋924002966472 ＋＜712/＜1＋9016＞4025＋＋＞84＞017

货物或应税劳务、服务名称	规格型号	单位	数量	单价	金额	税率	税额
X08		件	600	800.00	480 000.00	13%	62 400.00
Y08		件	700	500.00	350 000.00	13%	45 500.00
合　计					￥830 000.00		￥107 900.00
价税合计(大写)	⊗玖拾叁万柒仟玖佰元整					(小写) ￥937 900.00	

销售方	名　　　称：扬州隆创有限公司 纳税人识别号：913210023819681878 地　址、电　话：江苏省扬州市广陵区德保街剑保路41号 0514-16334776 开户行及账号：中国建设银行扬州市广陵区支行 41622124125741	备注	

收款人：　　　　复核：　　　　开票人：*李勇*　　　　销售方：(章)

第一联　记账联　销售方记账凭证

2-3

中国建设银行客户专用回单

币别：人民币　　　　2019 年 04 月 02 日　　　流水号321020027J0500810030

付款人	全称	南京南硕有限公司	收款人	全称	扬州隆创有限公司
	账号	41622124403989		账号	41622124125741
	开户行	中国建设银行南京市玄武区支行		开户行	中国建设银行扬州市广陵区支行

金额	（大写）人民币 玖拾叁万柒仟玖佰元整	（小写）¥937 900.00
凭证种类	网银	凭证号码
结算方式	转账	用途　货款

打印柜员：321025584257
打印机构：中国建设银行扬州市广陵区支行
打印卡号：41622124125741

电子回单专用章

打印时间：2019-04-02　　交易柜员：321025584268　　交易机构：321066637

第二联　贷方（回单）

业务 3：2019-04-04，取得原始凭证 4 张。

3-1

江苏增值税专用发票

3200161140　　　　　　　　NO.05769427　　3200161140
　　　　　　　　　　　　　　　　　　　　　　　　05769427

抵扣联

开票日期：2019 年 04 月 04 日

购买方	名称：扬州隆创有限公司 纳税人识别号：913210023819681878 地址、电话：江苏省扬州市广陵区博保街剑保路 41 号 0514-16334776 开户行及账号：中国建设银行扬州市广陵区支行 41622124125741	密码区	06 * 3187＜4/＋6050＜＋95－59＋7＜ 6224771＜0－－＞＞－6＞525＜425041－＞ 7 * 787＜3187＜4/＋8490＜＋868012418262 ＋＜712/＜1＋9016＞6096＋＋＞84＞124

货物或应税劳务、服务名称	规格型号	单位	数量	单价	金额	税率	税额
E101		千克	2 500	120.00	300 000.00	13%	39 000.00
F201		千克	2 000	93.00	186 000.00	13%	24 180.00
合　计					¥486 000.00		¥63 180.00

价税合计（大写）	⊗伍拾肆万玖仟壹佰捌拾元整	（小写）¥549 180.00

销售方	名称：南京丰益有限公司 纳税人识别号：913201156443123367 地址、电话：江苏省南京市江宁区程刷街平路 17 号 025-64600182 开户行及账号：中国建设银行南京市江宁区支行 41622124871585	备注	南京丰益有限公司 913201156443123367 发票专用章

收款人：　　　复核：　　　开票人：姚秀敏　　　销售方：（章）

第二联　抵扣联　购买方扣税凭证

3-2

3200161140

江苏增值税专用发票

发 票 联

NO.05769427   3200161140
05769427

开票日期:2019 年 04 月 04 日

购买方	名　　　称:扬州隆创有限公司 纳税人识别号:913210023819681878 地 址 、电 话:江苏省扬州市广陵区傅保衡剑保路 41 号 0514-16334776 开户行及账号:中国建设银行扬州市广陵区支行 41622124125741	密码区	06＊3187＜4/＋6050＜＋95－59＋7＜ 6224771＜0－－＞＞－6＞525＜425041－＞ 7＊787＊3187＜4/＋8490＜＋868012418262 ＋＜712/＜1＋9016＞6096＋＋＞84＞124

货物或应税劳务、服务名称	规格型号	单位	数量	单价	金额	税率	税额
E101		千克	2 500	120.00	300 000.00	13%	39 000.00
F201		千克	2 000	93.00	186 000.00	13%	24 180.00
合　计					￥486 000.00		￥63 180.00

价税合计(大写)	⊗伍拾肆万玖仟壹佰捌拾元整	(小写)￥549 180.00

销售方	名　　　称:南京丰益有限公司 纳税人识别号:913201156443123367 地 址 、电 话:江苏省南京市江宁区程刚衡剑平路 17 号 025-64600182 开户行及账号:中国建设银行南京市江宁区支行 41622124871585	备注	南京丰益有限公司 913201156443123367 发票专用章

收款人:　　　　复核:　　　　开票人:姚秀敏　　　　销售方:(章)

第三联 发票联 购买方记账凭证

税总函[×××] ××××号 ×××××××公司

3-3

收 料 单

供应单位:南京丰益有限公司　　　　2019 年 04 月 04 日　　　　编号:SL067

材料编号	名　称	单位	规格	数　量		实 际 成 本			
				应收	实收	单价	发票价格	运杂费	总　价
YCL001	E101	千克		2 500	2 500				
YCL002	F201	千克		2 000	2 000				
备　注:									

收料人:　　　　　　交料人:韩亚梅

第二联 记账联

3-4

中国建设银行客户专用回单

币别：人民币　　　　　　2019 年 04 月 04 日　　　流水号 321020027J0500810023

付款人	全　称	扬州隆创有限公司	收款人	全　称	南京丰盈有限公司
	账　号	41622124125741		账　号	41622124871585
	开户行	中国建设银行扬州市广陵区支行		开户行	中国建设银行南京市江宁区支行
金　额		(大写)人民币 伍拾肆万玖仟壹佰捌拾元整		(小写)￥549 180.00	
凭证种类		网银	凭证号码		
结算方式		转账	用　途		支付货款

打印柜员：321025584257
打印机构：中国建设银行扬州市广陵区支行
打印卡号：105447653145

打印时间：2019-04-04　　　交易柜员：321025584268　　交易机构：321010500541173713

第一联　借方(回单)

业务 4：2019-04-08，取得原始凭证 1 张。

4-1

中国建设银行客户专用回单

币别：人民币　　　　　　2019 年 04 月 08 日　　　流水号 321020027J0500810031

付款人	全　称	南京南硕有限公司	收款人	全　称	扬州隆创有限公司
	账　号	41622124403989		账　号	41622124125741
	开户行	中国建设银行南京市玄武区支行		开户行	中国建设银行扬州市广陵区支行
金　额		(大写)人民币 伍拾万元整		(小写)￥500 000.00	
凭证种类		电汇凭证	凭证号码		
结算方式		电子划汇汇入	用　途		货款

打印柜员：321025584257
打印机构：中国建设银行扬州市广陵区支行
打印卡号：41622124125741

打印时间：2019-04-08　　　交易柜员：321025584268　　交易机构：321060655

第二联　贷方(回单)

业务5:2019-04-10,取得原始凭证2张。

5-1

工资发放明细表

2019-04-10   单位:元

姓名	部门	应付工资	养老保险	医疗保险	失业保险	住房公积金	三险一金合计	个人所得税	扣款合计	实发工资
朱旭红	总经理	8 000.00	640.00	160.00	40.00	960.00	1 800.00	36.00	1 836.00	6 164.00
高阳	办公室主任	7 000.00	560.00	140.00	35.00	840.00	1 575.00	12.75	1 587.75	5 412.25
张栋梁	办公室	6 000.00	480.00	120.00	30.00	720.00	1 350.00	0.00	1 350.00	4 650.00
王颖宏	仓管员	5 000.00	400.00	100.00	25.00	600.00	1 125.00	0.00	1 125.00	3 875.00
朱胜利	财务部经理	8 200.00	656.00	164.00	41.00	984.00	1 845.00	40.65	1 885.65	6 314.35
李勇	财务部	8 000.00	640.00	160.00	40.00	960.00	1 800.00	36.00	1 836.00	6 164.00
吴春香	财务部	7 000.00	560.00	140.00	35.00	840.00	1 575.00	12.75	1 587.75	5 412.25
高飞	采购部经理	9 500.00	760.00	190.00	47.50	1 140.00	2 137.50	70.88	2 208.38	7 291.62
李津	采购部	7 500.00	600.00	150.00	37.50	900.00	1 687.50	24.38	1 711.88	5 788.12
钟国创	销售门市经理	7 800.00	624.00	156.00	39.00	936.00	1 755.00	31.35	1 786.35	6 013.65
赵爱东	销售门市	9 000.00	720.00	180.00	45.00	1 080.00	2 025.00	59.25	2 084.25	6 915.75
姚启南	车间主任	6 000.00	480.00	120.00	30.00	720.00	1 350.00	0.00	1 350.00	4 650.00
杨远涛	车间核算员	6 000.00	480.00	120.00	30.00	720.00	1 350.00	0.00	1 350.00	4 650.00
刘泽军	生产工人	6 500.00	520.00	130.00	32.50	780.00	1 462.50	1.13	1 463.63	5 036.37
刘建国	生产工人	6 500.00	520.00	130.00	32.50	780.00	1 462.50	1.13	1 463.63	5 036.37
陈树军	生产工人	6 500.00	520.00	130.00	32.50	780.00	1 462.50	1.13	1 463.63	5 036.37
安雪梅	生产工人	6 500.00	520.00	130.00	32.50	780.00	1 462.50	1.13	1 463.63	5 036.37
张长越	生产工人	6 500.00	520.00	130.00	32.50	780.00	1 462.50	1.13	1 463.63	5 036.37
王杏允	生产工人	6 500.00	520.00	130.00	32.50	780.00	1 462.50	1.13	1 463.63	5 036.37
张广兴	生产工人	6 500.00	520.00	130.00	32.50	780.00	1 462.50	1.13	1 463.63	5 036.37
李杰	生产工人	6 500.00	520.00	130.00	32.50	780.00	1 462.50	1.13	1 463.63	5 036.37
张玮	生产工人	6 500.00	520.00	130.00	32.50	780.00	1 462.50	1.13	1 463.63	5 036.37
赵新莉	生产工人	6 000.00	480.00	120.00	30.00	720.00	1 350.00	0.00	1 350.00	4 650.00
合计		159 500.00	12 760.00	3 190.00	797.50	19 140.00	35 887.50	334.18	36 221.68	123 278.32

5-2

中国建设银行
转账支票存根
54757873
01560911

附加信息 _____

_____

_____

出票日期 *2019* 年 *4* 月 *10* 日

收款人：	*扬州隆创有限公司*
金　额：	¥*123 278.32*
用　途：	*支付工资*
备　注：	*（41622124125741）*

单位主管　　　　　　　　会计

业务6：2019-04-11，取得原始凭证1张。

6-1

中国建设银行客户专用回单

转账日期：*2019* 年 *04* 月 *11* 日
凭证字号：*2019041135023053*

纳税人全称及纳税人识别号：*扬州隆创有限公司 9132100238196818878*
付款人全称：*扬州隆创有限公司*
付款人账号：*41622124125741*　　　　　征收机关名称：*国家税务总局扬州市广陵区税务局*
付款人开户银行：*中国建设银行扬州市广陵区支行*　收缴国库（银行）名称：*国家金库扬州市广陵区支库*
小写（合计）金额¥*89 445.00*　　　　　缴款书交易流水号：*201904114872002*
大写（合计）金额人民币 *捌万玖仟肆佰肆拾伍元整*　税票号码：*042019796695169756*
税（费）种名称　　　　　　所属时期　　　实缴金额
企业所得税　　　　　20190301—20190331　　¥*89 445.00*

业务7:2019-04-11,取得原始凭证1张。

7-1

中国建设银行客户专用回单

转账日期：*2019 年 04 月 11 日*

凭证字号：*2019041135023092*

纳税人全称及纳税人识别号：*扬州隆创有限公司 913210023819681878*	
付款人全称：*扬州隆创有限公司*	
付款人账号：*41622124125741*	征收机关名称：*国家税务总局扬州市广陵区税务局*
付款人开户银行：*中国建设银行扬州市广陵区支行*	收缴国库(银行)名称：*国家金库扬州市广陵区支库*
小写(合计)金额：*￥334.18*	缴款书交易流水号：*201904110751783*
大写(合计)金额人民币 *叁佰叁拾肆元壹角捌分*	税票号码：*042019424808026747*

税(费)种名称	所属时期	实缴金额
个人所得税	20190301—20190331	￥334.18

业务8:2019-04-11,取得原始凭证1张。

8-1

中国建设银行客户专用回单

转账日期：*2019 年 04 月 11 日*

凭证字号：*2019041135023015*

纳税人全称及纳税人识别号：*扬州隆创有限公司 913210023819681878*	
付款人全称：*扬州隆创有限公司*	
付款人账号：*41622124125741*	征收机关名称：*国家税务总局扬州市广陵区税务局*
付款人开户银行：*中国建设银行扬州市广陵区支行*	收缴国库(银行)名称：*国家金库扬州市广陵区支库*
小写(合计)金额：*￥93 361.00*	缴款书交易流水号：*201904118492211*
大写(合计)金额人民币 *玖万叁仟叁佰陆拾壹元整*	税票号码：*042019798186760726*

税(费)种名称	所属时期	实缴金额
增值税	20190301—20190331	￥93 361.00

业务9：2019-06-14，取得原始凭证1张。

9-1

中国建设银行客户专用回单

转账日期：*2019 年 04 月 11 日*

凭证字号：*2019041135023070*

纳税人全称及纳税人识别号：*扬州隆创有限公司 913210023819681878*	
付款人全称：*扬州隆创有限公司*	
付款人账号：*41622124125741*	征收机关名称：*国家税务总局扬州市广陵区税务局*
付款人开户银行：*中国建设银行扬州市广陵区支行*	收缴国库(银行)名称：*国家金库扬州市广陵区支库*
小写(合计)金额￥*11 203.32*	缴款书交易流水号：*201904111507109*
大写(合计)金额人民币 *壹万壹仟贰佰零叁元叁角贰分*	税票号码：*042019886681137314*

税(费)种名称	所属时期	实缴金额
城市维护建设税	20190301—20190331	￥ 35.32
教育费附加	20190301—20190331	￥2 800.00
地方教育费附加	20190301—20190331	￥1 867.00

业务10：2019-04-11，取得原始凭证1张。

10-1

中国建设银行客户专用回单

转账日期：*2019 年 04 月 11 日*

凭证字号：*2019041019521343*

纳税人全称及纳税人识别号：*扬州隆创有限公司 913210023819681878*	
付款人全称：*扬州隆创有限公司*	
付款人账号：*41622124125741*	征收机关名称：*国家税务总局扬州市广陵区税务局*
付款人开户银行：*中国建设银行扬州市广陵区支行*	收缴国库(银行)名称：*国家金库扬州市广陵区支库*
小写(合计)金额￥*70 180.00*	缴款书交易流水号：*201904110734368*
大写(合计)金额人民币 *柒万零壹佰捌拾元整*	税票号码：*042019041141894676 2545*

税(费)种名称	所属时期	实缴金额
医疗保险本金	2019-04-01 至 2019-04-30	￥19 440.00
养老保险本金	2019-04-01 至 2019-04-30	￥44 660.00
失业保险本金	2019-04-01 至 2019-04-30	￥3 190.00
生育保险本金	2019-04-01 至 2019-04-30	￥1 505.00
工伤保险本金	2019-04-01 至 2019-04-30	￥1 585.00

业务 11:2019-04-13,取得原始凭证 1 张。

11-1

中国建设银行客户专用回单

币别:人民币　　　　　　　　2019 年 04 月 13 日　　　流水号 321020027J0500810055

付款人	全　称	扬州隆创有限公司	收款人	全　称	扬州市住房公积金管理中心
	账　号	41622124125741		账　号	41622124885876
	开户行	中国建设银行扬州市广陵区支行		开户行	同城实时借记业务
金　额		(大写)人民币 叁万捌仟贰佰捌拾元整			(小写)￥38 280.00
凭证种类		其他凭证	凭证号码		00003029
结算方式		转账	用　途		WFP 公积:000点0125J20190413

第一联 借方(回单)

打印柜员:321025584257
打印机构:中国建设银行扬州市广陵区支行
打印卡号:105738705542

打印时间:2019-04-13　　　交易柜员:321025584268　　　交易机构:3210105005411773717

业务 12:2019-04-15,取得原始凭证 1 张。

12-1

固定资产处置申请表

2019 年 04 月 15 日

固定资产名称	D	单位	台	型号		数量	1
资产编号	GDZC008	停用时间	2019-04-15	投入使用时间	2015-04-21	使用部门	销售门市
已提折旧月数	35	原值	27 500.00	累计折旧			26 400.00
有效使用年限	3	月折旧额	734.25	净值			1 100.00

处置原因:因不满生产需要而出售

财务部门意见: 同意出售　朱胜利 2019 年 04 月 15 日	公司领导意见: 同意出售固定资产　朱旭红 2019 年 04 月 15 日

编制人:赵爱东　　　　　　　　使用部门负责人:钟国创

业务 13： 2019-04-15，取得原始凭证 1 张。

13-1

中国建设银行客户专用回单

币别：**人民币**　　　　　　2019 年 04 月 15 日　　　　流水号 321020027J0500810057

付款人	全　称	江苏速迅有限公司	收款人	全　称	扬州隆创有限公司
	账　号	41622124695669		账　号	41622124125741
	开户行	中国建设银行南京市玄武区支行		开户行	中国建设银行扬州市广陵区支行

金　额	（大写）人民币 陆拾万元整	（小写）￥600 000.00

凭证种类	电汇	凭证号码	
结算方式	电子汇划	用　途	预付货款

打印柜员：321025584257
打印机构：中国建设银行扬州市广陵区支行
打印卡号：41622124125741

打印时间：**2019-04-15**　　交易柜员：**321025584268**　　交易机构：**321019124**

（第二联　贷方（回单））

业务 14： 2019-04-15，取得原始凭证 2 张。

14-1

3200161140

江苏增值税专用发票

此联不作报销、扣税凭证使用

NO.01794293　　3200161140
01794293

开票日期：*2019 年 04 月 15 日*

购买方	名　称：徐州明丰股份有限公司	密码区	87 * 3187＜4/＋2573＜＋95－59＋7＜
	纳税人识别号：913203024229442096		5290696＜0－－＞＞－6＞525＜832701－＞
	地址、电话：江苏省徐州市鼓楼区吴鹏街转艳路 14 号 0516-42167057		7 * 787＜3187/4/＋8490＜＋072978201877
	开户行及账号：中国建设银行徐州市鼓楼区支行 41622124415492		＋＜712/＜1＋9016＞6543＋＋＞84＞551

货物或应税劳务、服务名称	规格型号	单位	数量	单价	金额	税率	税额
D		台	1	2 000.00	2 000.00	13%	260.00
合　计					￥2 000.00		￥260.00

价税合计（大写）	⊗贰仟贰佰陆拾元整	（小写）￥2 260.00

销售方	名　称：扬州隆创有限公司	备注
	纳税人识别号：913210023819681878	
	地址、电话：江苏省扬州市广陵区傅保街剖保路 41 号 0514-16334776	
	开户行及账号：中国建设银行扬州市广陵区支行 41622124125741	

收款人：　　　　复核：　　　　开票人：李勇　　　　销售方：（章）

（第一联　记账联　销售方记账凭证）

14-2

中国建设银行客户专用回单

币别：人民币　　　　　2019 年 04 月 15 日　　　流水号 321020027J0500810024

付款人	全　称	徐州明丰股份有限公司	收款人	全　称	扬州隆创有限公司
	账　号	41622124415492		账　号	41622124125741
	开户行	中国建设银行徐州市鼓楼区支行		开户行	中国建设银行扬州市广陵区支行

金　额	(大写)人民币　贰仟贰佰陆拾元整		(小写)￥2 260.00
凭证种类	网银	凭证号码	
结算方式	转账	用　途	转账
		打印柜员：321025584257	
		打印机构：中国建设银行扬州市广陵区支行	
		打印卡号：105820992139	

第二联　贷方(回单)

打印时间：2019-04-15　　　交易柜员：321025584268　　交易机构：321010500541173728

业务 15：2019-04-15，取得原始凭证 3 张。

15-1

中国建设银行客户专用回单

币别：人民币　　　　　2019 年 04 月 15 日　　　流水号 321020027J0500810055

付款人	全　称	扬州隆创有限公司	收款人	全　称	天天物流有限公司
	账　号	41622124125741		账　号	41622124878796
	开户行	中国建设银行扬州市广陵区支行		开户行	中国建设银行徐州市鼓楼区支行

金　额	(大写)人民币　壹佰零玖元整		(小写)￥109.00
凭证种类	网银	凭证号码	
结算方式	转账	用　途	固定资产清理
		打印柜员：321025584257	
		打印机构：中国建设银行扬州市广陵区支行	
		打印卡号：105093876750	

第一联　借方(回单)

打印时间：2019-04-15　　　交易柜员：321025584268　　交易机构：321010500541173775

15-2

3200161140

江苏增值税专用发票　　　NO.45314388　3200161140
45314388

开票日期:2019 年 04 月 15 日

购买方	名　　称:扬州隆创有限公司 纳税人识别号:913210023819681878 地址、电话:江苏省扬州市广陵区傅保街剑保路 41 号 0514-16334776 开户行及账号:中国建设银行扬州市广陵区支行 41622124125741	密码区	83 * 3187＜4/＋0428＜＋95－59＋7＜ 1204956＜0－－＞＞－6＞525＜559878－＞ 7 * 787＜3187＜4/＋8490＜＋085838390475 ＋＜712/＜1＋9016＞0378＋＋＞84＞550

货物或应税劳务、服务名称	规格型号	单位	数量	单价	金额	税率	税额
运费		次	1	100.00	100.00	9%	9.00
合　计					￥100.00		￥9.00

价税合计(大写)	⊗壹佰零玖元整		(小写)￥109.00

销售方	名　　称:天天物流有限公司 纳税人识别号:913203023120797911 地址、电话:江苏省徐州市鼓楼区育昆胡候路 85 号 0516-47359085 开户行及账号:中国建设银行徐州市鼓楼区支行 41622124878796	备注	起运地:扬州市 到达地:徐州市 车种车 号:中型货车苏 A33868 货物名称:D

收款人:　　　　复核:　　　　　开票人:梁惠娟　　　　　销售方:(章)

第二联 抵扣联 购买方扣税凭证

15-3

3200161140

江苏增值税专用发票　　　NO.45314388　3200161140
45314388

开票日期:2019 年 04 月 15 日

购买方	名　　称:扬州隆创有限公司 纳税人识别号:913210023819681878 地址、电话:江苏省扬州市广陵区傅保街剑保路 41 号 0514-16334776 开户行及账号:中国建设银行扬州市广陵区支行 41622124125741	密码区	83 * 3187＜4/＋0428＜＋95－59＋7＜ 1204956＜0－－＞＞－6＞525＜559878－＞ 7 * 787＜3187＜4/＋8490＜＋085838390475 ＋＜712/＜1＋9016＞0378＋＋＞84＞550

货物或应税劳务、服务名称	规格型号	单位	数量	单价	金额	税率	税额
运费		次	1	100.00	100.00	9%	9.00
					￥100.00		￥9.00
合　计							

价税合计(大写)	⊗壹佰零玖元整		(小写)￥109.00

销售方	名　　称:天天物流有限公司 纳税人识别号:913203023120797911 地址、电话:江苏省徐州市鼓楼区育昆胡候路 85 号 0516-47359085 开户行及账号:中国建设银行徐州市鼓楼区支行 41622124878796	备注	起运地:扬州市 到达地:徐州市 车种车 号:中型货车苏 A33868 货物名称:D

收款人:　　　　复核:　　　　　开票人:梁惠娟　　　　　销售方:(章)

第三联 发票联 购买方记账凭证

业务 16：2019-04-15,取得原始凭证 1 张。

16-1

固定资产处置结果表

2019 年 04 月 15 日

固定资产名称	D	原价		已提折旧	
净值		出售价格(不含税)		清理费用	
出售净损益					
财务部门意见： 净损益按《企业会计准则》处理。 　　　　　　　　朱胜利 　　　　　　2019 年 04 月 15 日			公司领导意见： 　　同意　　　朱旭红 　　　　　　2019 年 04 月 15 日		

业务 17：2019-04-16,取得原始凭证 3 张。

17-1

销　售　单

购货单位：*江苏速迅有限公司*　　地址和电话：*江苏省南京市玄武区马月街王艺路 85 号 025-14882307*

单据编号：*XS035*　　纳税识别号：*913201023444490947*

开户行及账号：*中国建设银行南京市玄武区支行 41622124695669*　　　　制单日期：*2019-04-16*

编码	产品名称	规格	单位	单价	数量	金额	备注
02002	X08		件	904.00	700	632 800.00	含税价
TYSP001	Y08		件	565.00	1 000	565 000.00	含税价
合计	人民币(大写)：壹佰壹拾玖万柒仟捌佰元整				—	￥1 197 800.00	

销售经理：*钟国钊*　　　经手人：*赵爱东*　　　会计 *李勇*　　　签收人：*姜志忠*

会计联

17-2

江苏增值税专用发票　　NO.01794298　　3200161140
01794298

此联不作报销、扣税凭证使用

开票日期：*2019* 年 *04* 月 *16* 日

3200161140

购买方	名　　称：江苏速迅有限公司 纳税人识别号：913201023444490947 地址、电话：江苏省南京市玄武区马月街王艺路 85 号 025-14882307 开户行及账号：中国建设银行南京市玄武区支行 41622124695669	密码区	86＊3187＜4/＋6369＜＋95－59＋7＜ 5621515＜0－－＞＞－6＞525＜580600－＞ 7＊787＊3187＜4/＋8490＜＋962706487309 ＋＜712/＜1＋9016＞0519＋＋＞84＞176

货物或应税劳务、服务名称	规格型号	单位	数量	单价	金额	税率	税额
X08		件	700	800.00	560 000.00	13%	72 800.00
X08		件	1 000	500.00	500 000.00	13%	65 000.00
合　　计					￥1 060 000.00		￥137 800.00
价税合计(大写)	⊗壹佰壹拾玖万柒仟捌佰元整				(小写)￥1 197 800.00		

销售方	名　　称：扬州隆创有限公司 纳税人识别号：913210023819681878 地址、电话：江苏省扬州市广陵区傅衡剀保路 41 号 0514-16334776 开户行及账号：中国建设银行扬州市广陵区支行 41622124125741	备注	

收款人：　　　　　复核：　　　　　开票人：李　勇　　　　　销售方：(章)

第一联　记账联　销售方记账凭证

17-3

中国工商银行　　(收账通知) **3**

2019 年 *04* 月 *16* 日

出票人	全　　称	江苏速迅有限公司	收款人	全　　称	扬州隆创有限公司
	账　　号	41622124695669		账　　号	41622124125741
	开户银行	中国建设银行南京市玄武区支行		开户银行	中国建设银行扬州市广陵区支行

金额	人民币 (大写)	伍拾玖万柒仟捌佰元整	亿	千	百	十	万	千	百	十	元	角	分
					￥	5	9	7	8	0	0	0	0

票据种类	银行汇票	票据张数	2
票据号码	1050322681841548		

中国建设银行
扬州市广陵区支行
2019-04-16
收讫
(01)

复核　　记账　　　　　　　　　　开户银行签章

此联是收款人开户银行交给收款人的收账通知

业务 **18**:2019-04-20,取得原始凭证 3 张。

18-1

江苏增值税专用发票

NO.43865387

3200151140
43865387

抵扣联

开票日期:*2019 年 04 月 18 日*

| 购买方 | 名 称:*扬州隆创有限公司*
纳税人识别号:*913210023819681878*
地 址、电话:*江苏省扬州市广陵区傅保街刻保路 41 号 0514-16334776*
开户行及账号:*中国建设银行扬州市广陵区支行 41622124125741* | | | | 密码区 | 61＊3187＜4/＋9352＜＋95－59＋7＜
8566157＜0－－>>－6>525＜909204－>
7＊787＊3187＜4/＋8490＜＋049313588942
＋＜712/＜1＋9016>1576＋＋>84>725 | | |

货物或应税劳务、服务名称	规格型号	单位	数量	单价	金额	税率	税额
电视广告发布费		笔	1	20 000.00	20 000.00	6%	1 200.00
合 计					￥20 000.00		￥1 200.00

价税合计(大写)	⊗*贰万壹仟贰佰元整*	(小写)￥21 200.00

销售方	名 称:*宣广传媒服务有限公司* 纳税人识别号:*913204118450664871* 地 址、电话:*江苏省常州市新北区稍涛街刻紫路 18 号 0519-48583667* 开户行及账号:*中国建设银行常州市新北区支行 41622124712649*	备注	宣广传媒服务有限公司 913204118450664871 发票专用章

收款人: 复核: 开票人:*刘玉彬* 销售方:(章)

18-2

江苏增值税专用发票

NO.43865387

3200151140
43865387

发票联

开票日期:*2019 年 04 月 18 日*

| 购买方 | 名 称:*扬州隆创有限公司*
纳税人识别号:*913210023819681878*
地 址、电话:*江苏省扬州市广陵区傅保街刻保路 41 号 0514-16334776*
开户行及账号:*中国建设银行扬州市广陵区支行 41622124125741* | | | | 密码区 | 61＊3187＜4/＋9352＜＋95－59＋7＜
8566157＜0－－>>－6>525＜909204－>
7＊787＊3187＜4/＋8490＜＋049313588942
＋＜712/＜1＋9016>1576＋＋>84>725 | | |

货物或应税劳务、服务名称	规格型号	单位	数量	单价	金额	税率	税额
电视广告发布费		笔	1	20 000.00	20 000.00	6%	1 200.00
合 计					￥20 000.00		￥1 200.00

价税合计(大写)	⊗*贰万壹仟贰佰元整*	(小写)￥21 200.00

销售方	名 称:*宣广传媒服务有限公司* 纳税人识别号:*913204118450664871* 地 址、电话:*江苏省常州市新北区稍涛街刻紫路 18 号 0519-48583667* 开户行及账号:*中国建设银行常州市新北区支行 41622124712649*	备注	宣广传媒服务有限公司 913204118450664871 发票专用章

收款人: 复核: 开票人:*刘玉彬* 销售方:(章)

18-3

中国建设银行客户专用回单

币别：人民币　　　　　　　　*2019* 年 *04* 月 *20* 日　　　流水号 *321020027J0500810032*

付款人	全　称	扬州隆创有限公司	收款人	全　称	宣广传媒服务有限公司
	账　号	41622124125741		账　号	41622124712649
	开户行	中国建设银行扬州市广陵区支行		开户行	中国建设银行常州市新北区支行
金　额		(大写)人民币　贰万壹仟贰佰元整		(小写)￥21 200.00	
凭证种类		网银	凭证号码		
结算方式		转账	用　途		支付广告宣传费
			打印柜员：321025584257 打印机构：中国建设银行扬州市广陵区支行 打印卡号：41622124125741		

第一联　借方(回单)

打印时间：*2019-04-20*　　　交易柜员：*321025584268*　　　交易机构：*321010527*

业务 19：2019-04-27，取得原始凭证 3 张。

19-1

中国建设银行
转账支票存根
10503226
00001702

附加信息　付款行账号：41622124125741

出票日期 *2019* 年 *04* 月 *27* 日

收款人：	精炼教育服务有限公司
金　额：	￥1 060.00
用　途：	支付职工教育经费

单位主管　　　　　　会计

19-2

3200161140

江苏增值税专用发票

抵　扣　联

NO.27743852　　3200161140
27743852

开票日期:2019 年 04 月 27 日

| 购买方 | 名　　称:扬州隆创有限公司
纳税人识别号:913210023819681878
地址 、电话:江苏省扬州市广陵区傅保街割保路 41 号 0514-16334776
开户行及账号:中国建设银行扬州市广陵区支行 41622124125741 | 密码区 | 76 * 3187＜4/＋3735＜＋95－59＋7＜
8312196＜0－－＞＞－6＞525＜509908－＞
7 * 787 * 3187＜4/＋8490＜＋194446835458
＋＜712/＜1＋9016＞6064＋＋＞84＞563 |

税总函[××××] ×××号 ××××××××公司

货物或应税劳务、服务名称	规格型号	单位	数量	单价	金额	税率	税额
培训费		次	1	1 000.00	1 000.00	6%	60.00
合　计					￥1 000.00		￥60.00

价税合计(大写)	⊗壹仟零陆拾元整	(小写)￥1 060.00

| 销售方 | 名　　称:精炼教育服务有限公司
纳税人识别号:913204113527094428
地址、电话:江苏省常州市新北区剑崇街东路 36 号 0519-32474918
开户行及账号:中国建设银行常州市新北区支行 41622124190170 | 备注 | 精炼教育服务有限公司
913204113527094428
发票专用章 |

收款人:　　　　复核:　　　　　　开票人:焦生贵　　　　　　销售方:(章)

第二联　抵扣联　购买方扣税凭证

19-3

3200161140

江苏增值税专用发票

发　票　联

NO.27743852　　3200161140
27743852

开票日期:2019 年 04 月 27 日

| 购买方 | 名　　称:扬州隆创有限公司
纳税人识别号:913210023819681878
地址 、电话:江苏省扬州市广陵区傅保街割保路 41 号 0514-16334776
开户行及账号:中国建设银行扬州市广陵区支行 41622124125741 | 密码区 | 76 * 3187＜4/＋3735＜＋95－59＋7＜
8312196＜0－－＞＞－6＞525＜509908－＞
7 * 787 * 3187＜4/＋8490＜＋194446835458
＋＜712/＜1＋9016＞6064＋＋＞84＞563 |

税总函[××××] ×××号 ××××××××公司

货物或应税劳务、服务名称	规格型号	单位	数量	单价	金额	税率	税额
培训费		次	1	1 000.00	1 000.00	6%	60.00
合　计					￥1 000.00		￥60.00

价税合计(大写)	⊗壹仟零陆拾元整	(小写)￥1 060.00

| 销售方 | 名　　称:精炼教育服务有限公司
纳税人识别号:913204113527094428
地址、电话:江苏省常州市新北区剑崇街东路 36 号 0519-32474918
开户行及账号:中国建设银行常州市新北区支行 41622124190170 | 备注 | 精炼教育服务有限公司
913204113527094428
发票专用章 |

收款人:　　　　复核:　　　　　　开票人:焦生贵　　　　　　销售方:(章)

第三联　发票联　购买方记账凭证

业务20：2019-04-28，取得原始凭证1张。

20-1

中国建设银行银行汇(本)票申请书

币别：人民币　　　　　　　　2019 年 04 月 28 日　　　　　　　　流水号：00036155

业务类型	☑ 银行汇票　□ 银行本票	付款方式	☑ 转账　　□ 现金
申 请 人	扬州隆创有限公司	收 款 人	扬州德聚有限公司
账　号	41622124125741	账　号	41622124113498
用　途	货款	代理付款行	

金额	人民币(大写)	贰拾贰万柒仟叁佰陆拾元整		亿	千	百	十	万	千	百	十	元	角	分
						¥	2	2	7	3	6	0	0	0

中国建设银行
扬州市广陵区支行
2019-04-28
办讫
(01)

7225-1033-4234-8583

银行签章

第三联　客户(回单)

业务 21：2019-04-25，取得原始凭证2张。

21-1-1

中国建设银行
银 行 汇 票

2　　10503241
　　61249156

出票日期(大写)　贰零壹玖年肆月贰拾捌日

代理付款行：　　行号：

收款人：扬州德聚有限公司

出票金额 人民币(大写)　贰拾贰万柒仟叁佰陆拾元整　　　¥227 360.00

实际结算金额 人民币(大写)		亿	千	百	十	万	千	百	十	元	角	分

申请人：扬州隆创有限公司　　　账号：41622124125741
出票行：中国建设银行扬州市广陵区支行　　行号：105005411737
备注：支付货款
凭票付款

提示付款期限自出票之日起壹个月

密押：

多余金额

亿	千	百	十	万	千	百	十	元	角	分

出票行签章

中国建设银行扬州市广陵区支行
105005411737
汇票专用章

赵惠

复核　　记账

此联代理付款行付款后作联行往账借方凭证附件

21-1-2

被背书人：	被背书人：
背书人签章： 年　月　日	背书人签章： 年　月　日
持票人向银行 提示付款签章：	身份证件名称：　　　发证机关： 号码

21-2

购 销 合 同

购方:扬州隆创有限公司　　　　　　　　合同编号:2018023

销方:扬州德聚有限公司　　　　　　　　签订地点:扬州市

供需双方本着互利互惠、长期合作的原则,根据《中华人民共和国合同法》及双方的实际情况,就需方向供方采购事宜,订立本合同,以使双方在合同履行中共同遵守。

一、产品名称、数量、单价、金额:

产品名称	规格型号	计量单位	数量	单价	金额	备注
E101		千克	1 000	127.60	127 600.00	
F201		千克	1 000	104.40	104 400.00	
						含税
合计					￥232 000.00	
合计人民币(大写):贰拾叁万贰仟元整						

二、质量要求、技术标准、供方对质量负责的条件和期限:按合同企业标准。

三、(1) 交(提)货地点、方式:江苏省扬州市广陵区傅保街剡保路41号

　　(2) 交货日期:2019-3-1

四、付款时间与付款方式:现金折扣基数:含税,现金折扣条件:60天内付款折扣2%、90天内付款折扣1%、120天付款折扣0%,付款方式:银行汇票。

五、运输方式及到站、港和费用负担:销售方承担

六、合理损耗及计算方法:以实际数量验收。

七、包装标准、包装物的供应与回收:普通包装,不回收包装物。

八、验收标准、方法及提出异议期限:货到需方七天内提出质量异议,不包括运输过程中造成的质量问题。

九、违约责任:按《合同法》

十、解决合同纠纷的方式:双方协商解决。

十一、其他约定事项:本合同一式两份,需、供双方各一份,经双方盖章后即生效。

购方(盖章):扬州隆创有限公司　　　　　销方(盖章):扬州德聚有限公司

单位地址:江苏省扬州市广陵区傅保街剡保路41号　单位地址:江苏省扬州市邗江区邗惠街邗路48号

电　话:0514-16334776　　　　　　　　电　话:0514-50443890

签订日期:2019-2-23　　　　　　　　　签订日期:2019-02-23

开户银行:中国建设银行扬州市广陵区支行　开户银行:中国建设银行扬州市邗江区支行

账　号:41622124125741　　　　　　　账　号:41622124113498

业务 22:2019-04-30,取得原始凭证 4 张。

22-1

差旅费报销单

2019 年 04 月 30 日　　　　　　　　　　　　附原始单据 2 张

姓　名	严加微	工作部门		办公室		出差事由		探亲路费					
日期		地点		车船费		深夜补贴	途中补贴	住勤费			旅馆费	公交费	金额合计
起	讫	起	讫	车次或船名	时间	金额			地区	天数	补贴			
20190425	20190429	扬州市	长春市			1 000.00								1 000.00
								现金付讫					
报销金额(大写)人民币		壹仟元整						合计(小写)¥1 000.00					
补付金额:						退回金额:							
领导批准　朱旭红　会计主管　朱胜利　部门负责人　张栋梁　审核　李勇　报销人　严知微													

22-2

22-3

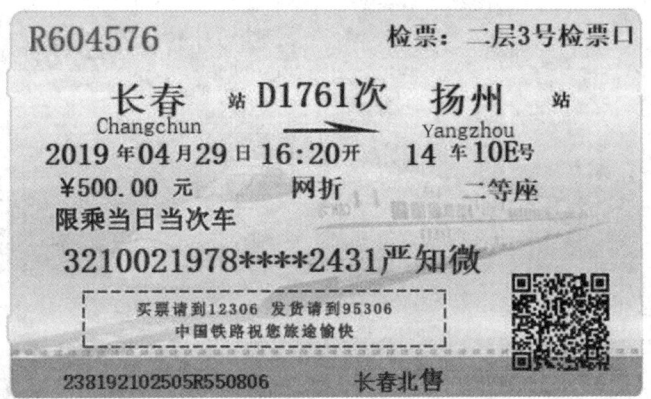

22-4

福利费结转明细表

2019-04-30　　　　　　　　　　　　　　　单位:元

应借科目	金额
管理费用	1 000.00
合计	1 000.00

审核:朱胜利　　　　　　　　　　　　编制:李勇

业务23：2019-04-30,取得原始凭证1张。

23-1

存货盘盈盘亏报告表

2019-04-30　　　　　　　　　　　　单位:元

编号	品名	单位	账面数量	实存数量	盘盈		盘亏		原因
					数量	金额	数量	金额	
	E101	千克	4 500	4 400					管理不善损失
合计									

审核:　　　　　　　　　　　　　　　　编制:

业务24：2019-04-28,取得原始凭证3张。

24-1

存货盘盈盘亏核销报告表

2019 年 04 月 30 日

编号	品名	单位	账面数量	实存数量	盘盈		盘亏		原因
					数量	金额	数量	金额	
	E101	千克	4 500	4 400					管理不善损失
	合计								

财务部门意见: 盘亏全部计入费用。 2019 年 04 月 30 日	保管部门意见: 同意 2019 年 04 月 30 日	公司领导意见: 同意 2019 年 04 月 30 日

业务 25：2019-04-30，取得原始凭证 5 张。

25-1

	江苏增值税专用发票	NO.49915588	3200165140 49915588

3200165140

抵　扣　联

开票日期：*2019* 年 *04* 月 *30* 日

购买方	名　　称：扬州隆创有限公司 纳税人识别号：91321002381968187B 地　址、电话：江苏省扬州市广陵区傅保街剑保路 41 号 0514-16334776 开户行及账号：中国建设银行扬州市广陵区支行 41622124125741	密码区	65 * 3187＜4/＋6197＜＋95－59＋7＜ 3832811＜0－－＞＞－6＞525＜037921－＞ 7 * 787 * 3187＜4/＋8490＜＜077989980613 ＋＜712/＜1＋9016＞6688＋＋＞84＞153
货物或应税劳务、服务名称	规格型号	单位	数量	单价	金额	税率	税额
水费		吨	85	2.00	170.00	3%	5.10
合　计					￥170.00		￥5.10
价税合计（大写）	⊗壹佰柒拾伍元壹角整					（小写）￥175.10	

销售方	名　　称：江苏水务股份有限公司 纳税人识别号：91321002116747686B 地　址、电话：江苏省扬州市广陵区辩红街胡春路 01 号 0514-24643937 开户行及账号：中国建设银行江苏省扬州市广陵区支行 41621526485817	备注	

收款人：　　　　复核：　　　　　开票人：杜也力　　　　　销售方：(章)

第二联　抵扣联　购买方扣税凭证

25-2

	江苏增值税专用发票	NO.49915588	3200165140 49915588

3200165140

发　票　联

开票日期：*2019* 年 *04* 月 *30* 日

购买方	名　　称：扬州隆创有限公司 纳税人识别号：91321002381968187B 地　址、电话：江苏省扬州市广陵区傅保街剑保路 41 号 0514-16334776 开户行及账号：中国建设银行扬州市广陵区支行 41622124125741	密码区	65 * 3187＜4/＋6197＜＋95－59＋7＜ 3832811＜0－－＞＞－6＞525＜037921－＞ 7 * 787 * 3187＜4/＋8490＜＜077989980613 ＋＜712/＜1＋9016＞6688＋＋＞84＞153
货物或应税劳务、服务名称	规格型号	单位	数量	单价	金额	税率	税额
水费		吨	85	2.00	170.00	3%	5.10
合　计					￥170.00		￥5.10
价税合计（大写）	⊗壹佰柒拾伍元壹角整					（小写）￥175.10	

销售方	名　　称：江苏水务股份有限公司 纳税人识别号：91321002116747686B 地　址、电话：江苏省扬州市广陵区辩红街胡春路 01 号 0514-24643937 开户行及账号：中国建设银行江苏省扬州市广陵区支行 41621526485817	备注	

收款人：　　　　复核：　　　　　开票人：杜也力　　　　　销售方：(章)

第三联　发票联　购买方记账凭证

25-3

江苏增值税普通发票

3200166120　　NO.49914328　　3200166120 49914328

发票联

检验码 33051 41806 05826 40868　　开票日期:2019年04月30日

购买方	名　　称:扬州隆创有限公司 纳税人识别号:913210023819681878 地址、电话:江苏省扬州市广陵区傅保街剑保路41号 0514-16334776 开户行及账号:中国建设银行扬州市广陵区支行 41622124125741			密码区	56 * 3187<4/+9359<+95-59+7< 5843349<0-->>-6>525<735528-> 7 * 787 * 3187<4/+8490<+262879499522 +<712/<1+9016>0446++>84>487		
货物或应税劳务、服务名称	规格型号	单位	数量	单价	金额	税率	税额
污水处理费		吨	85	1.50	127.50	0%	***
合　计					¥127.50		¥0
价税合计(大写)	⊗壹佰贰拾柒元伍角				(小写)¥127.50		
销售方	名　　称:江苏水务股份有限公司 纳税人识别号:913210021167476863 地址、电话:江苏省扬州市广陵区解红街胡春路01号 0514-24643937 开户行及账号:中国建设银行江苏省扬州市广陵区支行 41621526485817			备注	(印章:江苏水务股份有限公司 913210021167476863 发票专用章)		

收款人:　　复核:　　开票人:冯春明　　销售方:(章)

税总函[×××]×××号 ×××××××公司

第三联 发票联 购买方记账凭证

25-4

中国建设银行客户专用回单

币别:人民币　　2019年04月30日　　流水号321020027J0500810044

付款人	全　称	扬州隆创有限公司	收款人	全　称	江苏水务股份有限公司
	账　号	41622124125741		账　号	41621526485817
	开户行	中国建设银行扬州市广陵区支行		开户行	中国建设银行江苏省扬州市广陵区支行
金　额	(大写)人民币 叁佰零贰元陆角整			(小写)¥302.60	
凭证种类	网银		凭证号码		
结算方式	转账		用　　途	支付水费	

打印柜员:321025584257
打印机构:中国建设银行扬州市广陵区支行
打印卡号:41622124125741

(印章:中国建设银行 电子回单专用章)

打印时间:2019-04-30　　交易柜员:321025584268　　交易机构:321010533

第一联 借方(回单)

25-5

水费分配表

2019 年 4 月 30 日　　　　　　　　　　　　　　单位:元

部门	实际用量	水费分摊金额	污水处理费分摊金额	合计
办公室	5			
生产车间	80			
合计	85			

编制:朱胜利　　　　　　　　审核:李　勇

业务 26:2019-04-30,取得原始凭证 3 张。

26-1

江苏增值税专用发票　　NO.24263814

抵　扣　联

3200165140
24263814

开票日期:2019 年 04 月 30 日

购买方	名　　称:扬州隆创有限公司 纳税人识别号:913210023819681878 地址、电话:江苏省扬州市广陵区傅保街剑保路 41 号 0514-16334776 开户行及账号:中国建设银行扬州市广陵区支行 41622124125741	密码区	41 * 3187＜4/＋7255＜＋95－59＋7＜ 8440380＜0－－＞＞－6＞525＜009577－＞ 7 * 787 * 3187＜4/＋8490＜＋114818847637 ＋＜712/＜1＋9016＞6010＋＋＞84＞411

货物或应税劳务、服务名称	规格型号	单位	数量	单价	金额	税率	税额
电					1 880.00	16%	300.80
合　计					￥1 880.00		￥300.80

价税合计(大写)	⊗贰仟壹佰捌拾元捌角整	(小写)￥2 180.80

销售方	名　　称:江苏省电力股份有限公司扬州市分公司 纳税人识别号:913210020645002233 地址、电话:江苏省扬州市广陵区韩春街剑海路 39 号 0514-73049758 开户行及账号:中国建设银行江苏省扬州市广陵区支行 41247650539664	备注	913210020645002233 发票专用章

收款人:　　　复核:　　　开票人:李智芳　　　销售方:(章)

第二联　抵扣联　购买方扣税凭证

26-2

江苏增值税专用发票　　NO.24263814　3200165140
24263814

3200165140

发　票　联

开票日期:2019 年 04 月 30 日

购买方	名　　称:扬州隆创有限公司 纳税人识别号:913210023819681878 地址、电话:江苏省扬州市广陵区傅保街刿保路41号 0514-16334776 开户行及账号:中国建设银行扬州市广陵区支行 41622124125741	密码区	41 * 3187＜4/＋7255＜＋95－59＋7＜ 8440380＜0－－>>－6>525＜009577－> 7 * 787 * 3187＜4/＋8490＜＋114818847637 ＋＜712/＜1＋9016>6010＋＋>84>411

货物或应税劳务、服务名称	规格型号	单位	数量	单价	金额	税率	税额
电					1 880.00	16%	300.80
合　　计					￥1 880.00		￥300.80

价税合计(大写)	⊗贰仟壹佰捌拾元捌角整	(小写)￥2 180.80

销售方	名　　称:江苏省电力股份有限公司扬州市分公司 纳税人识别号:913210020645002233 地址、电话:江苏省扬州市广陵区韩春街刿海路39号 0514-73049758 开户行及账号:中国建设银行江苏省扬州市广陵区支行 41247650539664	备注	江苏省电力股份有限公司扬州市分公司 913210020645002233 发票专用章

收款人:　　　复核:　　　开票人:李智芳　　　销售方:(章)

26-3

电费分配表

2019 年 4 月 30 日　　　　　　　　　　　　　单位:元

部门	度数	分配率	金额
办公室	250		
生产车间	1 630		
合计	1 880		

编制:朱胜利　　　　　　审核:李勇

业务 27:2019-04-30,取得原始凭证3张。

27-1

生产工时明细表

2019 年 4 月 30 日

部　门	产　品	生产工时(小时)
生产车间	X08	400
生产车间	Y08	300
合计		700

审核:朱胜利　　　　　　　　编制:李勇

27-2

工资计算表

2019 年 4 月 30 日

姓名	部门	应付工资
朱旭红	总经理	8 000.00
高 阳	办公室主任	7 000.00
张栋梁	办公室	6 000.00
王颖宏	仓管员	5 000.00
朱胜利	财务部经理	8200.00
李 勇	财务部	8 000.00
吴春香	财务部	7 000.00
高 飞	采购部经理	9 500.00
李 津	采购部	7 500.00
钟国剑	销售门市经理	7 800.00
赵爱东	销售门市	9 000.00
姚启南	车间主任	6 000.00
杨逸涛	车间核算员	6 000.00
刘泽军	生产工人	6 500.00
刘建国	生产工人	6 500.00
陈树军	生产工人	6 500.00
安雪梅	生产工人	6 500.00
张长越	生产工人	6 500.00
王杏允	生产工人	6 500.00
张广兴	生产工人	6 500.00
李 杰	生产工人	6 500.00
张 玮	生产工人	6 500.00
赵新莉	生产工人	6 000.00
合计		159 500.00

审核：朱胜利　　　　　　　　　　　　编制：李勇

27-3

工资费用分配表

2019 年 4 月 30 日

应借账户	直接计入	分配计入			合　计
		生产工时	分配率	分配金额	
生产成本——甲					
——乙					
小计					
制造费用					
管理费用					
销售费用					
合计					

审核：朱胜利　　　　　　　　　　　　　　　编制：李勇

业务 28：2019-04-30，取得原始凭证 2 张。

28-1

生产工时明细表

2019 年 4 月 30 日

部　门	产　品	生产工时(小时)
生产车间	X08	400
生产车间	Y08	300
合计		700

审核：朱胜利　　　　　　　　　　　　　　　编制：李勇

28-2

五险计算表

2019 年 4 月 30 日

应借账户		医疗保险	养老保险	失业保险	生育保险	工伤保险	合计
生产成本	甲产品						
	乙产品						
	小计						
制造费用							
管理费用							
销售费用							
合　计							

审核：朱胜利　　　　　　　　　　　　　　　编制：李勇

业务 29：2019-04-30，取得原始凭证 2 张。

29-1

生产工时明细表

2019 年 4 月 30 日

部　门	产　品	生产工时(小时)
生产车间	X08	400
生产车间	Y08	300
合　计		700

审核：朱胜利　　　　　　　　　　　　　编制：李勇

29-2

住房公积金计算表

2019 年 4 月 30 日

应借账户		住房公积金
生产成本	甲产品	
	乙产品	
	小计	
制造费用		
管理费用		
销售费用		
合　计		

审核：朱胜利　　　　　　　　　　　　　编制：李勇

业务 30：2019-04-30，取得原始凭证 2 张。

30-1

生产工时明细表

2019 年 4 月 30 日

部　门	产　品	生产工时(小时)
生产车间	X08	400
生产车间	Y08	300
合　计		700

审核：朱胜利　　　　　　　　　　　　　编制：李勇

30-2

职工教育经费计算表

2019 年 4 月 30 日

应借账户		职工教育经费
生产成本	甲产品	
	乙产品	
	小计	
制造费用		
管理费用		
销售费用		
合　计		

审核:朱胜利　　　　　　　　　　编制:李勇

业务 31: 2019-04-30,取得原始凭证 2 张。

31-1

生产工时明细表

2019 年 4 月 30 日

部　门	产　品	生产工时(小时)
生产车间	X08	400
生产车间	Y08	300
合计		700

审核:朱胜利　　　　　　　　　　编制:李勇

31-2

工会经费计算表

2019 年 4 月 30 日

应借账户		工会经费
生产成本	X08	
	Y08	
	小计	
制造费用		
管理费用		
销售费用		
合　计		

审核:朱胜利　　　　　　　　　　编制:李勇

业务 32:2019-04-30,取得原始凭证 1 张。

32-1

原材料发出汇总表

2019 年 4 月 30 日

材料名称 \ 用途	E101 材料		F201 材料		合计
	数量	金额	数量	金额	
生产车间——X08	2 000				
生产车间——Y08			2 550		
合计	2 000		2 550		

审核:朱胜利　　　　　　　　　　编制:李勇

业务 33:2019-04-30,取得原始凭证 1 张。

33-1

固定资产折旧表

2019 年 4 月 30 日

固定资产类别	使用部门	品名	单位	数量	原价	预计使用年限	月折旧率	月折旧额
房屋建筑物	管理部门	A	幢	1	2 000 000.00	20		
房屋建筑物	车间	B	幢	1	980 000.00	20		
机器设备	车间	C	台	1	95 000.00	10		
机器设备		E	条	1	800 000.00	10		
运输工具	管理部门	F	辆	1	200 000.00	4		
电子设备	管理部门	G	台	3	12 000.00	3		
工具器具及家具	管理部门	H	台	2	4 000.00	5		
合计					4 091 000.00			

审核:朱胜利　　　　　　　　　　编制:李勇

业务 34：2019-04-30，取得原始凭证 2 张。

34-1

生产工时明细表

2019 年 4 月 30 日

部　门	产　品	生产工时(小时)
生产车间	X08	400
生产车间	Y08	300
合计		700

审核：朱胜利　　　　　　　　　　　　　　　　　　编制：李勇

34-2

制造费用分配表

2019 年 4 月 30 日

产品名称	生产工时	分配率	分配金额(元)
X08			
Y08			
合计			

审核：朱胜利　　　　　　　　　　　　　　　　　　编制：李勇

业务 35：2019-04-30，取得原始凭证 3 张。

35-1

产成品入库单

2019 年 4 月 30 日　　　　　　　　　　编号：09032001

产品编号	名称	规格	计量单位	数量	单价	金额	备注
50001	X08			1 500			
50002	Y08			2 000			

审核：朱胜利　　　　　　　　　　　　　　　　　　编制：李勇

第二联　记账联

35-2

产品成本计算单
2019 年 4 月 30 日

完工产品:1 500

产品名称:*X08*　　　　　　　　在产品:*800*　　　　　　　完工程度:*50%*

摘要	直接材料	直接人工	制造费用	合计
期初在产品成本				
本月发生费用				
生产费用合计				
完工产品成本				
月末在产品成本				

审核:朱胜利　　　　　　　　　　　　　　　　编制:李勇

35-3

产品成本计算单
2019 年 4 月 30 日

完工产品:2 000

产品名称:*Y08*　　　　　　　　在产品:*900*　　　　　　　完工程度:*50%*

摘要	直接材料	直接人工	制造费用	合计
期初在产品成本				
本月发生费用				
生产费用合计				
完工产品成本				
月末在产品成本				

审核:朱胜利　　　　　　　　　　　　　　　　编制:李勇

　　业务 36:2019-04-30,取得原始凭证 3 张。

36-1

单位产品成本计算表
2019 年 4 月 30 日

产品名称	期初产成品		本月完工产品		加权平均单价
	数量	金额	数量	金额	
X08					
Y08					

审核:朱胜利　　　　　　　　　　　　　　　　编制:李勇

36-2

产品销售成本计算表

2019 年 4 月 30 日

产品名称	销售数量	单位成本	总成本
X08			
Y08			

审核：朱胜利　　　　　　　　　　　　　　　　　编制：李勇

36-3

产成品出库汇总表

2019 年 4 月 30 日

产品名称	发出数量	单位成本	总成本
X08			
Y08			

审核：朱胜利　　　　　　　　　　　　　　　　　编制：李勇

业务 37：2019-04-30,取得原始凭证 1 张。

37-1

应交增值税计算表

2019 年 4 月 30 日

项目	金额
销项税额	
进项税额	
上期留抵税额	
进项税额转出	
应纳税额	
期末留抵税额	
简易征收办法计算的应纳税额	
应纳税额减征额	
应纳税额合计	

审核：朱胜利　　　　　　　　　　　　　　　　　编制：李勇

业务 **38**：2019-04-30，取得原始凭证 1 张。

38-1

城市维护建设税、教育费附加、地方教育附加计算表

2019 年 *4* 月 *30* 日　　　　　　　　　　　　　　　　　　单位:元

税(费)种	增值税	税率(征收率)	本期应纳税费	本期已缴税费	本期应补(退)税费
城市维护建设税		7%			
教育费附加		3%			
地方教育附加		2%			
合计					

审核:朱胜利　　　　　　　　　　　　　　　　　编制:李勇

业务 **39**：2019-04-30，取得原始凭证 1 张。

39-1

月度应交所得税计算表

2019 年 *4* 月 *30* 日

项目	金额
营业收入	
营业成本	
利润总额	
减:不征税收入	
免税收入	
弥补以前年度亏损	
实际利润额	
税率(25%)	
应纳所得税额	
减:减免所得税额	
减:实际已预缴所得税额	
应补(退)所得税额	
减:以前年度多缴在本期抵缴所得税额	
本期实际应补(退)所得税额	

审核:朱胜利　　　　　　　　　　　　　　　　　编制:李勇

业务40：2019-04-30,取得原始凭证 1 张。

40-1

损益类账户发生额表

2019 年 *4* 月 *30* 日

总账科目名称	本期借方发生额	本期贷方发生额
合计		

审核：朱胜利　　　　　　　　　　　　　　　编制：李勇

业务操作题三

(一) 题目要求

请根据本套试卷"编制记账凭证"相关资料登记银行存款日记账。

(二) 登账要求

开设并登记银行存款——中国建设银行扬州市广陵区支行,账号 41622124125741 的人民币户日记账。(登记银行存款日记账,不做每日合计!)

所给定账页第 1 行"年月日"栏为" 2019 年 03 月 20 日","摘要"栏为"承前页","借方金额"为"1163 289.40","贷方金额"为"1 238 743.20","余额"为"9 951 648.17"。

第 2 行略。

第 3 行略。

所给定账页第 4 行"年月日"栏为"2019 年 03 月 31 日","摘要"栏为"本月合计及余额","借方金额"为"2 214 553.80","贷方金额"为"2 255 789.60","余额"为"9 985 866.17"。

请先将上述数据过入账页的相应行次,并接着登记 2019 年 04 月份中国建设银行扬州市广陵区支行,账号 41622124125741 的人民币户日记账,并要求月度结账。

业务操作题四

业务 1:根据本套试卷"编制记账凭证"编制 2019 年 4 月科目汇总表。

科目汇总表

年　　月　　日

科目名称	借方发生额	贷方发生额

审核:陈颂谊　　　　　　　　　　　　　　　编制:金鹏音

业务2:请根据本套试卷"编制记账凭证""编制科目汇总表""登记账簿"等相关资料编制 2019 年 04 月资产负债表。

资产负债表

会企 01 表

编制单位: 　　　　　　年　　月　　日　　　　　　　　单位:元

资产	期末余额	上年年末余额	负债及所有者权益	期末余额	上年年末余额
流动资产:			流动负债:		
货币资金			短期借款		
交易性金融资产			交易性金融负债		
衍生金融资产			衍生金融负债		
应收票据			应付票据		
应收账款			应付账款		
应收款项融资			预收款项		
预付款项			合同负债		
其他应收款			应付职工薪酬		
存货			应交税费		
合同资产			其他应付款		
持有待售资产			持有待售负债		
一年内到期的非流动资产			一年内到期的非流动负债		
其他流动资产			其他流动负债		
流动资产合计			流动负债合计		
非流动资产:			非流动负债:		
债权投资			长期借款		
其他债权投资			应付债券		
长期应收款			其中:优先股		
长期股权投资			永续债		
其他权益工具投资			租赁负债		

（续表）

资产	期末余额	上年年末余额	负债及所有者权益	期末余额	上年年末余额
其他非流动金融资产			长期应付款		
投资性房地产			预计负债		
固定资产			递延收益		
在建工程			递延所得税负债		
生产性生物资产			其他非流动负债		
油气资产			非流动负债合计		
无形资产			负债合计		
开发支出			所有者权益(或股东权益)：		
商誉			实收资本(或股本)		
长期待摊费用			其他权益工具		
递延所得税资产			其中:优先股		
其他非流动资产			永续债		
非流动资产合计			资本公积		
			减:库存股		
			其他综合收益		
			专项储备		
			盈余公积		
			未分配利润		
			所有者权益(或股东权益)合计		
资产总计			负债和所有者权益(或股东权益)总计		

单位负责人：　　　　　　　　　主管会计工作负责人：　　　　　　　　　会计机构负责人：

业务3: 请根据本套试卷"编制记账凭证""编制科目汇总表""登记账簿"等相关资料编制2019 年 4 月利润表。

利 润 表

会企 02 表

编制单位: 　　　　　　　　年　月　　　　　　　　　单位:元

项　目	本期金额	上期金额
一、营业收入		略
减:营业成本		
税金及附加		
销售费用		
管理费用		
研发费用		
财务费用		
其中:利息费用		
利息收入		
加:其他收益		
投资收益(损失以"—"号填列)		
其中:对联营企业和合营企业的投资收益		
净敞口套期收益(损失以"—"号填列)		
公允价值变动收益(损失以"—"号填列)		
资产减值损失		
信用减值损失		
资产处置收益(损失以"—"号填列)		
二、营业利润(亏损以"—"号填列)		
加:营业外收入		
减:营业外支出		
三、利润总额(亏损总额以"—"号填列)		
减:所得税费用		

（续表）

项　目	本期金额	上期金额
四、净利润(净亏损以"－"号填列)		
(一)持续经营净利润(亏损以"－"号填列)		
(二)终止经营净利润(亏损以"－"号填列)		
五、其他综合收益税后净额		
(一)以后不能重分类进损益的其他综合收益		
1.重新计量设定受益计划净负债或净资产的变动		
2.权益法下在被投资单位不能重分类进损益的其他综合收益中享有的份额		
3.其他权益工具投资公允价值变动		
4.企业自身信用风险公允价值变动		
……		
(二)以后将重分类进损益的其他综合收益		
1.权益法下可转损益的其他综合收益		
2.其他债权投资公允价值变动		
3.金融资产重分类计入其他综合收益的金额		
4.其他债权投资信用减值准备		
5.现金流量套期储备		
6.外币财务报表折算差额		
……		
六、综合收益总额		
七、每股收益:		
(一)基本每股收益		
(二)稀释每股收益		

单位负责人：　　　　　　主管会计工作负责人：　　　　　　会计机构负责人：